中国经济发展案例分析（二）

The Case Study of China's Economic Development II

罗守贵 主编

上海交通大学出版社
SHANGHAI JIAO TONG UNIVERSITY PRESS

内容提要

　　本书是为配套曼昆《经济学原理》而编写的中国经济案例集，每章配套 1～2 个案例，全书共收录了 62 个案例。案例材料来自现实中国经济发展中的热点问题或经典的历史事件及文献，作者为每个案例撰写了导读，并针对每个案例材料采用对应章节的经济理论进行分析。本书有两个重要特点：一是实践性，所选材料全部来自中国经济实践，大多数是近年来发生的热点事件；二是针对性，每个案例对应经济学原理的一个知识点，并运用该知识点进行经济理论剖析。本书适合经济专业师生以及对经济问题感兴趣的读者阅读。

图书在版编目(CIP)数据

　　中国经济发展案例分析. 二／罗守贵主编. -- 上海：
上海交通大学出版社，2024.1(2025.10 重印)
　　ISBN 978 - 7 - 313 - 30137 - 6

　　Ⅰ. ①中… Ⅱ. ①罗… Ⅲ. ①中国经济-经济发展-案例 Ⅳ. ①F124

　　中国国家版本馆 CIP 数据核字(2024)第 005230 号

中国经济发展案例分析(二)

ZHONGGUO JINGJI FAZHAN ANLI FENXI (ER)

主　　编：罗守贵			
出版发行	上海交通大学出版社	地　　址	上海市番禺路 951 号
邮政编码：200030		电　　话	021 - 64071208
印　　制	常熟市文化印刷有限以司	经　　销	全国新华书店
开　　本：787 mm×1092 mm　1/16		印　　张：15.25	
字　　数：311 千字			
版　　次：2024 年 1 月第 1 版		印　　次：2025 年 10 月第 2 次印刷	
书　　号：ISBN 978 - 7 - 313 - 30137 - 6			
定　　价：78.00 元			

本 书 编 委 会

主　编：罗守贵

副主编：潘小军　陆　蓓　胥　莉　范纯增　王　洋
　　　　郑育家　黄　丞　王春华　周伟民

序

目前国内不少高校在西方经济学教学中都采用了国外的教材，这固然有助于学生比较系统地学习西方经济学的理论知识，但一个明显的缺陷就是不利于学生结合中国经济发展的实际，从观察发现问题、分析问题和解决问题的视角，富有代入感地学习。

为了弥补这一缺憾，我们上海交通大学经济学原理课程组从2016年开始编写与西方经济学教材配套的中国经济发展案例，并于2018年出版了《中国经济发展案例》第一辑，收录了51个案例。该书的出版出乎意料地获得了各方的好评，并获得了上海交通大学校级本科优秀教材奖。

受此鼓舞，本次我们从近4000个案例中选出62个案例，编辑出版了《中国经济发展案例》第二辑。多年来，我们的一个成功做法是鼓励学生撰写案例，然后学习案例，深度参与。全校每年大约有500名学生修读经济学原理，大部分学生都会结合中国经济发展实践撰写一个案例，所以几年积累下来，我们的案例库中就有了近4000个案例。因此，我们最为骄傲的是，这些案例绝大多数都是由我们的学生撰写的初稿。

年轻的同学们视角敏锐、思维活跃，他们广泛扫描、迅捷捕捉中国经济发展中的热点问题。例如，这一辑的62个案例中，有人们广泛关注的盲盒经济、共享经济、平台经济、人工智能、996工作制、就业市场中的"35岁门槛"、直播电商、延迟退休、数字货币、"双碳"目标等；也有广泛的课程思政题材，如美国打压华为、美元霸权、长江禁渔、精准扶贫、GDP和GEP双核算与高质量发展、中国经济追赶效应等。

值得一提的是，为了反映同学们不同视角的观察和思考，我们选取了不少同一话题的多个案例，如外部性、盲盒经济等。尽管同学们的文笔还有点稚嫩，但应当承认，他们对中国经济发展现实的观察力是敏锐的。参与本书编写的作者有10位教师、10位助教和60余位同学。文中大部分案例的作者有3位，其中第一位是任课教师，第二位是助教，第三位是同学——最初的案例撰写者。这样的安排也是最初的约定：一方面，教师要对文章的意识形态和知识的准确性进行把关；另一方面，教师和助教在后期对每一个案例都有不同程度的修改。但为了体现同学们的观察和思想火花,我们并未对案例原文进行大的改动。

本书案例沿袭了《中国经济发展案例》第一辑的结构,每个案例由三部分构成:导读部分介绍本案例的核心内容和涉及的经济学原理;案例主体部分针对某个经济活动事件采用经济学原理进行分析;相关材料部分是该事件最初的新闻报道或相关文件。需要说明的是,"相关材料"绝大部分来自各媒体的新闻报道,本书都标明了该文献的来源。由于涉及内容众多,无法与相关媒体和作者一一取得联系,敬请谅解。在此对你们对本书的支持,以及对中国经济发展成就的宣介致以敬意。

罗守贵

2023 年 7 月 25 日

目 录

"东数西算"：让东西部"云端共舞"

导读：近年来有个说法：农业社会修水利，工业社会靠电力，数字时代靠算力。继"南水北调"和"西电东输"之后，我们又迎来了算力领域的国家级工程"东数西算"。2022年2月，京津冀、长三角、粤港澳大湾区、成渝、内蒙古、贵州、甘肃、宁夏等8地启动国家算力枢纽节点建设，并规划了10个国家数据中心集群。"数"，指数据；"算"，指算力。因此，"东数西算"意味着在西部布局数据中心、云计算、大数据一体化的新型算力网络体系，为东部的数据处理提供非实时算力。那么，国家为什么要启动"东数西算"工程呢？经济学研究的是稀缺资源的配置。本文主要从能源优化配置的角度来分析"东数西算"这一国家级工程的意义。

根据国家能源局的数据，2020年全国数据中心的耗电量相当于三峡大坝2年的发电量。一方面，数据中心集中在东部地区，而东部地区电力、土地资源日益紧张；另一方面，西部地区的水电、风电等清洁能源丰富，电力廉价，气候凉爽，有利于计算机散热，且国土空间广阔。于是，西部相较东部在运营数据中心方面形成了比较优势。根据经济学中的比较优势原理，西部地区如果能够承接东部地区数据中心的一部分建设需求，就可以使东西部都获益——东部地区降低了电力和土地成本，西部地区的自然资源得以充分利用。

"东数西算"给西部地区带来了"后发优势"。"后发优势"原来是指落后国家在进行工业化时，有借鉴发达国家的先进技术和制度来发展的优势。这套逻辑运用到区域间的数字经济发展也是类似的：西部地区进行数字化转型时，可以利用东部地区先进成熟的技术和经验，提高生产率，从而促进经济高速增长。以内蒙古自治区为例，其夯实数字产业基础，推动传统产业数字化转型，2021年GDP增速达到18.2％，位列全国第二。内蒙古高速发展的原因有两点。一是数字产业链条不断向上下游延伸，建设数据中心带动了上游的能源和IT设备制造产业以及下游的软件工程和信息服务业的发展。产业聚集进一步降低了成本，提高了效益。二是数字化为传统产业赋能，比如包头的白云铁矿率先转型为智慧矿山，北方股份的无人驾驶矿车开创了内蒙古自治区智能化矿车的研发先河。内蒙古抓住数字经济浪潮中的机遇，引进先进技术，推动传统产业数字化转型，很好地释放了"后发优势"。相信未来"东数西算"的落实会给更多西部地区带来机遇。

从国家的角度看，"东数西算"更深层、更长远的好处就显现出来了。首先，如果西部地区的"后发优势"得到充分释放，区域发展的协调性将极大地提高，从而促进国民经济的健康发展。其次，国家建立10个数据中心集群，是为了让相关产业形成规模经济。以前，数据中心的建设高度分散,呈现粗放型增长,这会导致单个数据中心的建设成本很高,而且由于各企业技术水平参差不齐,数据中心大多运行效率低下。"东数西算"正是要逐渐淘汰这部分效率低下的数据中心,让数据中心集约化建设和高效运行,从源头上促进数字经济朝可持续发展的道路前进。最后,"东数西算"发挥了我国的体制优势,让算力的价值大大增加。全国一体化大数据中心体系完成总体布局设计后,可以实现云网协同和算力的统一调配,让算力像电力一样,为全社会提供服务。同时,算力资源的规划将更有针对性,资源使用效率将得到很大的提升。这些有利因素会降低企业使用云服务的成本,并提高云服务的品质,激励企业进行数字化转型。

基于以上分析,如何让"东数西算"更好地为数字经济赋能呢? 首先,要推动各行各业,尤其是西部传统产业的数字化转型。根据国家数据研究院的数据,算力每提升 1% 就会使 GDP 增长 1‰。数字经济时代已然到来,数据就是生产资料,算力就是生产力,提升算力也是在提升我国的国际竞争力。在人口红利逐渐消退的当下,我们更要依靠技术进步来提高生产率。目前西部地区数字化程度总体低于东部地区,因此,我们尤其要鼓励、支持和引导西部地区参与数字经济浪潮。各行各业的全面数字化转型不是一朝一夕就能实现的,这需要政府的政策支持和企业在所处行业的深耕。其次,在数字化转型过程中要注重规范引导,不能让数字经济无序扩张。数据虽然是生产资料,但如果被用来侵害隐私,就变成了犯罪的工具。对此,国家要建立健全配套法律,加大执法力度。同时,要加大对数字平台经济的监管力度,防止平台以垄断或其他方式破坏市场秩序。最后,要夯实数字经济的基础,加快数字化基建,让更多地区享受数字经济的红利。

站在经济学角度上看,"东数西算"通过利用西部的冗余资源,缓解东部资源紧张,实现了资源的有效配置,是一项利国利民的工程。虽然东西部在地理上有分隔,但来自东部的数据和来自西部的算力让它们"云端共舞",分享数字经济红利。让我们共同期待东西部协同联动、数字经济发展更上一层楼的美好未来!

（案例作者：罗守贵　何雨含　陈国政）

相关材料

什么是"东数西算"? 为何推进? 如何实施? (节选)

据国家发展改革委官网介绍:"东数西算"中的"数"指的是数据,"算"指的是算力,即对数据的处理能力。国家发展改革委高技术司副司长孙伟表示,要像"南水北调""西电东送"一样,充分发挥我国体制机制优势,从全国角度一体化布局,优化资源配置,提升资源使用效率。据介绍,"东数西算"就是通过构建数据中心、云计算、大数据一体化的新型算力网络体系,将东部算力需求有序地引导到西部,优化数据中心建设布局,促进东西部协同联动。简单地说,就是让西部的算力资源更充分地支撑东部数据的运算,更好地为数字化发展赋能。

从全国布局来看，"东数西算"工程共设立 8 个枢纽和 10 个集群。在每个算力枢纽内，都规划设立了 1～2 个数据中心集群。算力枢纽和集群的关系，类似于交通枢纽和客运车站。8 个国家算力枢纽节点分别为：内蒙古枢纽、宁夏枢纽、甘肃枢纽、成渝枢纽、贵州枢纽、京津冀枢纽、长三角枢纽和粤港澳枢纽。围绕这 8 个国家算力枢纽，10 个国家数据中心集群分别是张家口集群、长三角生态绿色一体化发展示范区集群、芜湖集群、韶关集群、天府集群、重庆集群、贵安集群、和林格尔集群、庆阳集群、中卫集群。

为什么要实施"东数西算"？

目前，我国的数据中心大多分布在东部地区，在土地、能源等资源紧张的形势下，再加上数据中心的能耗较高，在东部大规模发展数据中心难以为继。而西部地区资源充裕，特别是可再生能源丰富，具备发展数据中心、承接东部算力需求的潜力。孙伟表示，实施"东数西算"工程，推动数据中心合理布局、优化供需、绿色集约和互联互通，有利于提升国家整体算力水平，实现算力的规模化和集约化；有利于促进绿色发展，就近消纳西部绿色能源，持续优化数据中心能源使用效率。孙伟介绍说，我国将根据算力需求，促进数据中心由东向西梯次布局、统筹发展，推动实现"东数西算"循序渐进、快速迭代。目前，算力作为数字经济的核心生产力，成为全球战略竞争的新焦点。截至目前，我国数据中心规模已达 500 万标准机架，算力达到 130EFLOPS（每秒 13 000 亿亿次浮点运算）。随着数字技术向经济社会各领域全面持续渗透，全社会对算力的需求十分迫切，预计每年仍将以 20% 以上的速度快速增长。算力已成为国民经济发展的重要基础设施。加快推动算力建设，将有效激发数据要素创新活力，加速数字产业化和产业数字化进程，催生新技术、新产业、新业态、新模式，支撑经济高质量发展。

如何推进"东数西算"？

中国工程院院士邬贺铨表示："一些对于后台加工、离线分析、存储备份等网络要求不高的业务，可率先向西部转移。"同时，受限于网络长距离传输造成的时延，以及相关配套设施等因素影响，一些对网络要求较高的业务，比如工业互联网、灾害预警、远程医疗、人工智能推理等，可在京津冀、长三角、粤港澳大湾区等东部枢纽布局，枢纽内部要重点推动数据中心从一线城市向周边转移。国家发展改革委强调，要坚决避免数据中心盲目发展，在起步阶段尤其要明确绿色节能、上架率等发展目标。比如，集群内数据中心的平均上架率至少要达到 65%，未来将结合发展情况，不断优化完善布局，适时扩大集群边界或增加集群，论证新设算力枢纽，实现统筹有序、健康发展。

（材料来源：https://m.thepaper.cn/baijiahao_16758397）

从"三孩政策"看政府激励对
生育决策的影响

导读: 政府开放"三孩政策"鼓励人们多生育,以应对人口老龄化问题。然而,网络上的讨论并不和谐,许多网友认为该政策解决不了问题。从经济学角度来看,供求关系与政府政策可以帮助解释"三孩政策"的作用及家庭少生甚至不生孩子的原因。然而,"三孩政策"能否有效解决当前的生育问题仍需观察评估。本文将通过经济学原理的供求关系分析家庭的生育决策,并利用激励理论探讨政府的"三孩政策"能否有效促进生育率的回升。

一、从供给与需求的角度看生育决策

2021年5月31日,中共中央政治局召开了关于"十四五"时期积极应对人口老龄化重大政策举措汇报的会议,并审议通过了《关于优化生育政策促进人口长期均衡发展的决定》,提出进一步优化生育政策,实施一对夫妻可以生育三个子女政策及配套支持措施。这是我国首次公开正式决定开放"三孩政策",旨在解决我国人口老龄化问题,通过鼓励生育来增加新生人口,从而缓解人口老龄化的难题。尽管该政策一经宣布,引起了广泛的讨论和争议,但目前很多人抱持着"不肯生、不敢生"的观念。

著名经济学家任泽平于2020年10月进行的一项针对2万人的生育调查显示,有59.9%的人支持开放"三孩政策",16.1%的人持中立态度,24%的人持反对意见。基于此,任泽平认为公众普遍支持开放"三孩政策",然而近期该政策正式出台后,网络上的评论却普遍持悲观态度。目前,由于经济压力等原因,大多数年轻夫妇选择少生甚至不生孩子以维持当下的生活水平。

从经济学的角度来看,家庭在生育决策上会将生育视为一种生产行为,投资子女作为劳动力并预期他们成为未来的收入来源,以增加家庭的消费和效用。在这种假设下,生育的成本是指投资于子女的金额,而这限制了下一代劳动力的供给数量。相反,劳动力的需求量取决于下一代企业的边际劳动产出,进而决定工资水平。由于家庭通常认为工资是外生变量,他们会根据过去的工资增长率来预期未来的工资水平。仔细分析后可以发现,在经济发展趋缓的情况下,由工资水平所决定的劳动需求也很难实现大规模扩张。当家庭内化投资成本和未来工资预期之后,往往会发现投资成本迅速增加,而预期的工资收入却难以覆盖成本。此时,理性的家庭决策者会减少生育以最大化自己的效用。

从供给和需求的角度来看,生育决策是由家庭对子女的劳动力产出、收入及未来工资预期等需求因素以及投资成本等供给因素进行权衡而做出的。然而,在当前经济发展趋缓的背景下,工资决定的劳动需求难以扩张,导致家庭决策者更倾向于选择少生或不生孩子。这要求政府在制定相关政策时,需要考虑到供给和需求两方面的影响,通过提供更多的支持和鼓励措施,促进生育率的提高。

二、"三孩政策"能使得生育率回升吗?

"三孩政策"本质上是一种控制人口规模的强制性生育政策。虽然该政策向家庭提供了更多的支持和鼓励措施,加强了相关监管和处罚力度,但从"二孩政策"的成效来看,这类生育政策的实际效果可能并不理想。回顾2016年的"二孩政策"数据,尽管其开放略微提高了生育率,但是收效甚微,且很快生育率又再次下滑。这表明,生育决策的供求均衡点可能位于1个孩子至2个孩子之间,政府放开二孩后市场到达均衡点后,供给增加但很快停止了。

如果政府仅仅是开放"三孩政策",而没有跟进相应的补贴政策,很可能无法产生相应的效果。考虑到贫富差距,扩大三孩很可能会变成"富人的游戏":穷人由于经济压力无法多生,而富人可以通过多生孩子来巩固下一代的地位,从而加强阶层固化,增加普通民众的内卷程度。

从激励理论的角度来看,"三孩政策"并不能完全解决生育率下降的问题。政府应该更加关注家庭面临的实际困境和需求,采取针对性措施,提供更多的福利保障、提高教育质量、降低生育成本等,从而增加家庭生育的效用和意愿。同时,政府还应该通过调整税收政策、优化就业市场环境等措施,为年轻夫妇创造更好的发展机会和条件。如推动并实施3岁以下婴幼儿照护费用个人所得税专项附加扣除政策,加强保障职工生育权益用人单位激励机制,住房政策向多子女家庭倾斜,优化生育休假制度,等等。

综上所述,要想真正提高生育率,需要综合考虑各种因素,包括激励结构、社会经济环境、家庭实际需求等因素,并采取有效措施进行改善和完善。只有这样,才能实现人口长期均衡发展目标。政府需要在制定生育政策时,兼顾激励因素和防止副作用,让政策更加符合家庭和国家的长远利益。

(案例作者: 范纯增　成威松　张洛瑜)

参考文献

[1] 蒙面财经.有人生三胎有人在躺平,背后的经济驱动因素[EB/OL].(2021-06-01)[2023-06-29].https://www.163.com/dy/article/GBDO3M3M055280G4.

html.

[2] 上林院.三胎政策来了,对经济有什么影响,你准备生几个? [EB/OL]. (2021 - 06 - 01)[2023 - 06 - 30]. https://www. sohu. com/a/469740081_114502.

[3] 乐叔说房.三胎政策的背后,你不知道的本质[EB/OL]. (2021 - 06 - 05)[2023 - 06 - 30]. https://zhuanlan. zhihu. com/p/378139325.

相关材料

实施三孩生育政策,配套生育支持措施——解读

《中共中央　国务院关于优化生育政策促进人口长期均衡发展的决定》(节选)

生育政策不断调整完善,对我国经济发展和社会进步带来怎样的影响? 三孩生育政策实施后,如何让育龄人口"孕得优、生得安、育得好"? 下一步将推出哪些配套支持措施,减轻养育子女的家庭负担? 文件积极回应社会关切,对症下药减轻家庭后顾之忧。

释放生育潜能,促进人口长期均衡发展

人口问题始终是影响我国经济社会发展的基础性、全局性和战略性问题,历来受到党和国家高度重视。

国家卫生健康委人口监测与家庭发展司司长杨文庄说,党和国家坚持人口与发展综合决策,立足人口基本国情,顺应人口发展规律,不断完善计划生育政策,促进人口长期均衡发展,走出了一条有中国特色统筹解决人口问题的道路,有力支撑了改革开放和社会主义现代化事业,为打赢脱贫攻坚战和全面建成小康社会奠定了坚实的基础。

党的十八大以来,以习近平同志为核心的党中央着眼人口发展的转折性变化,作出逐步调整完善生育政策、促进人口长期均衡发展的决策部署。2013 年、2015 年,单独两孩、全面两孩政策先后实施。从第七次全国人口普查数据看,10 年间 0～14 岁少儿人口占比提高,由于政策调整原因,全国累计多出生二孩 1 000 多万人,出生人口中二孩占比由政策调整前的 30% 左右上升到近年来的 50% 左右。出生人口男女性别比从 2013 年的 118：100 降至 2020 年的 111：100 左右。

历次生育政策的调整完善,无不牵动着社会各界关注的目光。

此次,文件将实施三孩生育政策及配套支持措施的重大意义概括为四个"有利于":有利于改善人口结构,落实积极应对人口老龄化国家战略;有利于保持人力资源禀赋优势,应对世界百年未有之大变局;有利于平缓总和生育率下降趋势,推动实现适度生育水平;有利于巩固全面建成小康社会成果,促进人与自然和谐共生。

"单独两孩、全面两孩政策的实施,为进一步优化生育政策奠定了基础。"杨文庄说,人民群众的生育意愿发生了显著变化,生育政策对生育行为的调控作用明显弱化。相关经济社会政策措施不配套、不衔接,是制约群众生育养育的痛点和难点。因此,实施三孩生育政策,特别要完善配套支持措施,切实减轻家庭的后顾之忧,从而更好地释放生育潜能,推动实现适度生育水平。

(材料来源:http://www.gov.cn/zhengce/2021-07/21/content_5626255.htm)

从代排队到代经济，这些行为合理吗？

导读： 在校园中出现帮他人排队代买限量物资的现象，引起了很大的争议。利用经济学十大原理分析该事件，可以发现排队机制是依据时间机会成本的大小来分配资源的，并不能实现学生整体福利的最大化。而帮他人代购大量限量商品具有负外部性，也会让市场资源配置失灵。对于个人的选择而言，每位同学都有帮他人代购的激励。这一校园事件也是社会新兴"代排族"的缩影。经过分析发现，代排队在某种程度上可以解决排队机制无法实现整体福利最大化的问题。从更宏观的角度，"代排族"又是"代经济"的一部分。虽然现在"代经济"五花八门，但本质都是"有钱"和"有闲"的交易互惠，这是科技发展和劳动分工不断细化的产物。

在食堂供应有限的情况下，常常会有代为排队购买的现象发生。例如畅销的 12 元黄焖鸡套餐窗口前就时常排起长队。经济学十大原理之一是欲望的无限性和资源的稀缺性之间存在矛盾，因而人们面临着权衡取舍。同学们对物资的欲望是无限的，但学校短时间内提供的物资却是稀缺的。这意味着想要购买黄焖鸡的同学们不得不放弃另外的东西，即支付的 12 元餐费和排队的时间成本。考虑到政府对学校的补贴，12 元的黄焖鸡低于市场均衡价格，而且美味的黄焖鸡和普通盒饭的价格是完全相同的，即使不吃黄焖鸡，学生们也要支付 12 元去填饱肚子。因此，12 元的金钱成本在此情况下可以忽略不计，那么对同学们而言，购买黄焖鸡的成本就只有排队的时间。对于黄焖鸡的需求量随排队所需时间机会成本的增加而减少，呈现出斜向下的需求曲线。由于黄焖鸡是限量商品，供给呈现为垂直于横轴的直线。假设所有去排队购买的人所需要付出的时间机会成本是相同的，不存在去得早的同学不用排队的情况，我们可以得到均衡数量和均衡时间成本，从而得到了平均排队用时。

我们发现，排队机制相当于设置了一个门槛，让那些时间机会成本最低即最空闲的同学购买到黄焖鸡，但他们未必就是对黄焖鸡评价最高的同学，因而稀缺资源并没有得到合理的配置，无法使得学生的整体福利最大化。我们都知道，后来学校教超和罗森推出了摇号机制，缩短了同学的排队时间，但是也不能让最需要物资的同学购买到商品，很多同学可能抱着"试一试"的心态加入摇号却意外摇中不知道买什么。同学们私下可以在寝室套间或楼栋群内进行非官方的物资交换和转卖，以保证最需要某种物资的同学满足需求。

经济学十大原理还告诉我们，当存在外部性的时候，市场的资源配置会失灵。由于学校短时间内提供的黄焖鸡是有限的，购买黄焖鸡就具有竞争性，因为当你购买到黄焖鸡就会降低同一条队伍排在你身后的同学购买到该商品的可能性，但你不需要补偿这些人的损失，这就产生了负外部性。购买限量商品的行为本身没有排他性，排在你身后的同学没有理由阻止你排队购买多份限量品，只能暗自谴责你的道德水平。双方因此产生了利益的冲突。当有一位同学一次性购买14份限量的黄焖鸡时，会大大降低其他人购买到黄焖鸡的可能性，此时负外部性被放大，便引发了矛盾和争论。

黄焖鸡的负外部性也会导致资源无法按照学生整体资源最大化的方式进行配置。具体而言，这样的分配方式不能保证这名购买14份黄焖鸡同学的13位室友都愿意付出相同的时间成本购买1份黄焖鸡，而那些因为这名同学的行为产生负外部性而没办法买到黄焖鸡的同学可能愿意支付比这13名同学更多的时间成本来购买。这就导致了黄焖鸡的分配并不合理。对此，我们可以限购或者对限量商品采取梯度收费，即购买第一份黄焖鸡收原价12元，每多带一份黄焖鸡多收一定的价格，让代购者补偿给其他排队同学带来的损失。

经济学十大原理还告诉我们，人们会对激励做出反应。在本文所述的情境下，每个同学都有帮别人代购的激励。具体而言，每个同学只要已经付出了排队的时间成本，多带1份黄焖鸡的边际成本几乎可以忽略不计，也就是说除了自己的1份，多带的黄焖鸡不仅无须增加排队成本就可以获得，而且可以送朋友，收获朋友的一份人情。虽然这样做可能会激怒身后排队的同学，但因为双方的交集有限，几乎没有潜在后果。因此，每个人都有多带几份黄焖鸡的激励，都抱着"不买白不买"的心态。也可以类比经济学上的公共地悲剧——当个人免费使用公共资源时，公共资源的使用会大于合意水平，最终损害了整体的利益。解决公共地困境最简单的方法就是限购。学校也实施了相关政策：每位同学限购1～2份限量餐。

事实上，脱离校园的情景，替他人排队代购的现象在生活中很常见，迪士尼乐园里就常有游客一人代替一家排队。近些年来，甚至还出现了以代排队为职业的"代排族"。从简单的商品代买到热门餐厅占座、医院代挂号、办理证件代排队等都在他们的业务范围之内。市场经济下，有需求就有供应，但"代排族"这一新事物的出现，从一开始就备受争议。有学者指出，畸形的需求暴露出社会结构的不合理，某些社会资源的供给相对需求不足。

在我看来，"代排族"这一新事物可以解决排队机制无法有效配置稀缺资源的缺陷。从经济学理论的角度看，当某种商品供不应求时，市场会提高商品的价格来增加供给并减少需求，以达到供需平衡。但由于某些特定的原因，商品的价格并没有提高。这样一来，排队的时间机会成本就成了减少需求的门槛，以此达到供需平衡。但是，正如黄焖鸡案例所体现出的那样，这样的门槛设置无法使社会福利最大化，对商品评价很高的人可能没有时间去排队购买。而代排队机制的出现解决了这一问题，将这段需要消费者额外支付的时间机会成本转化为金钱，即购买者付给"跑腿小哥"的报酬。通过类似于二手市场转卖的方式,使得对商品评价最高的人得到商品。由此看来,代排队在当下越来越长的队伍和人们越来越宝贵的时间这一矛盾中起到了调节作用,可以帮助完善资源的配置,这是其合理性。但正如前文的校园黄焖鸡案例所指出的那样,若是对代排队不加以监管约束,就会产生负外部性。

从更加宏观的角度来看,"代排族"又是"代经济"的一部分。随着中国经济的快速发展,人民的生活水平有了大幅度提升,使得人们更加注重生活的品质,更加追求生活的质量。搞不清垃圾分类,叫个"代扔垃圾"省时又省力;网红奶茶排队费时间,有专门的代排队,甚至还有代吃饭、代堆雪人、代练游戏……花样繁多的代经济看似做的都是一些力所能及的小事情,但在日常生活中,有很多人对此存在刚需。代服务范围不断扩大,纷纷走出人们的想象空间,走上网络交易平台。尽管代经济形式多种多样,但本质都是相同的,即"有钱"和"有闲"达成的交易。有钱人的时间机会成本很高,不愿意为了一些机械式行为付出自己的时间机会成本,他们选择向有闲人支付一定的报酬,让他们代替自己完成机械式的行为,相当于双方的一种交易,这样一来双方的状况都会变得更好。

"代经济"是社会分工更加细化的表现。随着平台经济的快速发展,信息比以往有了更快、更广的聚集和分发渠道,这就使得人们在信息发布和获取上更加便捷,再结合他人的空闲时间和技术能力,从而让劳动力作为生产要素更易流动。客观上看,这是技术进步和社会分工造成的。

（案例作者：胥莉　郭力　宋瑜佳）

相关材料

上海兴起排队经济　起于网红店注册"跑腿小哥"人数超 10 万

上海兴起排队经济,打开某 App 可以看到,从简单的商品代买到热门餐厅占座、医院代挂号、办理证件代排队等,由超大型城市所带来的"排队之痛"似乎都能被"跑腿小哥"治愈。网友问这是否是对黄牛党的默许？超市、饭店也还合理,医院代挂号就不免有黄牛之嫌。

"五一"假期,早上 9 点半,距离来福士广场开门营业还有半小时,商城门口等待购买"喜茶"的消费者已排起长队。作为沪上新晋"网红",滚滚人流已成"喜茶"每天开店的"序曲"。即便早早前来,一杯"喜茶"到手,仍需要花费 2～5 小时左右的排队时间。

上海白领顾羽繁却没有加入"长龙",她打开手机 App,下了一份"万能排队"订单。当日 14 时许,"血拼"完毕的她从"跑腿小哥"手里接过 2 杯"喜茶"和 1 袋"鲍师傅"点心,和朋友享用起沪上"网红双雄"下午茶。

顾羽繁告诉中新社记者,这已经不是她第一次用"跑腿小哥"代排网红店。"'喜茶'最火的时候我也下过代排队订单,当时 3 杯'喜茶'花了 234 元(人民币,下同)。"饮料本身总价仅 69 元,其余 165 元则是付给"跑腿小哥"的排队与跑腿费用。虽然排队价格已大大超过饮料售价,但能免去 5 小时排队之苦,顾羽繁认为这钱花得很值。

提供该"跑腿"服务的平台——某 App 创始人之一刘伟力接受中新社记者采访时表示,目前在平台上,提供代排队的"跑腿小哥"每分钟收费 0.5 元,按排队 3 小时计,一次代排则需要付给小哥 90 元。"再加上送货费,小哥排一次队能赚上百元。"他说。

（材料来源：http://news.youth.cn/jsxw/201705/t20170502_9639575.htm)

农业供给侧结构性改革中的经济学原理

导读：在过去的五年中,党和国家的农村发展指导思想和政策取得了令世人瞩目的成就。2021年中共中央一号文件指出:在"十三五"时期,现代化农业建设取得重大进展,乡村振兴实现良好开局。粮食年产量连续保持在0.65万亿千克以上,农民人均收入较2010年翻了一番多。而在支持农业农村发展的一系列措施中,农业供给侧结构性改革作为农村农业改革的主线无疑发挥着基础性的作用。农业供给侧结构性改革中蕴含着什么样的经济学原理?本文结合经济学十大原理,对农业供给侧结构性改革进行分析。

一、农业供给侧结构性改革的提出与现状

农业供给侧结构性改革首次于2015年12月召开的中共中央农村工作会议提出,随后走进大众的视野,受到极大的关注。会议强调,要着力加强农业供给侧结构性改革,提高农业供给体系质量和效率,使农产品供给数量充足、品种和质量契合消费者需要,真正形成结构合理、保障有力的农产品有效供给。该会议明确了农业供给侧结构性改革的指导思想与发展目标,针对了当时农业农村发展中存在的效益不高、缺乏激励以及环境污染严重等问题,为随后农业供给侧结构性改革各项措施的出台提供了方向。

农业供给侧结构性改革发生的背景原因是随着改革开放,我国经济快速发展,人均收入水平显著提高,人们对生活水平、生活质量有了更高的要求。但是,在发展的过程中存在显著的发展不平衡、不充分问题。产业发展、城乡发展等不平衡,导致了巨大的贫富差距。一方面是富裕的城市居民要求更好的食物,并愿意付出更高昂的价格;另一方面是农民的相对贫穷以及生产低质量农产品上的低收益导致资本不愿流入,造成农村资金匮乏,无法根据市场需求的变化调整自己的生产。

除了资金的匮乏,中国农业分散化的经营以及低科技水平的生产也阻碍了农业的发展。分散化的经营不仅根植于历史的传统,更是由于农村基础设施不健全,相互交流不便,对外贸易也存在巨大的交易成本,导致市场狭小,信息流通缓慢。同时,基础设施的落后、信息的不流通、教育的落后导致知识不能有效传播,也造成了农业低科技水平。即使农民拥有国家发放的种子,但缺乏种植技巧也许会使农户的现状雪上加霜。

同时,农产品本身也具有特殊性。农产品的生产会对环境造成污染(尤其是大量使用

农药的情况下),对土地的肥力产生影响,因而具有负的外部性,也即使得社会成本大于私人成本,这使得农业原本低利润的情况更加恶化。但是在市场上,绿色的、无污染的农产品往往更受欢迎,意味着负的外部性更小、质量更高的农产品会有更高的价格,农户也会拥有更高的收入,但农户却很少根据这种特殊性来调整生产。

综上所述,尽管农业自改革开放以来取得了长足的发展,但是由于中国的发展模式,政策向城市、第二、第三产业倾斜,造成发展不平衡,农产品市场的供给与需求被割裂,因此,农业很难朝着高质量的方向发展。再加上农产品的特殊性,市场已经不再是良药。政府介入对于农产品市场的健康发展是必要的。

二、农业供给侧结构性改革的具体措施与蕴含的经济学原理

(1) 提升粮食和重要农产品供给保障能力。国家保障重点农产品的生产,为种粮农户提供相应的补贴。补贴运用了市场的方法,为农民提供种植重点农产品的激励。同时,完善稻谷、小麦最低价格收购政策,为农民的生产提供政策保障,保障农民收益,使农民的预期更加乐观,不需要担心出现因为农产品需求弹性小、产量效应小于价格效应而导致的"谷贱伤农"现象,使农民全力关注生产,没有后顾之忧。国家通过政策充分激发了农民的主动性与积极性。

(2) 强化现代农业科技和物质装备支撑。农业的现代化、农业的供给侧结构性改革离不开科学技术的大力支持。一方面,国家大力支持育种基础性研究以及重点育种项目,鼓励培育优种良种,运用科技提高农产品的产量和质量,提高农业生产的效率与收益。另一方面,面对农机对于农民的收入相对昂贵的状况,国家加大购置补贴力度,开展农机作业补贴,这样既可以减少农民的固定成本投入,使农民能够在更短的时间内获得正收益,以经济激励鼓励农民在长期内保持生产,又可以提高农业生产机械化的水平,提高农民的劳动生产率,提升经济效益。

(3) 构建现代乡村产业体系。乡村依托乡村特色优势资源,打造农业全产业链,把产业链主体留在县城。加快供给与需求的对接,更好地响应市场的变化,提高抵抗风险的能力,同时发展深加工与精细化加工,增加产品的附加值,从而为农户带来更多的收益。

(4) 推进农业的绿色发展。对于农业生产的外部性问题,国家实施国家黑土地保护工程,推广保护性耕作模式,鼓励实行休耕轮耕制度,运用行政的手段调节农民只着重于眼前利益的生产模式,从而使整个农业生产更有效率。同时,国家也持续推进化肥农药减量增效,推广农作物病虫害绿色防控产品和技术,运用技术手段来减少农业生产所带来的外部性,使农业生产更加环保,更加绿色。

(5) 大力实施乡村建设行动。国家为此实施农村道路畅通工程,支持农村道路发展,加强农村道路桥梁安全隐患排查,提高了道路通行效率,减少了运输中车辆的磨损与运输

时间。这一措施有效地降低了交易成本。

(6)坚决守住18亿亩耕地红线。伴随着我国房地产行业的发展和地方政府增加财政收入的需求,大量的土地被转变为住房或商业用地,耕地面积直线下降,农民面临着无地可耕的局面。市场是逐利的,面对房地产行业的暴利,耕地很难不被改变为商业用地或住房用地。同时,地方政府也很有兴趣通过出售土地来增加财政收入去进行一些建设或改革,以此来获得政绩。因此,为保障充足的农业土地供应与粮食供给,有必要使用行政手段来对市场进行调节。

(7)推进制度建设。农业的生产周期长,面对外部环境的变化很难及时做出应对与改变。若在农业政策上朝令夕改,无疑会造成农业的巨大损失与农民信心的不足。因此,政策需要一定的稳定性。在改革制度与稳定制度之间,面临着权衡取舍:过于稳定制度则不能达到有效的改革;而改革过激则不能稳定制度,会造成农业生产的波动。为推动制度完善,中共中央在改革与稳定之间选取了平衡,提出"完善农村产权制度和要素市场化配置机制,坚持农村土地农民集体所有制与家庭承包经营基础性地位",为农民提供了一剂强心剂,即不断推进改革,完善相关制度,又坚持总体上制度的稳定性。

三、农业供给侧结构性改革的评价

农业供给侧结构性改革从"市场失灵时,政府可以改善市场"的原理出发,着眼于供给端,从提高农产品质量、调整农产品的结构和提高农业生产效率的角度出发,实施了一系列保障农民利益、增加农民收入的措施。这些措施中涉及大量的经济学思想与理论,有助于深化对改革措施的理解。

改革的实质是资源、利益如何分配。政府在效率与公平之间进行权衡取舍,但公平的改革能够促进效率的提升,农业供给侧结构性改革充分保障了农民的利益并促进了农村的发展,为中国经济的发展提供了新的活力,使得中国经济发展更优质、更平衡。经济的发展提高了人民的生活水平,发展的果实惠及了更多的人,彰显了中国共产党为人民服务的初心以及卓越的领导能力。

发展永不止息,改革永不停步。农业供给侧结构性改革不会停下它的脚步,它将一步一个脚印,带领中国的农民们走向更美好的生活。

(案例作者:胥莉　郭力　戴宇奇)

相关材料

中共中央　国务院关于深入推进农业供给侧结构性改革
加快培育农业农村发展新动能的若干意见(节选)

经过多年不懈努力,我国农业农村发展不断迈上新台阶,已进入新的历史阶段。农业的主要矛盾由总量不足转变为结构性矛盾,突出表现为阶段性供过于求和供给不足并存,矛盾的主要方面在供给侧。近几年,我国在农业转方式、调结构、促改革等方面进行积极探索,为进一步推进农业转型升级打下一定基础,但农产品供求结构失衡、要素配置不合理、资源环境压力大、农民收入持续增长乏力等问题仍很突出,增加产量与提升品质、成本攀升与价格低迷、库存高企与销售不畅、小生产与大市场、国内外价格倒挂等矛盾亟待破解。必须顺应新形势新要求,坚持问题导向,调整工作重心,深入推进农业供给侧结构性改革,加快培育农业农村发展新动能,开创农业现代化建设新局面。

推进农业供给侧结构性改革,要在确保国家粮食安全的基础上,紧紧围绕市场需求变化,以增加农民收入、保障有效供给为主要目标,以提高农业供给质量为主攻方向,以体制改革和机制创新为根本途径,优化农业产业体系、生产体系、经营体系,提高土地产出率、资源利用率、劳动生产率,促进农业农村发展由过度依赖资源消耗、主要满足量的需求,向追求绿色生态可持续、更加注重满足质的需求转变。

推进农业供给侧结构性改革是一个长期过程,处理好政府和市场关系、协调好各方面利益,面临许多重大考验。必须直面困难和挑战,坚定不移推进改革,勇于承受改革阵痛,尽力降低改革成本,积极防范改革风险,确保粮食生产能力不降低、农民增收势头不逆转、农村稳定不出问题。

2017年农业农村工作,要全面贯彻党的十八大和十八届三中、四中、五中、六中全会精神,以邓小平理论、"三个代表"重要思想、科学发展观为指导,深入贯彻习近平总书记系列重要讲话精神和治国理政新理念新思想新战略,坚持新发展理念,协调推进农业现代化与新型城镇化,以推进农业供给侧结构性改革为主线,围绕农业增效、农民增收、农村增绿,加强科技创新引领,加快结构调整步伐,加大农村改革力度,提高农业综合效益和竞争力,推动社会主义新农村建设取得新的进展,力争农村全面小康建设迈出更大步伐。

……

(材料来源:http://www.gov.cn/zhengce/2017-02/05/content_5165626.htm)

从供求关系看"盲盒经济"

导读：近年来，盲盒是备受年轻人追捧的潮玩。它是消费者不能提前得知具体产品款式的玩具盒子，其随机属性带来的"赌运气"成分让许多人为之着迷。事实上，从福袋到扭蛋，再到如今的盲盒，盲盒市场早已形成规模，逐渐发展为"盲盒经济"这一火热的产业。但正如《北京晚报》的《盲盒经济大火，不要被消费主义绑架》一文所言，"盲盒经济"也存在许多问题。"盲盒经济"是如何火起来的？"盲盒经济"带来了什么启示与问题？如何更好地管理"盲盒"这一市场？本文将通过经济学原理的供求关系对"盲盒经济"进行理性分析。

一、从供给与需求的角度看"盲盒经济"兴起的原因

从供给的角度来看，盲盒市场目前大致属于垄断竞争市场，销售的是有差异的商品。其实盲盒的火爆是具有渐进性的，而非单一的消费心理所能主导。其火爆的原因中，居于首位的是其自身价值属性，即 IP。一个知名度足够高的 IP 可以吸引大量的年轻客户，从而获得极大的商机。因此，近年来，泡泡玛特、52TOYS 等品牌，因较好的 IP 形象收获了大量消费者，占据了市场的大部分份额，成为行业头部。故该行业一定程度上具有寡头市场的特征。这些头部优势企业保持了一定的过剩生产能力，可以适当增加其产量来增加盈利。因此，盲盒市场产品不断推陈出新，种类不断增加，形成了产品"火热"的局面。而巨额的利润，会吸引更多商家进入市场，形成商家竞争"火热"的情况。

此外，盲盒市场还延伸出了二手市场。由于盲盒设计中往往会设置稀有的隐藏款，或是消费者偏爱的特定款式盲盒，交易盲盒的二手市场应运而生。由于其低门槛的特点，盲盒的二手市场属于完全竞争市场。由于"盲盒经济"的狂热，当盲盒开出消费者想要的一款后，直接购买它的价格，在部分消费者心中可能会远远高于购买一个盲盒的价格。也就是说，消费者往往愿意花超出一个盲盒很多的钱，购买隐藏款。二手商人利用这种所谓的消费者剩余就能赚取极高的利润。在这种情况下，越来越多的人涌入闲鱼等二手货交易平台进行盲盒交易，从而使得这个完全竞争市场的供给曲线大幅右移，大大增加了商品的供给量。

同时，盲盒市场的消费者也在增多，需求曲线因此向右移动。由预算约束线可知，消

费者会购买在其收入约束线上的商品组合。而公司对盲盒的定价,对于一般年轻人来说是负担得起的,也就可以进入消费者约束线上的消费组合中。这就满足了盲盒进入年轻人消费市场的前提。在此基础上,像泡泡玛特等公司,还敏锐地察觉到了女性消费者对于玩具方面的需求,以及女性消费能力的增强。它选择以自有的 IP 为基础,设计出更加偏向女性审美的外形设计,吸引了大量女性消费者,使得细分市场的需求曲线大幅度右移。

此外,依据行为经济学,消费者并非总是理性的。商家在营销盲盒时设计出了一套不确定的收益反馈机制。在可能获得更好的与拿到不想要的之间,充满着不确定性与刺激,形成了顾客的成瘾性消费。再加上盲盒火热的当下,身边越来越多的人在购买盲盒上形成了攀比心理。在种种因素的影响下,对于盲盒商品的需求量也随之扩大。

二、"盲盒经济"带来的启示与问题

其实,"盲盒经济"从某种程度上反映了中国改革开放后人民群众收入提高和消费能力的提升。恩格尔定律表明,一个家庭收入越高,其在食物上的消费比重就越小。盲盒属于满足精神需求而非物质需求的玩具,因此,盲盒之热体现了人们越来越需要满足的精神需求,即花费在精神需求上的支出比重增大了。此外,盲盒的火热也侧面反映了女性在消费市场中的重要地位。她们强大的购买力与经济自主权,是如今消费市场的重要特点,正如著名的营销书籍《得女人者得天下》所强调的那样。

但"盲盒经济"也存在巨大的问题。由于盲盒内部不可见的特点造成的信息不对称,出售盲盒的商家往往会有道德风险的嫌疑,如将做工不佳的残次品或者积压的库存以盲盒的形式出售给消费者。此外,盲盒经济过于火热,使得许多市场都在不当地哄抬盲盒价格,使其远远超过了应有的价值。从消费端来看,对盲盒的成瘾性消费甚至演变成了赌博式消费,这显然是不健康的。

三、如何更好地管理盲盒市场

针对上述问题,政府相关部门应该加强对于"盲盒经济"的监管。2022 年 1 月 14 日,上海市市场监管局发布《上海市盲盒经营活动合规指引》,这是全国首个针对盲盒经营活动的合规指引。其中有一条规定是:盲盒单价不得超过 200 元。政府实施合理的价格上限,既杜绝了商家胡乱定价的可能,也降低了年轻人赌博式消费的风险。

从供给端出发,政府也可以鼓励更多企业进入盲盒市场,销售优质产品。通过这种方式,就能打破几家企业独大、高价出售盲盒的乱象,引导市场更加趋向于完全竞争市场。通过良性竞争,从根本上解决"盲盒经济"过热的问题。

而从需求端来看,政府可以鼓励消费者去购买盲盒的替代品,如鼓励手办等其他商品销售业态的发展,从源头上减少消费者对于盲盒的需求。这样需求曲线因为替代商品左

移,盲盒的价格与销量都会降低,盲盒市场过热的情况也会被抑制。

事实上,盲盒消费作为新兴消费,以"盲"为特点,本身并不意味着企业就能盲目定价和销售。只有监管部门严格监管,企业严格遵守相关规定,消费者理性消费,"盲盒经济"才能平稳地发展下去。

（案例作者：罗守贵　项宏远）

参考文献

[1] 张厚凡,朱颖."盲盒经济"的未来发展与监管研究[J].中国商论,2022,11：48-51.

[2] 石煜桐.盲盒疯狂销售下的经济分析[J].全国流通经济,2021,19：19-21.

相关材料

上海市盲盒经营活动合规指引（节选）

第二条　在本市开展的盲盒经营活动适用本指引。本指引所称的盲盒经营活动是指经营者在合法经营范围内,在事先不告知商品具体型号、款式或服务内容、提供方式的情况下,通过互联网、实体店、自动贩卖机等形式,以消费者随机抽取的方式销售特定范围内商品(包括服务,下同)的经营模式。

第八条　盲盒商品实际价值应与其售卖价格基本相当。普通款商品与隐藏款商品的成本价格差距不应过大。同一经营者同时通过盲盒形式和公开方式销售同一商品的,盲盒形式的售卖价格不应高于公开方式的售卖价格。

第九条　盲盒经营者应将商品种类、抽盒规则、商品分布、商品投放数量、隐藏款抽取概率、商品价值范围以及每个系列可以抽取的次数、金额限制等关键信息以显著方式对外公示,保证消费者在购买前知晓。盲盒经营者不得通过后台操纵改变抽取结果、随意调整抽取概率等方式变相诱导消费。不得以折现、回购、换购等方式拒绝或故意拖延发放盲盒。不得设置空盒。

第十条　盲盒经营者应保留抽取概率设定、结果抽取的完整记录,并以此为依据进行实际的市场投放和向消费者发放盲盒。应建立追踪记录制度,确保消费者所抽取的商品发放到位,并自觉接受监督。相关记录留存时间一般不少于3年。

第十一条　鼓励盲盒经营者建立保底机制,通过设定抽取金额上限和次数上限,引导理性消费,避免二级市场过度炒作。鼓励盲盒经营者主动对外公示相关标准,明确当同一消费者在抽取同一系列盲盒商品时,其支付达到一定金额或者抽取达到一定次数的,提供合理途径使消费者可以获得隐藏款商品或者整套系列商品。

第十二条　盲盒经营者应加强对自有商品的商标、专利及相关知识产权的保护力度,规范知识产权自用、授权使用等行为。鼓励盲盒经营者加强自主知识产权创新开发,需使用他人知识产权的应依法取得授权,不得利用盲盒经营活动侵犯他人知识产权。

上海市市场监督管理局
2022 年 1 月 10 日

（材料来源：https：//baijiahao. baidu. com/s? id ＝ 1721929655532779053＆wfr ＝ spider＆for＝pc）

也论"盲盒经济"

导读：联合国环境规划署（UNEP）及其合作组织 WRAP 发布的《食物浪费指数报告》指出：在 2019 年，约有 9.31 亿吨的食物浪费产生。在这些被浪费的食物中，由于丢弃造成的浪费占比高达 17%[1]。而联合国正式发布的 2021 年版《世界粮食安全和营养状态》报告又指出：2020 年全球有多达 7.2 亿至 8.11 亿人正面临饥饿[2]。所以，减少食物丢弃和浪费成为越来越多的人的目标。为了践行这一目标，人们提出了"剩菜盲盒""半价出售食物"等方法。值得注意的是，这些方法不但在减少食物浪费等方面成果显著，还可以在经济学中得到更多解释。本案例将以"半价出售的面包"为例，从"企业的短期停止经营决策""物品的需求价格弹性""价格歧视""广告"等多个维度来介绍"半价出售的面包"背后的经济学逻辑。

你是否观察到过这么一种现象：很多面包店在 8 点之后，将面包以半价出售或者被打包成"剩菜盲盒"出售。那你想过背后的原因吗？

很容易想到的一点就是，这么做是为了减少浪费。不可否认，低价商品会使得消费者购买得更多，从而减少商店造成的食物浪费。但是，低价商品只有这个用途吗？当然不是，半价商品背后的原因和意义远超于此。

首先，我们需要明确一下，在某些方面，特别是在价格还有售卖时间上，"剩菜盲盒"也可看作是经过打折的临期商品。

我们在经济学原理中学过企业的短期停止经营决策会在何种情况下做出——当生产能得到的收益小于生产的可变成本时，企业就会停止营业。通常，店铺的租金被认为是固定成本，而购买原材料的成本被认为是可变成本。但当我们把视角转到晚上 8 点的面包房时，我们会发现面包房的成本发生了一些微妙的变化——已经做好的面包的成本变成了沉没成本。而又因为这种成本与固定成本类似——都不可收回，所以做出短期停止经营决策时，面包房将不再考虑面包的价格是否能够覆盖掉店铺的租金和制作面包所需材料的成本，而是将面包的价格与 8 点之后店铺的水电费进行对比，而后者的价格几乎可以忽略，所以店铺可以做出以低价出售面包的决策。

同时，根据经济学原理中正常物品的需求价格弹性，我们知道，一个物品的需求如果富有弹性的话，那么价格的下降会引起总收益的增加。我们来分析一下面包的需求价格弹性。面包虽然是主食，但是对于我们中国人而言，对面包的依赖性不如大米、馒头和面条,也就是大米、馒头和面条的需求价格弹性会比面包低很多,相比之下,面包的需求价格弹性就会偏高;对于外国人而言,他们有很多面包的替代品,比如比萨、意大利面、土豆饼等,这也使得面包的需求弹性不会太低。同时,在不同时间段,消费者对于面包的需求价格弹性也是不同的:晚上8点前,消费者买面包大多是为了充饥,此时,面包的需求价格弹性会偏低;而晚上8点后,消费者买面包,更多的可能是作为一个饭后"零食"或是囤起来作为第二天早饭的一个备选,这时消费者对面包的依赖程度小,对价格更敏感,当面包的价格偏高时,消费者会选择不买面包,所以晚上8点后,面包的需求价格弹性会上升。根据本段开头时提到的规律,商家此时应该选择"薄利多销"的策略,通过降低价格来获得更多的收益。

同时,晚上8点前后,面包价格的不同也是一种价格歧视。根据经济学原理,价格歧视能根据支付意愿来划分顾客从而获得更高的利润。在面包店中,8点前后不同的价格其实把消费者划分成了两个群体——对面包有着更高支付意愿的群体和对面包有着相对较低支付意愿的群体,并且对前者收取高价,对后者收取低价。不难发现,当8点前后的面包价格相同时,更多的消费者会选择在饭点时购买面包,即8点前。然而,我们知道,人们会对激励做出反应,当对8点后的面包实行降价处理后,会有消费者选择在8点之后购买面包。对于辛苦工作一天的消费者来说,在做出是否出门买面包的决策时,会将8点后购买面包省下的钱带来的效用与用这段时间进行休闲带来的效用进行对比。而根据边际效用递减的规律,每额外节省1元钱给相对贫穷的消费者带来的效用大于给相对富裕的消费者带来的效用。所以,更多的相对贫穷的人会在8点后购买面包,而相对富裕的人仍然会在8点前以原价购买面包。同时,根据上段中提到的需求价格弹性理论,由于相对贫穷的人本身的支付意愿低,他们的需求价格弹性较大,所以价格降低时,他们会开始购买面包或者购买更多的面包,这使得商家的收益增多。但是,我们需要注意,这时,选择在8点后购买面包的消费者中,除了原有的消费者外,会增加两种消费者——在价格一致时选择在8点前购买面包的消费者和原本不会购买面包的消费者。显然,前者会使得商家收益降低。然而,由于前者占比较低,他们对商家收益的消极影响抵不上由于消费者的消费数量增加对商家收益的积极影响。所以此时,生产者剩余增加,商家能赚取更多的利润。

同时,晚上8点之后,面包房选择以半价卖出面包相当于为自己做"广告":我们家的面包都是新鲜的,我们不会把隔夜面包和今天新鲜出炉的面包混在一起卖。我们知道,商家可以通过传统的广告形式(例如,传单和广告牌等)来向消费者发出信号:我们家的产品质量有保证。但是通过传统方式打广告,不仅制作广告的费用不菲,并且消费者有可能排斥广告,从而不相信广告内容,这时,广告的作用会大打折扣。而以半价的方式暗示消费者"商家的产品是新鲜的"则是一种低成本、高回报的行为,所以无论对于连锁店还是独营店,商家都可能会更倾向于以"半价出售商品"为质量信号,而不是打传统意义上的广告。

著名经济学家萨缪尔森曾说:"在人的一生中,你永远都无法回避经济学。"经济学原理存在于我们生活的方方面面,包括简单的一个面包房。

(案例作者:胥莉 郭力 林紫钎)

相关材料

最酷外卖平台,把剩菜做成盲盒

外卖软件相信大家都用过,但只卖剩菜的外卖平台你听说过吗? 如果一款外卖软件把食物做成盲盒,还都是临期食品,你会购买吗?

Too Good To Go 就是这样一款外卖平台,这款软件已经成为很多欧洲年轻人的首选,还在去年成功进入美国市场,它究竟有什么魅力呢?

打开这款软件,用户会发现,所有的商家都只售卖一种叫"Magic Bag"的商品,当你下单后会被告知,在商家关门时间去店铺自取。当到达店铺后,会有店员交给你一个神秘的袋子,而这里面就是你下单的食物了。

听上去是不是很神秘? 其实里面都是一些临期或卖相不好的食物,还有一些是当天无法售出的面包等,这些食物随机搭配成盲盒往往会以原价的一半甚至更低价格卖给用户。这款平台主打的环保理念就是拒绝浪费食物,把食物分给有需要的人。而做成盲盒的形式,能让用户每一次都拥有不一样的体验,确保了用户的新鲜感。

Too Good To Go 的创立原因其实并不复杂。一位丹麦的民事律师在参加晚宴时发现服务员竟然把大量完好的食物直接丢弃了。作为一名环保主义者,这位律师显然看不下去这样的行为,他询问主办方是否可以减少食物的数量或者分发给员工,但主办方表示,食物都是根据参会人数准备的,而即便是让员工带回家,也有相当一部分食物要面临被丢弃的命运。

这位律师做了一番调查后发现,这样的行为竟然很普遍。由于食品安全法的严苛规定,不仅是自助餐,包括咖啡店、面包店和快餐店等在内的很多商家,每天都会丢弃相当一部分食物。于是,他询问这些商家:有没有意向将这些临期食物售卖给有需要的人? 很多商家都乐意为之,但苦于没有渠道。就在这样的情况下,2016 年,一款只卖剩菜剩饭的外卖软件诞生了。面包店是这款软件最早合作的商家。欧洲有许多面包店每天要丢弃大量"卖相不好"的面包和一些卖不出去的面包,由于缺乏良好的存储设备,这些面包往往当天或隔天就要被处理掉,只能被丢进垃圾桶。

2016 年至今,超过 2 万家面包店在 Too Good To Go 上线,从大型连锁店到当地特色小作坊应有尽有,这款软件堪称面包店的救星。这款 App 自上线以来,一直备受好评:对用户来说,尤其是环保人士来说,看见食物可以最大化被利用自然是好消息;而对于普通消费者来说,这些食物价格更低廉;对于商家来说,这样一个平台可以合理地处理一些临期食物和卖相不好的食物,比起往常丢弃的做法,把食物做成盲盒的形式在 App 上架可以帮助商家获得一些利润;对于环境来说,食物浪费一直是全球性的问题,联合国的调查数据显示,全球每年食物浪费的数量将近 10 亿吨,这些食物足够地球上所有人吃 7 顿饭。

点外卖也可以做环保,还可以薅羊毛,甚至加上潮流的盲盒玩法,Too Good To Go 就是这样一款别出心裁的软件。

（材料来源：https://jingtaiwenjian. aisoutu. com/makplus/js/vendor/jquery-1. 12. 4. min. js)

参考文献

［1］ 第一财经. UN 报告：全球食物 17％被浪费,装满卡车可绕地球七圈［EB/OL］. (2021 - 03 - 05)［2023 - 07 - 09］. https://baijiahao. baidu. com/s? id=1693354473013380684&wfr=spider&for=pc.

［2］ 联合国粮农组织,农发基金,儿基会,等. 2021 年世界粮食安全和营养状况：实现粮食体系转型,保障粮食安全,改善营养,确保人人可负担健康膳食［R/OL］. https://doi. org/10. 4060/cb4474zh.

从供需视角看冬奥会"一墩难求"

导读： 2022 年北京冬奥会期间，吉祥物"冰墩墩"成为毋庸置疑的"顶流"，憨态可掬的大熊猫套着冰晶外壳，"萌杀"万千网友。作为冬奥文化的传播者、中外对话的使者，冰墩墩不仅备受国人宠爱，还受到外国友人的追捧。"一墩难求"一词很好地概括了冰墩墩在冬奥会期间的火爆程度。而随着冬奥会的落幕，冰墩墩的热度也逐渐下降。那么，什么原因造就了冰墩墩"顶流"的地位，又是什么原因导致冬奥会后冰墩墩热度明显下降呢？本文从经济学原理中的供求关系角度，深入分析冰墩墩人气起落背后市场运行的作用，并就此给出针对消费者、商家以及吉祥物本身的建议。

冬奥会的举行让"双奥之城"成为北京独一无二的城市名片，而作为吉祥物的冰墩墩不仅是一个玩偶，更增强了人们对中华文化的认同，坚定了国人的文化自信。百度指数显示，截至 2022 年 2 月 16 日，冰墩墩搜索指数整体日均为 261 518，整体环比增长 58 597%，2 月 7 日搜索指数达到峰值 929 806。随着冬奥会赛事的进行，人们对冰墩墩的文化价值认可度逐渐超过了使用价值认可度，对其需求不断增加。究竟是什么原因造就了冰墩墩"顶流"的地位呢？笔者认为引起需求增加的原因可归纳为以下三点。

首先，回顾对比不难发现，冰墩墩的火爆程度远超同样作为奥运会吉祥物的福娃。其中最重要的原因是人们的购买力提高了。2008 年奥运会期间，福娃的均价在 80 元左右，而 2022 年冬奥会期间，冰墩墩的均价大约 100 元，远低于其间居民收入的增长幅度。收入的增加增强了购买力，从而增加了人们的需求。其次，对"萌文化"的推崇改变了人们的爱好，增加了购买者数量。与冰墩墩同样火爆的还有迪士尼玩偶玲娜贝尔，它们都以可爱的外表吸引了无数消费者。如今生活压力增大，这类可爱轻松的文娱形象成为缓解大众现实压力的解压阀，正受到越来越多人的喜爱和追捧。最后，消费者预期也起了很重要的作用。人们的购买意愿与实际行动取决于他们对商品价值的预期。在冬奥会吉祥物这一身份的加持下，冰墩墩人气不断上升，人们对其持有良好预期。综合上述三个因素，冰墩墩的需求在前期骤然上升。

与此同时，商家前期的供给稍显不足。事实上，2019 年 9 月冰墩墩和雪容融正式亮相时，这两个可爱的吉祥物在市场上并没有引起多大的波澜，厂商对其未来没有太积极的预期，于是并没有足够的生产能力应对需求的激增；加上春节期间工厂放假，也没有足够的劳动力和库存。因此，供不应求导致了冰墩墩"一墩难求"的情况。

冬奥会后期,冰墩墩热度明显下降。一个原因是随着厂商的复工,越来越多的冰墩墩周边产品面世,需求缺口迅速被供给填平。另外,还可以从边际效用递减的原理来解释。尽管冰墩墩的价格与火热时期相比没有明显变化,但随着越来越多的人拥有了冰墩墩,此时再增加冰墩墩对消费者的刺激和重要性明显下降。此外,由于菜单成本的存在,价格存在一定的黏性,商家不能也不愿立即改变价格。此时冰墩墩便从"必需品"变成了"奢侈品",人们对其需求弹性变大,高昂的价格会引起较大的需求下降。

其实这种"一墩难求"的现象同样适用于其他很多一时暴涨的周边消费上,如航空航天纪念币、世博会周边产品、进博会周边产品等。各方如何正确对待这类商品,不仅会影响到消费者的消费体验、商家的盈利情况,更关乎民族文化的理性传播。笔者尝试从消费者、商家以及吉祥物设计本身等角度提出几条建议。

对于消费者,首先应该调整心态:购买这些周边产品的初心应是助力冬奥会,参与冬奥会,而不是为了获得炫耀的资本。半夜排长队抢购冰墩墩,高价从"黄牛"手上购买冰墩墩……这类盲目跟风的行为并不值得提倡。此外,还可以进一步思考更多助力冬奥会的途径,比如观看冬奥会赛事,科普冬奥会运动知识,与家人朋友参与体育运动,等等。

对于商家,冰墩墩前期供不应求的情况让不少厂商措手不及,但卖家必须清楚地认识到,消费者的消费偏好处在不断的变化中,卖家也应该时刻关注这些偏好的变化,做好相应的调整。与此同时,笔者认为更重要的是商家要精细地把关与打造产品,着重提升产品的质量与内涵,引发消费者的消费情感认同,促进与带动精神文化消费,抓住内容红利带来的新增长机遇,而不应盲目扩张规模、增加产量。

对于吉祥物设计以及冬奥会本身,如上所述,它们在特定时期代表了中国的形象,代表了中国的文化和民族精神,起到了宣传中华文明的重要作用。因此,我们要积极采取行动进行正面引导和保护,不应该使其变味。有关部门应当出台相关规定,严厉打击无良商家侵权生产、贩卖盗版吉祥物的行为以及"黄牛"哄抬价格的倒卖行为,让借机发财的"黄牛"和黑心厂家无机可乘。

北京冬奥会催热了冰雪经济,冰墩墩、雪容融只是其中一个组成部分。随着冬奥会的落幕,各方都在观察它引发的经济热度还能维持多久。客观言之,冰雪热经济会逐渐回归正常,兴奋的消费市场也会慢慢冷静下来,这符合消费心理,也契合市场常识。不过,可以肯定的是,冬奥会极大地激活了中国冰雪经济市场,扩张了冰雪经济的需求,也激活了冰雪经济的乘数效应。因此,北京冬奥会的热经济可能会逐渐冷却,但"后冬奥"时代的经济前景令人期待。相信在未来,中国经济层出不穷的热点和亮点将在更多领域催生更强大的市场容量和消费潜能。

(案例作者:罗守贵　何雨含　侯颖祺)

相关材料

冬奥真顶流！"一墩难求"背后原因竟然是——（有删节）

北京冬奥会上，勇夺金牌的奥运健儿备受关注。在赛场外，吉祥物"冰墩墩""雪容融"也一举成为"顶流"，赢得了大批粉丝的喜爱！

近日，冬奥会吉祥物冰墩墩出现抢购热潮，不仅线下出现了市民排队购买、卖断货的现象，线上也呈现出了脱销的状态，随着周边商品的不断售罄，可谓"一墩难求"！

市民1：想买毛绒玩具，可是已经卖完了，我们早上9点就来排队了。

市民2：前几天买的时候还好，东西都买到了，然后又有同学想要，我都忙带点，结果今天就在这排队吧。

市民3：我就是冲着冰墩墩来的，排了半天队都快饿了，也不知道能不能买得着，再等等吧，这不是咱们那个双奥之城嘛，还想留个纪念。

市民4：我们开了一个半小时的车赶过来，但是现在是断货状态，目前的话就买了这两个，有非常大的兴趣，可惜没货。如果厂家能够多生产一些就好了。

心理学者汪冰认为，公众除了购买吉祥物，身体力行去进行体育锻炼，也是参与奥运、助力奥运的好方式。

汪冰：冰墩墩作为一种文化符号，其实它主要的价值不在于实用。对于购买者来说，通过拥有一个冰墩墩，我们就和奥运发生了某种亲密关系。当然，任何一种成为潮流的大众消费往往都包含着从众心理，当所有人都觉得稀缺的时候，当我们看到越来越多的人去排队几个小时、为了等一个冰墩墩的时候，我们也会认同冰墩墩可能是一种非常稀缺的纪念品或者吉祥物，这就可能变成一个不断放大的循环。

但是稀缺不仅能引发抢购，也能激发人的创造力。我看到网上很多没有买到冰墩墩的朋友也在发挥自己的创意，有人是做这个冰墩墩造型的便当，有人是去做这个冰墩墩的十字绣，有人是绘画，也有人是自己制作手工制品，我觉得这种参与的方式可能比简单购买能够让我们焕发更多的参与感。

实际上我们接近奥运会有很多种方式，除了观看奥运比赛，还可以身体力行地参与一些体育运动，增强自己的身体健康，消费是为了让我们生活得更美好，而想让自己生活得更美好，可能不止消费一条路。

（材料来源：https://sports.sohu.com/a/521577165_100081921）

曼昆也许会喜欢上拼多多的商业逻辑

导读：拼多多 2022 年全年财报显示，公司归属于普通股东的净利润为 315.38 亿元，同比增长 306%；营业收入为 1 306 亿元，同比增长 39%。拼多多成功的背后有着商业逻辑上的巧思，也精妙地运用了经济学中简单的供给和需求的逻辑。本文以拼多多为案例，从供求关系的角度分析了拼多多的巧妙商业逻辑。相信这般分析之后，曼昆先生也会对拼多多产生浓厚的兴趣。

拼多多创始人黄峥在他的《把"资本主义"倒过来》中介绍了一种独特的"反向保险"——在产品生产之前集合消费者，向销售终端做出未来将集体消费某种产品的保证，销售终端就能够获得一种"需求的确定性"。

为什么这种"需求的确定性"具有重要价值？根据供求理论，市场经济中买方和卖方的活动能够使得市场自发地向均衡价格和产量移动。然而，这样的市场调整过程需要反应时间，过程中会产生额外成本和浪费：当出现短缺时，工厂就不得不以高于当时有效规模的产量生产，消费者不得不排起长队并接受加价；而当过剩出现时，生产商的仓库就会堆满卖不掉的产品，一些时令性强的商品甚至面临被浪费的结局——这就是需求的不确定性带来的潜在风险。因此，减少需求的不确定性就能大大降低企业运营的风险。从零售商进货到生产商采购原料，"需求的确定性"可以沿着供应链逐级传递；订单时间的确定还能方便生产商利用原本的生产低谷大量生产，进一步提高效率，降低生产成本。

拼多多的底层商业逻辑就是利用了"需求的确定性"所具有的价值。消费者为企业提供了一段时间内市场需求的确定性，企业降低了运营风险，也能够以更低的成本运营。只要消费者得到的收益高于做出"需求的保证"所需的成本，只要生产企业得到"确定需求"带来的额外收益大于为"确定需求"的付出，这样的交易对买卖双方就都是有利可图的。黄峥的文中就将这样的交易定义为"需求的'反向保险'"：消费者出售消费意愿的确定性，厂商以更大力度的折扣换取这种确定性。

这样的模式与传统的"批量订单"存在什么不同？对这一问题的解答是，拼多多的独特优势在于它借助互联网和大数据赋能，做到了零售的"批量化"和"确定化"。"批量购买"一直是有利可图的，但传统方式下集齐众多需求相同的消费者再同步下单并不容易。当为集齐消费者产生的额外成本高于"需求保险"带来的收益时，这样的交易就变得无利可图。但拼多多借助互联网上庞大的用户体量和它的推荐算法，低成本、高效地拉拢到

"拼团"，使"需求保险"成功成交。此外，拼多多累积的大量用户数据又使其能精准地预测不同时间"拼团"的数量，从而指导企业生产和定价，降低了"拼团"所需要的时间和成本，提高了"拼团"购买的便利性。

这样的模式，对于仓储管理成本高、损耗率高的产品最为管用，拼多多正是以"多多买菜"的方式起家的。传统果农为了寻求订单的确定性和专业的零售解决方案，将水果卖给收购商，而拼多多直接在云端整合了分散的果农与顾客，除了给予果农整合的、确定的零售需求外，还通过拼团使得零售快递成本与收购运输成本相仿，简化了中间环节。结果就是：现在的电商消费者能享受到产地直发的新鲜水果，中间环节成本的减少也显著降低了最终成交价格。

拼多多的"百亿补贴"背后同样蕴含着经济学的原理。首先，"百亿补贴"是拼多多打入城市高端消费人群的尝试。拼多多成立之初，许多中高端消费人群"看不上"拼多多，认为拼多多就是劣质产品的代名词。要实现品牌形象的翻身，获得中高端消费者用户，就要尽可能扩大他们喜爱的消费品的销量。根据经济学原理，要达到这一目的，可以考虑：

（1）这些消费品属于正常物品，收入效应为正，补贴降价就能提高销量；

（2）这些消费品大多不是必需品，需求富有弹性，补贴降价甚至可能提高总收益；

（3）这些商品通常属于垄断竞争市场上那些已经得到充分宣传的商品，对电商平台而言，补贴降价对销量提高的程度高于同样投入下营销推广对销量的提高。

也许正是通过这几个角度的考虑，拼多多的管理层最终决定通过花钱补贴的方式拉拢高净值人群。事实上，从2019年6月到2020年8月，拼多多用户翻了一番，新增用户中有一半来自一、二线城市。这些用户的入驻又给拼多多带来了相当可观的业绩增长：财报显示，从补贴开始到2020年末，拼多多的市值翻了3倍多，逼近1 800亿美元；拼多多还实现了首次盈利，净利润达到了4.66亿元人民币。同时，受拼多多承诺补贴将长期持续的激励，市场对拼多多的长期盈利能力持续看好。

拼多多的"百亿补贴"同样符合前述的"底层逻辑"。仔细观察可以发现，不同时段下，同一品类不同商品的补贴幅度有所不同：以旗舰级头戴式主动降噪蓝牙耳机市场为例，考察原价相仿的竞品A和B补贴后的价格可以发现：某些时段A得到的补贴显著多于B得到的补贴，而某些时段又正好相反，同一产品不同时间的差价在百元左右。一个可能的解释是：由于价格直接导向需求量，"百亿补贴"给了拼多多能够操控的价格空间，由于竞品之间是替代关系，拼多多对补贴量的增减也就相当于对不同商品的需求进行了控制，从而又向零售商给出了一种"需求保险"。

同样的逻辑也被应用于"百亿补贴"的其他方面。例如，一些能够个性化定制的商品，如C手表，在官网有数百种个性化定制，在电商平台也有数十种选择，但在拼多多中参与补贴的只有特定的几种标准基础款式。考虑到补贴后，这些基础款式的价格比个性化定制款式更加便宜，不少消费者会因此放弃追求个性化，转而选择更具价格优势的标准款式。通过对售卖商品种类的限制和对特定型号的商品补贴，拼多多进一步将个性化的需求整合成标准化的统一需求，提供了"需求的确定性"，极大地降低了商家生产、进货和库存的风险。

最后，"百亿补贴"成功地在中国电商寡头中掀起了一波"补贴"大浪。此前的电商行业可以被看成一个寡头市场，而百亿补贴成为发起价格战、打破垄断者市场支配地位的行为。当客户开始转移到拼多多时，对消费者而言，原先的垄断者没有足够的理由让他们支付更多钱购买相同的商品。结果就是，其他电商也必须降价才能挽回部分客户。市场竞争的加剧让均衡价格下降，使消费者获得了更多的剩余。

（案例作者：王洋　邓言耀　叶晨）

相关材料

补贴有术的拼多多

经历过 10 年前电商行业白热化竞争的用户，或多或少都有过多平台比价的经历。

为了抢占行业发展红利，行业玩家们大打价格战，购物前先比价成为许多人的习惯，这种现象甚至催生了一批比价网站的出现。然而伴随着竞争格局趋于稳定，平台进入各自的舒适区后，激烈的价格战逐渐消失，下单前先比价的购物习惯也被淡化。

情况在 2023 年发生了改变。3 月 6 日，京东百亿补贴提前上线，淘宝将价格力视为 2023 年五大战略之一。价格，又一次成为电商行业的焦点。而引领补贴新风潮的，毫无疑问是 2019 年 6 月就上线了百亿补贴的拼多多。

3 月 20 日，拼多多集团发布截至 12 月 31 日的 2022 年第四季度及全年财报。这份财报不仅披露了拼多多 2022 年的成绩——全年营收为 1 306 亿元，同比增长 39%；归属于普通股股东的净利为 315.381 亿元（约 45.726 亿美元），比 2021 年的净利润 77.687 亿元增长 306%——更隐藏了解码行业竞争走向的答案。

在行业整体困于增长瓶颈之时，拼多多实现了营收与净利同步增长的成绩，成绩背后，做成行业标杆并引领新风潮的百亿补贴，正在重新锚定行业竞争的坐标。

（材料来源：https://www.huxiu.com/article/876970.html）

春节档电影高票价和高票房的"冷思考"

导读：2021年春节期间，中国电影票房一路高涨，让沉寂已久的电影行业焕发出新的活力。2021年春节档单日总票房屡屡打破纪录，多部影片的累计票房也创下佳绩，但是与高票房相对应的高票价成为不少网友吐槽的焦点。本案例运用经济学原理中的供需关系、市场均衡、需求弹性等相关知识点，分析春节档电影高票价背后蕴藏的经济学逻辑。本案例主要解释说明了两个问题：一是为什么春节档电影票价会远高于平时的电影票，二是政府是否应该限制春节档票价大幅度上涨。

一、2021年春节档电影票价格大幅上涨

2021春节期间，中国电影票房迎来史上最牛春节档，总票房连续5天单日突破10亿元。根据相关数据，2021年2月11日（除夕）至17日（正月初六），中国电影票房数额达78.22亿元，继2019年59.05亿元后再次刷新春节档全国电影票房纪录。春节档电影中，《唐人街探案3》在上映首日创造了10.5亿元（1.63亿美元）的票房，不仅打破了《复仇者联盟4：终局之战》保持的中国首日票房7.28亿元的纪录，成为中国影史首部单日破10亿元票房的影片，而且超过《复仇者联盟4：终局之战》在北美首日1.57亿美元的票房，创单市场单片首日和单日全球最高票房纪录。《你好，李焕英》也后来居上，超过《神奇女侠》的8.21亿美元票房，使导演贾玲成为全球票房最高女导演。此外，2021年春节档票房最差电影《侍神令》也有近3亿元的票房。由此可见，2021年春节档期电影票房的成绩相当不错。

在各大电影片方庆祝高票房的同时，电影的高票价却成为很多消费者吐槽的热点话题。一些大型城市春节档电影票价格超过70元，大量三四线城市的票价同样一路高涨，一张黄金时段的电影票价格甚至高达上百元。拓普数据显示，2019年，一、二、三、四线城市春节档的平均票价为49.81元、44.61元、44.18元和43.45元；到了2021年，平均票价分别为60.07元、49.08元、48.3元和46.89元，其中，一线城市较去年同期涨幅高达20.6%。电影票价的飞涨使看电影成了观众眼中昂贵的文化娱乐消费行为，高昂的价格迫使许多观众放弃了观影。部分消费者认为，在春节期间提高票价是制片方为了追求高票房以及影院为了追求高利润的结果。考虑到消费者的利益，市场管理部门理应对价格进行管控，不允许电影票在春节期间涨价。但是，也有部分消费者认为，春节期间电影院

运营成本上升,如人员工资等,影院涨价可以理解。还有消费者认为,春节电影票涨价可以在一定程度上减小黄牛的套利空间,增加电影院和制片方的收入,更有助于行业良性发展,促进未来市场上持续出现优秀的电影作品。消费者对于春节电影票价大幅上涨众说纷纭,站在不同的立场,从不同的角度可以得到不同的结论。本案例使用经济学原理课程所学的知识,简要分析了春节电影票价上涨背后的经济学逻辑。本案例想解释说明的问题有两个:第一个问题是为什么春节电影票价会远高于平时的电影票价? 第二个问题是政府是否应该限制春节档票价大幅度上涨?

二、为什么春节电影票价会远高于平时的电影票价?

电影票价一般由电影的制片方或发行方与影院商议定价,通过协议达成一个最低发行价。影院在不低于发行价的基础上,根据运营成本、放映时间、观影人次、票房走势等市场因素,机动调整形成最终票价。春节档电影票价的上涨是市场竞争的结果。

春节是我国最重要的传统节日,也是法定节假日,大多数工作岗位的工作人员会放假,此时阖家欢乐、娱乐休闲和走亲访友是最重要的主题。春节期间,消费者的需求和制片人刻意集中在春节期间的供给,形成了特殊的电影春节档现象。这一时间段是亲友出门聚会的高峰期,家庭成员共同去电影院看电影成为一项重要的娱乐活动,许多人愿意为节日的娱乐活动买单。而且电影中部分有趣的内容和"梗"会成为大众闲聊的热点话题,大家把探讨电影情节作为情绪释放和社交连接的纽带,通过交流增强了情感。因此,从需求角度来看,春节期间电影市场的需求弹性相对于平时会达到一个较低的水平,对于希望在春节期间看电影的消费者而言,不会因为票价的上涨而放弃看电影。与以往春节档不同的是,2021 年各地政府多提倡"就地过年",该倡议在一定程度上助力了电影票房攀高。在外务工人员如果春节假期留在工作地,那么能够选择的娱乐活动相对较少,此时去电影院看电影成了就地过年人员春节娱乐的一个不错选择。据央视新闻报道,2021 年全国超过 1 亿人"就地过年"。根据灯塔专业版统计,2021 年春节档城市贡献榜中,上海、北京和深圳分别以 3.66 亿元、2.77 亿元和 2.11 亿元位列前三。

从最基础的供需角度来看,春节期间电影院的座位数量是固定的,可放映的电影场次同样有限,即供给有限,但是需求剧烈上升,在市场的作用下自然会导致价格上涨。进一步分析,电影院的目标是增加收入,如果电影院在平时大幅度提高价格,则会大量减少观影人次。但是在春节期间消费者需求弹性非常小的时候,电影院提高票价不会使影院上座率下跌,最终可以达到增加收入的效果。从各大影院公布的数据以及网络媒体的报道不难看出,尽管 2021 年春节期间电影票价远高于平时,但是一些黄金时间段的电影场次仍然出现了一票难求的现象,电影院基本座无虚席,甚至观影效果体验最差的边缘座位也被早早抢光。

三、政府是否应该限制春节档电影票价大幅度上涨？

在电影院和制片方庆祝高票房的时候，有些消费者表达出对春节电影高票价的不满，认为高票价影响了中国电影的整体形象，损害了消费者的利益，国家电影局应该履行其监管职责，限制票价大幅上涨，引导影院不要一味地追求高票房纪录。那么从经济学角度分析，降低春节电影票价是否是一个合理的建议呢？

2021年电影院火爆，导致出现黄牛倒卖高价票的现象，说明春节期间电影票市场处于严重的供不应求状态。从经济学的角度来看，为了使市场达到最有效率的状态，电影院非但不应该降低票价，而且应该进一步提升票价，追求帕累托改善。是否应该提高票价这一问题，从帕累托最优的角度思考得到的是肯定的答案。但是提高票价又会引发一系列其他问题，例如春节档期的高利润必然诱导国产电影扎堆在春节上映，出现"春节挤破头，平时空荡荡"的不利情况。因为电影院在春节期间的总排片量有限，这样的恶性竞争会产生经济租金，让资本操纵排片与票房，不利于电影行业的健康发展。

综合分析，电影票价的确定较为复杂，必须考虑到供求、弹性、效率、民生以及行业发展等问题。春节档电影的高票价和高票房的背后，体现了中国经济持续向上的形势和人民精神生活的需求大幅提升。当观众发自内心地认可影片内容质量的时候，即便是高票价，也无法阻挡人们的观影热情。

（案例作者：陆蓓　张咏　钱晨润）

相关材料

78.22亿元收官刷新历史　票房最高春节档炼成记（节选）

2021年电影春节档以78.22亿元的总票房收官，刷新了纪录，排名前两位的影片《唐人街探案3》(35.5亿元)、《你好，李焕英》(27.2亿元)将八成票房揽入囊中。这两部影片还双双闯入了中国电影史票房前十，且前者于正月初四总票房就达到了30亿元，后者在正月初七也突破这一数字。与此同时，就地过年进一步释放了观众的观影需求，1.6亿的总观影人次同样刷新了春节档的纪录。

不少在今年春节档贡献了票房的观众在接受《新京报》记者采访时认为，今年春节档票价非常高。来自机构的数据也佐证了观众的感受。猫眼专业版数据显示，今年春节档票房前三的《唐人街探案3》《你好，李焕英》和《刺杀小说家》，其平均票价分别为49元、47元和49元，而2019年春节档票房前三的《流浪地球》《疯狂的外星人》和《飞驰人生》的平均票价为44元、41元和41元。灯塔专业版数据显示，今年春节档全国平均票价为48.9元，比2019年春节档高出4.2元。

（材料来源：https://www.bjnews.com.cn/detail/161412540415427.html）

中国男子篮球职业联赛工资帽
制度的经济学分析

导读：中国男子篮球职业联赛(CBA)是中国最高等级的篮球联赛。近年来，CBA出现恶性竞争问题，越来越多的球队付出天价薪酬以签下国内外顶尖球员，转会市场和外援市场频繁出现天价工资事件，导致CBA中不少俱乐部运营成本增加，出现亏损。为引导俱乐部有序良性发展，CBA在2020年正式引入"工资帽"等限薪制度。本案例通过经济学原理中的供求关系、价格管制相关的知识对CBA使用的工资制度进行经济学分析，主要说明CBA出现高工资的原因和"工资帽"制度的运行方式及影响。

一、"工资帽"制度的产生背景

2019年9月15日，国际篮联篮球世界杯，占尽天时、地利、人和的东道主中国队表现不如人意，排在32支参赛队的第24位，不仅没能直接拿到东京奥运会的门票，也失去了直通落选赛的资格。一边是国内篮球职业联赛的如火如荼，一边是国家队在世界大赛上成绩的日益下滑。2019年10月17日，CBA在北京召开了CBA投资人暨股东大会，对篮球职业化过程进行反思和总结，通过了一系列改革措施，最终股东大会全票通过"工资帽"制度。

当一支球队在联赛中取得好成绩时，球队会给予高水平球员高额工资，激励球员在未来继续保持优秀的表现；同时，球队为了提高在联赛中的竞争力，会选择加大投资，用高工资吸引明星球员签约。明星球员加盟球队，不仅可以迅速提升球队的实力，而且能够提高球队名气，吸引大量的观众和粉丝。因此，相比于缓慢培养年轻的、尚未出名的球员，直接挖取明星球员对球队的短期效果会更加明显。但是无休止地提高明星球员工资，会导致球队之间的恶性竞争，极大增加球队的运营成本，不利于联赛的良性发展。

高水平球员能为俱乐部带来无法估计的利润和社会影响。但与之相对应的是高工资严重阻碍了俱乐部经营收入，导致俱乐部连年亏损。在短期收入变化不大的情况下，俱乐部只能通过降低支出解决发展问题，"工资帽"制度便应运而生。所谓"工资帽"制度，是指对一支球队支付所有球员工资的总和进行限制的制度。"工资帽"制度分为"硬工资帽"和"软工资帽"。CBA使用的是"软工资帽"，具体要求是：新赛季中，一支球队支付国内球员工资的总和不能低于2 000万元，同时不能超过4 400万元。如果超过4 400万元，球队需要上缴超出部分的 25% 作为调节费,类似于"征税"。除了对工资总和有要求外,针对国内单一球员工资,要求工资上限为 800 万元。如果一支球队以超过 800 万元的工资签下一名球员,称为"超帽",需要向 CBA 公司支付 200 万元调节费。此外,针对引进的外援,CBA 要求其年薪不能超过 700 万美元。CBA 通过引入"工资帽"制度,抑制所有球队使用天价工资吸引明星球员,在一定程度上缓解了球队之间的恶性竞争问题。

二、明星球员高工资的经济学分析

经济学里有个"超级明星"现象,产生超级明星现象的市场有两个特点:① 市场上每位顾客都希望享受最优生产者提供的物品;② 生产这种物品所用的技术可以使最优生产者以低成本向每位顾客提供物品成为可能。超级明星现象的产生主要来自职业篮球运动员的才能差异形成的不完全替代性以及复制技术的发展。从供给角度分析,篮球比赛中球星的才能不可替代,其他球员因为能力和努力方面的差异往往造成收入的巨大差异。因此,明星是一种垄断性极高的稀缺资源,而且供给也是缺乏弹性的。从需求角度分析,观众更喜欢看最好的表演者,社会对明星的需求是巨大的。直播技术促进了低成本的复制,使得明星球员的才能会带来规模经济。这样从需求和供给两方面的角度分析,决定了明星的高收入和只有少数人能够成为明星。

明星这种要素的高价格和高收入是由其供求关系决定的,有其合理性。但是这种现象也会带来一系列影响:球员薪资成本增长过快,导致大部分俱乐部都处于亏损的状态,球队无法良性运营下去,联赛的发展也会停滞不前。明星效应还会引发球迷的盲目崇拜和球员的迷之自信,不利于所有的球队和球员处于一个公平的竞争环境。

三、"工资帽"制度的影响

"工资帽"制度起源于美国职业篮球联盟(NBA)。NBA"工资帽"制度的理念是为了限制高水平球员抱团扎堆,避免出现"马太效应",即强者愈强、弱者愈弱的趋势,目的是让各支球队的水平与实力接近,使得比赛更具有观赏性和竞技性。CBA 引入"工资帽"制度后,设置了明星球员工资的上限。设置工资上限后,球员的福利会减少,俱乐部的福利会增加。从这个角度来看,"工资帽"制度以牺牲球员的部分福利为代价,通过节流改善俱乐部的经营状况,使其增加一定的利润维持运行,形成良性循环。短时间内,"工资帽"制度可能会影响部分球员的利益,但从长远角度看是有利于 CBA 联赛健康发展的。首先,节流缓解了球队的经营压力,保证了 CBA 经营的总体平稳;其次,限制顶薪后,其他队员的工资有可能上涨,缩小了贫富差距;最后,避免了俱乐部之间为争夺明星球员而恶性竞争,平衡了各家俱乐部的整体实力,有助于各俱乐部发展和培养新人球员,满足了整个行业长期发展的需要。

"工资帽"制度在设定球队和球员工资上限的同时,也具有限制竞争、固定价格的特征。不同能力的球员最后获得的薪资差距缩小,没有充分发挥市场机制对收入分配的调节作用。"工资帽"制度限制了市场对于自由球员的需求,减少了自由球员的签约机会。尤其在中国职业篮球领域,CBA 只有 20 支球队,俱乐部在球员市场中处于买方垄断地位。各家俱乐部协商确定的"工资帽"制度还有许多不完善之处,未来需要进一步完善"工资帽"制度的构造,在防止垄断与促进竞争之间寻求平衡。

对于 CBA 而言,可以借鉴加入球员工会制度。联盟的规定同时限制了球员和俱乐部,而俱乐部通过联盟的规定积极维护俱乐部的整体利益,球员工会维护球员的整体权益,三种不同的力量共同协商且彼此制衡,以此推进 CBA 的合理发展。

(案例作者:陆蓓 张咏 姜廷皓)

参考文献

[1] 张晨颖,李希梁.美职篮"工资帽"制度的反垄断法分析——兼评中职篮"工资帽"制度的合法性[J].竞争政策研究,2020(06):47-62.

[2] 杨远波,王力行,邓寒梅.CBA 联赛"工资帽"政策的经济学分析[C]//中国体育科学学会体育产业分会.第四届全国体育产业学术会议文集,2009(12):76.

相关材料

CBA 工资帽怎么"戴"? ——专访 CBA 联盟运动员发展总裁张弛(节选)

CBA 联赛自 2020—2021 赛季开始实施"工资帽"制度。CBA 联盟运动员发展总裁张弛日前接受新华社记者独家专访,对这项新规进行了解读。

俱乐部入不敷出 投资人推动"限薪"

CBA"工资帽"制度的出台,与 CBA 联盟和各俱乐部寻求财务健康和均衡发展有直接关系。有俱乐部高管透露,目前 CBA 俱乐部几乎都入不敷出,每年亏损数千万元的不在少数。与此同时,CBA 各俱乐部的本土球员薪金支出很不均衡。张弛告诉记者,本土球员工资支出最多和最少的俱乐部的薪金总额比在 5∶1 左右,CBA 联盟希望通过"工资帽"等措施在未来几年让这个比率达到 3∶1 左右相对合理的区间。

CBA 特色"工资帽"初试莺啼

CBA 新赛季"工资帽"的产生是基于对 2019—2020 赛季各俱乐部本土球员工资支出的统计数字,算出来平均值是 3 200 万元人民币。在此基础上,CBA 俱乐部的投资人商定上下浮动额均为 1 200 万元人民币。2020—2021 赛季 CBA 各俱乐部本土球员工资支出的上限为 4 400 万元,下限为 2 000 万元,超出或者不足的部分则需要按 25% 的费率向

CBA联盟缴纳调节费。

张弛承认,目前的"工资帽"体系肯定还有需要完善的地方,CBA联盟将根据各方反馈,在今后进一步调整。

（材料来源：https://baijiahao.baidu.com/s?id＝16781360075843 52688＆wfr＝spider＆for＝pc)

上海老年公共交通补贴政策变化分析

导读：为响应国家"切实做好社会老年人权益保障工作"号召，各地对于老年人的公共交通补贴存在免费（优惠）乘车和货币补贴两种主要形式。大部分地区采用免费（优惠）乘车的方式，如北京市规定"65周岁以上老人可在非高峰时段免费乘坐公交车"，这有助于进一步完善老年人的社会福利保障。而货币补贴的实行则以上海市为典型代表。2007年，上海市推出了"70岁以上老年人在非高峰时段免费乘车"政策，后于2016年将原有的老年人免费乘车政策修改为分年龄段的货币补贴政策。该政策的变更受到多方好评，但也存在着一些关于"新政策是否降低了老年人出行福利"的争论。对此，本文将利用经济学原理中关于供给与需求关系的相关知识，对上述这种针对老年人的交通补贴政策变化带来的影响进行分析。

2007年10月，上海市推出了"70岁以上老年人非高峰时段免费乘车"的政策，随之统一制作并发放了可计次的专用乘车卡，即"敬老服务专用卡"（社会保障卡副卡）。该"敬老卡"功能单一，仅有免费的交通乘车功能。

但是，这项政策在便利老年人出行的同时，也引发了一些问题。首先，老人出行的频率大大提高，城市公交运营的压力随之增加，所带来的交通堵塞问题、交通不安全因素也将会有所增加。其次，老年人在出行过程中具有突发疾病的隐患。最后，有相当一部分老年人出门次数有限，因此使用该卡的频率也较低。上海市交通委曾进行的一项调查结果显示，调查当月有近60％的老年人没有使用敬老卡，21％的持卡人出行次数每月少于16次。

出于对实际情况的考虑，2016年4月，上海市政府发布《上海市关于建立老年综合津贴制度的通知》，停止使用原本用于公共交通的敬老服务卡，取而代之的是实实在在的交通补贴，年龄门槛也从70周岁降至65周岁。根据新的综合津贴制度，具有上海市户籍且年满65周岁的老年人，可以享受老年综合津贴，标准按照年龄段分为5档，从65周岁一直到100周岁以上，每人每月可享受75~600元不等的补贴（见表1）；该津贴每月将会发放至银行卡中，而且可用于其他消费。这张具有消费功能的银行卡也被称为"新敬老卡"。可见，这种"老年综合津贴制度"的制度设计，是基于提高全市老年人福利水平、扩大老年人受益面、促进老年人福利均等化等诸多方面的考虑。

表1　2016年上海市各年龄段交通补贴标准

年 龄 段	补贴额/元
60～65 周岁	0
65～69 周岁	75
70～79 周岁	150
80～89 周岁	180
90～99 周岁	350
100 周岁及以上	600

对于政策实施效果,近期有一些研究运用了公共政策相关原理,定性评估了国内的老龄交通政策。顾海兵[1]从公平与效率两个角度,指出老年人免费乘坐公交车政策的弊端,认为免费乘车不仅会造成拥挤困境,影响财政支出效率,还会引起老年人和其他社会群体的利益分配不公,甚至导致老年人群体内部的不公平。而作为特大城市的代表,上海2007 年和 2016 年先后经历了老龄交通政策的两次变更,政策实践对其他城市有较好的参考价值。另外还有一些研究专门评估了上海的政策。例如,鲁斐[2]基于渐进决策模型对上海老年人交通补贴政策进行了分析,发现"敬老卡"的出现使得老年人幸福感有所提高,但也暴露出交通压力过大、社会矛盾激增、不理性、不文明现象等突出问题;而老年综合津贴制度扩大了受益人群,采取随年龄增长而递进式的补贴额度,使老年人福利由过去单一的免费乘车形式转变为老人对社会福利的自主支配,让他们把福利用于所需,而不是为了享受政策而用。胡中毅[3]从不同利益集团的角度出发讨论老年综合津贴对于各主体的影响。对上海市政府而言,老年综合津贴制度涉及 260 万名老年人,年财政投入超过45 亿元,增加了资金压力。对老年人而言,实施补贴政策后,原本"高龄老人营养补贴"和"70 岁以上老年人免费乘车"两项政策的覆盖范围扩大。对公交营运企业来讲,将以往的老年人免费乘车补贴从暗补改为明补,缓解了公交企业改革进程中的一部分压力;同时,把老年人免费乘车转换为发放补贴,将交通出行重新还原为商品流通,老年人所做出的理性出行选择使得公交资源配置重新向帕累托最优靠拢,有利于公交运力和资源的合理分配。

接下来,本文将主要分析"无补贴""完全补贴(免费交通卡)"以及"货币补贴"3 种方式对不同年龄段老年人的效用的影响,以此初步评价 2016 年上海老年人交通补贴政策变更所产生的效果。在当前老龄化背景下,对老年人交通补贴方式进行效用分析具有重要的理论及现实意义。首先,我国城市老年人出行方式与发达国家差异较大,对政策变更的效用分析有助于找到与我国老年人出行方式相匹配的补贴方式。其次,尝试回答本文的核心问题：补贴方式的变更是否有效提高了老年人的出行效用和生活质量？最后，结合近年来居民消费支出结构的变化，分析目前所采用的两种补贴方式中哪一种会更加有利于老年人效用的提高。

通过效用分析可知，不管是完全补贴还是货币补贴，对于老年人而言，都比没有任何补贴时的效用更好，因为老年人的福利会有所提升。若货币补贴额小于完全补贴（免费交通卡），则无法满足老年人按需求出行的愿望；而实施完全补贴（免费交通卡）时，老年人不需要考虑预算约束而自由出行，因此，完全补贴（免费交通卡）将优于货币补贴。相反，若货币补贴超出了老年人出行需求消费额，老年人可以将结余的补贴用于生活的其他消费，显然货币补贴优于完全补贴（免费交通卡）。各年龄段老年人的活动能力、出行需求、对出行方式的偏好有所差异，补贴政策对不同年龄段老人的额度也有所不同。据此，本文将分析两种补贴方式给各年龄段老年人带来的不同影响。

实施货币补贴方式之后，对于活动能力最好的60～65周岁年龄段的补贴为零，由于他们之前未享受免费乘车，故其效用没有发生变化，公交出行的费用完全自付。

对于活动能力相对较好的65～69周岁年龄段老年人，他们之前也未享受免费乘车，实施货币补贴政策后每月增加了75元补贴。如果将75元完全用于公交出行（每月按30天计），该年龄段每天出行可支配补贴为2.5元，出行效用由于有了补贴而有所增加。

对于70～79周岁年龄段老年人，原来的免费乘车政策取消，如果将150元完全用于公交出行（每月按30天计），该年龄段每天出行可支配补贴为5元，如果按公交出行一趟往返4元计算，可盈余1元。

对于营养需求高、出行需求低的80周岁以上年龄段的老人，货币补贴政策较为有利。对于90～99周岁以上老年人的补贴相比较90周岁以下的年龄段增加一倍，更加侧重对老年人其他消费补贴的增加。该结论对100周岁以上的老年人也适用。

此外，针对70～89周岁年龄段老年人，保险市场推出了"保险交通卡"（简称"保通卡"），购买"保通卡"的上海市户籍老年人可在工作日非高峰时段和节假日全天，免费乘坐全市除行驶高速公路线路、机场线、旅游线及磁浮线外的公交和轨道交通线路。而"上海市老年人公共交通意外综合险"保费根据老年人的年龄划分为两档，即：70～79周岁，每月保费150元；80～89周岁，每月保费139元。也就是说，70～79周岁的老年人领取政府发放的"老年综合津贴"后办理"保险交通卡"，完全收支平衡，80周岁以上老年人还略有盈余。投保老年人若因乘坐上海市公共交通和轨道交通时发生意外事故，最高可获赔5万元。这些措施采用市场化手段给有支付意愿和能力的老年人提供了更多的选择。

总体来看，对老年人有补贴的情形总是优于没有任何补贴的情形。接下来，对于完全补贴和货币补贴两种方式的优劣，则取决于政府补贴额度、老年人养老金收入以及消费偏好等因素之间的关系。从政策机制设计与老年人出行需求的匹配度来看，上海市老年综合津贴制度根据不同年龄段老年人活动能力、出行意愿来设计补贴额度，充分体现了老年人基本出行权利的保障原则。对于受政策变更影响较大、尤为敏感的70～79周岁年龄段老年人,老年综合补贴政策强调了对他们基本出行福利的保障。在此基础上,笔者建议应进一步关注和保障65～69周岁年龄段人群的出行福利。65～69周岁年龄段是老年人中对出行需求量较大的群体,目前的每月75元补贴虽较之前有所提升,但仍然无法覆盖全部出行支出。可考虑为该年龄段增加更多交通福利,如优惠乘车或增加对该年龄段的补贴额度,逐步实现补贴与出行支出之间的大体平衡。同时,在老年人出行过程中加强老年人出行的配套设施建设,为公交硬件设施和乘车环境增添更多适老化服务,如增加轮椅固定器、扶手、老人专座等。在信息提供方面完善出行与就医、购物的关联服务,使老年人的出行福利得到最大保障。

（案例作者：潘小军　董宇坤）

参考文献

［1］　顾海兵,顾洲瑀.老年人乘坐公交车免费政策改革的建议[J].价格理论与实践,
　　　　2017(03)：30-32.

［2］　鲁斐.基于渐进决策模型对上海老年人交通补贴政策的分析[J].产业与科技论坛,
　　　　2017,16(04)：103-105.

［3］　胡中毅.基于利益集团模型的上海老年综合津贴分析[J].丝路视野,2017(22)：2.

相关材料

上海老人将不再享受免费乘车　改为发放综合津贴方式(节选)

央广网上海2016年6月20日消息(记者傅闻捷)据中国之声《新闻晚高峰》报道,本月25号起,上海70周岁以上老年人免费乘坐公共交通的制度将停止实行,改为发放综合津贴的方式,年龄门槛也将下降至65周岁。

根据上海市政府2016年4月发布的《上海市关于建立老年综合津贴制度的通知》,上海将不再实行70周岁以上上海市户籍老年人免费乘坐公共交通制度,原来敬老服务卡的使用期限截止到本月25号。取而代之的是,具有上海市户籍且年满65周岁的老年人,可以享受老年综合津贴。老年综合津贴标准按照年龄段分为5档,从65周岁一直到100周岁以上,每人每月可享受75～600元不等的补贴。这一综合津贴制度已经从2016年5月1日起实行。

（材料来源：https://m.huanqiu.com/article/9CaKrnJW1hN）

"天价药"进医保

导读：如果在某个商品市场之中，供给方只有一个企业，而且其产品并没有相似的替代品，那么这个企业就是一个垄断企业。同完全竞争市场相比，垄断企业可以决定商品价格，尽管市场需求曲线依然是向下倾斜的，但是垄断企业可以通过其拥有的定价权而获得超额利润。不过，由于垄断产品的定价高于其边际成本，市场并未达到最有效率的生产状态，垄断限制了一部分消费者对该产品的消费。本文以一种"天价药"诺西那生钠为例，分析了垄断企业的定价和竞争问题，并使用效率与公平相关的知识分析了"天价药"进入医保事件中各方的考量因素。

一、罕见药诺西那生钠价格高昂的原因

罕见病脊髓性肌肉萎缩症（SMA）的治疗药物——诺西那生钠，是全球首个 SMA 精准靶向治疗药物。该药物通过鞘内注射给药，可以直接将药物输送到脊髓周围的脑脊液中，从而改善患者的运动功能，提高其生存率，改变 SMA 的疾病进程。2019 年，诺西那生钠注射液在中国上市。上市之初，高达 70 万元一针；2021 年初降至 55 万元一针。2021年 12 月，国家医保局发布消息：诺西那生钠注射液被正式纳入医保，降到 3.3 万元一针，首年的治疗费用低于 20 万元，并且医保报销后，个人仅需要支付不超过 10 万元。为什么诺西那生钠售价如此高昂？为什么企业谈判后愿意降低价格进入国家医保目录？本案例将从经济学的角度对此进行分析。

垄断药品市场同时具有垄断市场和竞争市场两种市场结构特征。当一个企业开发了一种新药时，专利法保护企业垄断该药品的销售，是典型的垄断市场；但是当药品专利过期时，新企业会因为追寻垄断利润而进入市场，任何公司都可以生产并且销售这种药品，该药品从垄断市场转变为竞争市场。

药企为研发一款新的药品，需要建立相应的研究实验室，投入大量的人力、物力和财力，失败风险极大。即使研发成功，还需要经过长达几年的临床试验，只有当最终结果是安全且有效时才能将药物申报注册。尽管生产药物的边际成本不高，但因前期固定成本高，投入成本大，所以技术专利合法地保护药企独家获益权，形成市场垄断。药企拥有定价权，会制定高于边际成本的销售价格，否则便无法弥补成本。对于治疗罕见病 SMA 的药物，一方面，药物市场与普通市场相比，产品的需求弹性小，罕见病药物对病人而言是

"救命的药"，病人对价格极不敏感；另一方面，罕见病药品由于受众人群较小，不是大多数实验室的研究方向，而且临床试验人数少，异质性大，失败率高，开发周期更长，药企更加需要制定高价来弥补前期的成本。

罕见药市场的需求具有刚性，但是因研发难度大、市场规模不确定等因素导致供给较少，中国市场的药物多是由外企研发销售，价格昂贵。企业为了维护全球的价格体系，不愿轻易做出降价的决定。

二、从经济学角度分析诺西那生钠进入医保的可能性

2016年12月，渤健公司的诺西那生钠注射液在美国获批，2019年在中国获批上市。自诺西那生钠注射液获批以来，中国医保局一直在争取将其降价进医保。但因价格悬殊，渤健公司之前没有参与谈判。近几年，诺华的基因替代疗法药物索伐瑞韦以及罗氏制药的口服小分子药利司扑兰口服溶液用散（商品名：艾满欣）陆续面世，全球SMA患者共有3种疗法可以选择。2021年6月，罗氏制药的利司扑兰口服溶液用散在中国获批上市。两者相比，利司扑兰的口服特性比技术性要求更高的诺西那生钠鞘内注射液有明显优势。而且，60毫克/瓶的利司扑兰在中国的定价是6.3万元，赠药后年费用约合65万元，与入保前的诺西那生钠价格相当，诺西那生钠不再具有该市场的独家垄断地位。随着市场变得越来越具竞争性，渤健公司选择降价获取竞争优势在所难免。中国的人口基数大，药物市场大，对药企的吸引力大。如果进入医保目录，能够迅速扩大市场份额，让原本因为高价而不选择该药品的病人进入市场，更好地抵御竞争对手的威胁。同时，药企还可以借助医保政策的影响力，加强品牌推广和宣传，提高市场知名度和影响力。长期来看，企业可以获得更多的利润。

罕见病药物的"天价"超出绝大部分人的支付能力，让患者陷入无助的境地。2018年开始，国家医保局每年一次动态调整医保药品目录，罕见病用药也在调入之列。通过与药企协商谈判，以合适的价格让"天价药"进医保，在为药企创新提供市场空间的同时，也为人们的治疗需求提供了更多低价高效的选择。这背后包含着中国医保局对公平和效率的权衡。药品能否进医保，要综合考虑参保人合理的用药需求、药品的临床价值和创新程度、医保基金承受能力等。医保的费用由地区财政支付，此类罕见病药物一旦纳入医保目录，将对欠发达地区的医保基金造成巨大压力，所以医保局希望药物的年治疗费用不超过30万元。此外，药企在进入医保后，可能面临一系列的要求和限制，如药品的供应量、销售渠道等。这些限制既会对药企的利润产生影响，也会对患者的用药产生影响。2022年1月1日，新版医保目录正式实施，经过多轮谈判，用于治疗SMA的诺西那生钠注射液每针从近70万元降至3.3万元，既体现了"保基本"的功能定位，又满足了参保人的基本用药需求，是对"人民至上，生命至上"的生动实践。

三、解决"天价药"问题的根本途径在于自主研发

《2022 中国罕见病行业趋势观察报告》显示,全球目前已知的罕见病超过 7 000 种,全球罕见病患者已超过 3 亿人,我国大约有近 2 000 万名患者。面对如此巨大的市场需求,中国政府希望与国外药企谈判,让罕见病药降价并且进入国家医保目录。但是仍然有一些罕见病的高值用药,谈判没有成功,没有纳入医保。因此,想要真正解决罕见病天价药难题,还要通过多种渠道支持,例如鼓励中国的药品公司进行罕见病治疗方案的研发。只有真正提升国内药企的创新能力,才能挤掉进口罕见药的价格"水分",从根本上降低药价。

目前国内许多药企为了避免前期巨大的研发投入,更多地会选择研发仿制药,尤其是那些专利即将过期的药物,这样就可以以低成本形成价格优势,获得巨大的利润。但这种行为对于国家的医药研发生态是非常不利的,政府需要有针对性地进行政策支持。《中华人民共和国药品管理法》(2021 年)鼓励罕见病药品的研制和创新,对批准上市的罕见病新药,在持有人承诺保障药品供应的情况下,给予最长不超过 7 年的市场独占期。市场独占期制度可以有效调动产业积极性,吸引更多人才与资金汇聚到罕见病药物研发领域。

随着国内创新药市场需求的提升,政策支持力度的加大,药企研发实力的增强,中国罕见病医药产业一定会蓬勃发展,最终让患者受益。

(案例作者:陆蓓　张咏　丘有梅)

参考文献

[1] 梁倩.多个抗肿瘤罕见病药物"平民价"进入医保[N].经济参考报,2021 - 12 - 08(05).

[2] 徐航.谁为"天价"罕见病药埋单?[J].中国人大,2020,509(17):52 - 53.

[3] 左琳.罕见药纳入医保能否终结困局?[J].中国报道,2020,195(09):94 - 95.

相关材料

"天价"救命药纳入医保后,全国首个受益者完成首年6针注射

12 月 9 日,5 岁的脊髓性肌萎缩症患者李佳树在枣庄市妇幼保健院完成了 SMA 靶向药首年最后一针注射,靶向药首年 6 针治疗全部结束。

诺西那生钠注射液是脊髓性肌肉萎缩症治疗药物,是全球首个 SMA 精准靶向治疗药物。2021 年 12 月前,SMA 靶向药被称为"天价"救命药,2021 年 12 月 3 日,在经过 8 轮谈判后,诺西那生钠注射液被正式纳入医保。2022 年 1 月 1 日,诺西那生钠注射液正式实施医保价格,价格从原先的 70 万元一针降到约 3.3 万元一针的"地板价"。

李佳树为该药纳入医保后的全国首例注射者,于2022年元旦完成第一针注射。经过前5轮治疗,李佳树已经从原本的全身软弱无力,到如今腰部力量有了明显改善,可以独立坐住,笑容也常挂在他的脸上。接下来,李佳树还需每年注射3针,并继续进行相关康复训练。

(材料来源:https://baijiahao.baidu.com/s?id=17518160916704547958&wfr=spider&for=pc)

基于"悦己型消费"趋势的经济学分析

导读：目前中国经济社会正在经历日新月异的发展，消费者也在不断升级与进步。这几年突然兴起了一种"悦己型消费"的概念，特别是在年货网购、护肤美容、鲜花电商、轻奢产品等市场中格外明显。"悦己型消费"是如何火起来的？"悦己型消费"带来了什么启示与问题？本文将结合经济学原理的供求关系对"悦己型消费"进行分析。

一、"悦己型消费"现状及原因

"悦己型消费"这一消费形式已悄然兴起。从字面意义来看，它强调的是个人的主观感受，是一种基于个人喜好和内心需求的消费方式。这种消费行为不仅顺应了个体对自我满足的追求，也从侧面反映了社会经济的发展状况。在当今时代快速发展的背景下，消费者对美好生活的不断追求正推动着悦己型消费成为一种新的主流趋势。

"悦己型消费"在中国的消费现状中有着普遍性，但是这种消费大多数情况下是在消费者能够承担的支付能力范围内的，消费物品多为高品质物品，但不包括奢侈品。聚焦"悦己型消费"的消费者年龄结构，可以发现以年轻人为主。

我们说的"悦己型消费"也分为不同类型，主要可以分为满足物质需求和精神需求两大类。近年来，即时性的悦己消费模式也在悄然兴起，主要是满足物质需求，比如说年货市场、轻奢产品市场等，同时，关注自身教育水平、身体健康和外貌情感的"发展型悦己消费"也越来越受到人们的青睐，比如护肤美容、鲜花电商等市场的发展。

二、"悦己型消费"带来的启示与问题

从市场和福利角度分析，"悦己型消费"这种经济学现象，是一种消费需求的转型。在传统的消费观念中，人们更加注重商品的功能性，即能够满足基本的物质生活基础，而现代人们更加注重商品的附加值。对于现代消费者来说，他们对这种高附加值产品的支付意愿高于传统的功能性物品。假设我们购买了两件产品，它们的总价格是相同的，因为"悦己型商品"创造了更大的心理价值，所以"悦己型消费"能够创造更大的消费者剩余，会让购买人产生利益增加的感觉，消费者剩余所反映出的这一种货币度量值也就更大。拿护肤美容市场来说，在化妆品领域，除了做好原有的一些性能以外，聚焦于当下的上班族，考虑到他们平时工作压力大、繁忙的特点，针对这类人群推出具有缓解工作疲劳的沐浴露

等产品,这类产品虽然价格相对较高,但是在消费者使用这类"悦己型"商品的过程中,他们能够享受到更多的喜悦,他们对于这类商品价值的评价也就更高,因此,消费者剩余也就相应地更高。

同时,对于供给方来说,在"悦己型经济"大背景下,供给者的供给策略也会发生相应改变。一些体积较小但是精致的商品正越来越受到消费者的关注,相比传统的商品,"悦己型"商品往往价格更高,商家选择出售"悦己"性质的商品在单位成本相同的情况下能够创造出更大的生产者剩余,卖者从中收获的利益也就更大。例如,近年来,鲜花电商兴起,店家通常采取出售精美的鲜花组合为营销策略,满足人们在特殊的节日中或者在平时单调的工作中的心理需求。因此,在当今时代供需均衡的前提下,"悦己型消费"能够创造出更大的社会总剩余,最终对社会资源进行更好的分配。

"悦己型消费"的出现也是对市场转型的一个具体体现。从市场性质分析,可以将原有的以生产出售传统"功能型"商品的市场视为完全竞争市场,在这个市场中,商品几乎都是同质的,买者和卖者众多,以至于没有任何一个买者和卖者可以影响市场价格。在这个市场中,商品多为生活必需品,消费者也多呈现出同质化倾向。而"悦己型消费"倾向所在的市场可被视为垄断竞争市场,在这个市场中存在许多出售相似但不相同产品的企业和市场结构,在这个市场中的消费者也呈现出个性化强、需求各不相同、热衷于追随潮流的特点。处于"悦己型消费"大背景下的企业在进入市场的过程中,会产生产品多样化外部性和抢走业务外部性,因此,对企业也提出了不断创新、丰富产品多样性的挑战。

新兴的"悦己型"商品在商品性质上也与传统的"功能型"商品有一定的区别。根据弹性理论,传统的功能型消费以生活必需品为主体,此类商品的需求往往缺乏弹性,需求随着价格的变动变化并不明显,市场结构也相对比较稳定。而"悦己型消费"中轻奢品等物品占据了很大的消费比例,此类商品的需求往往富有弹性,相似替代品的可获得性比较高,当一种商品的价格变动时需求变动往往比较大,从而引起替代品需求量的改变。因此,"悦己型消费"下商品结构相对不稳定,商品的更新换代速度比较迅速,在这一趋势下的新时代消费者也呈现出容易跟随潮流、不断尝试的特点。

同时,因为"悦己型"商品的弹性比较大,在有政府税收的情况下,相比传统功能型商品,"悦己型"商品的无谓损失更大,不利于实现社会资源的有效配置以及高效生产,政府在面对"悦己型"商品时也应该适当放松税收政策。

"悦己型消费"会随着整个经济社会、人民的消费需求不断变化,呈现出更强调个性、品质的倾向。对于"悦己型消费"背景下的消费者来说,这是一种对美好生活的愿景,但是也应注意避免非理性消费,毕竟"悦己型消费"不等于盲目消费和不理智消费。同时,对于供给者来说,因为在"悦己型消费"背景下的消费者具有个性化差异化强、需求各不相同的特点,供给企业一方应该更加重视自己产品的差异化和产品优势,紧跟时代的潮流,按照消费者的不同需要改变营销的策划,才能更好地立足于新的消费背景。而对于政府来说,应该通过相应的税收调整等政策鼓励"悦己型消费"背景下的企业行为以及创新方式,使"悦己型市场"焕发出源源不断的活力。

(案例作者:胥莉 郭力 裘家和)

相关材料

<h2 align="center">2018 中国消费趋势报告(有删节)</h2>

过去几年,随着移动互联网的发展,消费市场发生了巨大的变化,新零售、电子商务等新商业形态正在颠覆旧有的商业模式。在国家提出供给侧结构性改革的背景下,消费升级成为近三年的关键词,而中国的消费升级呈现出了多元化、个性化的特点,原有的品牌格局正在被打破,传统的大品牌地位正在被撼动,传统的商业正面临互联网时代带有创新基因的新物种入侵。如何捕捉变革时代的消费动向,成为各个企业应对新消费浪潮的共同命题。

2017 年,"升级与焕新"是关键词,所有的企业都需要对自身的产品、服务、品牌、营销进行升级,以面对中国消费群体的年轻化趋势。而在盘点过去的 2017 年,预见 2018 年的时候,我们发现"升级与焕新"又有了新的内涵,有了更加丰富的场景,中国消费者对于美好生活的追求越来越体现在更加细致的场景。那么,在即将到来的 2018 年又会出现哪些新的消费趋势,这些消费趋势又将如何驱动商业创新和营销创新呢?知萌通过大量的行业专家访谈、服务过近百个国际国内 500 强和创新企业的经验,以及针对中国 10 个城市的消费者调查,对 2018 年的消费趋势进行了解读。知萌希望这些洞察和趋势,能够帮助更多的品牌在 2018 年拥有更好的表现。

趋势一:新精致主义。新精致主义代表的是消费者对更美好的生活的自我满足与对极致品质的追求。

趋势二:"Z 世代"来袭。1995 年到 2010 年间出生的一代新人,将对未来的消费市场带来深刻影响。新科技拥趸、求"先"若渴、反对权威、刷评狂、嗨点自热是这群人的主要特点,企业可以从趣味、身份、时间、审美来强化对 Z 世代的身份认同。

趋势三:跨次元经济。跨次元实际上是指以动漫为产业的二次元世界。二次元已经打通了虚拟与现实世界的墙壁,穿透的不仅是年轻人,而且成了跨代际沟通的重要语言和介质。企业可通过原生二次元广告、自创 IP、生活场景二次元再现等方式让品牌更萌。

趋势四:情绪商业。情绪商业指的是品牌及产品营销与消费者感性情绪的融合。产品包装的情绪化、线下情绪场景体验、具有沟通力和话题性的情绪主题化传播让产品包装已经成为一个新的媒介。

趋势五:均衡生活。"均衡生活"是指追求快节奏与慢生活的平衡。品牌应该基于人们对慢生活的向往、减压、自我平衡等诉求开展相应的营销。

趋势六：虚实共荣。虚实共荣是指线上与线下融为一体、相互协同。互联网虚拟内容实体化、技术改造零售终端、线下品牌的互联网语境衍生出了一系列新的现象。

趋势七：普物时尚化。过去的时尚是殿堂级的时尚、尊贵型的时尚，但是随着中国经济实力的增强与居民消费多元化，对于今天的中国消费者而言，追求时尚是一种态度，而且时尚也愈加无拘无束。因此，所谓的时尚概念逐渐被大众化、个性化、族群化瓦解，多彩化的时尚的绽放才是今天中国时尚的主要特征。

趋势八：达 V 经济。现在越来越多的影响者出现在媒体中，诸多垂直传媒渠道里面的一些有显著影响的人，成了新的媒介，专业垂直 KOL 具有较大影响力，为产品或一种新的生活方式代言。而这些人所营造的全新舆论宣传氛围，被称为达 V 时代。

趋势九：轻量化生活。"轻量化生活"是指从衣食住行到内容到媒体接触的轻量化与便捷化。对此，品牌要学会主打减法的营销，不断缩短消费路径，匹配移动场景与语境的轻量化传播。

趋势十：智能化陪伴。随着越来越多的人工智能和语音交互技术的产生，陪伴机器人的发展，智能化陪伴成为智能演变的重要方向。未来包括自动跟随的运货机器人、儿童陪伴机器人、家庭服务机器人等，不仅将解放人的劳动力，还给人带来了一种新的陪伴。智能化陪伴衍生产品和服务、智能化营销将会为社会带来全新的发展机会。

（材料来源：https://www.sohu.com/a/215854067_505786）

美国打压以华为为代表的中国高新技术
企业背离市场经济原理

导读： 2019 年至 2021 年的短短 3 年间，美国对华为进行了 4 轮不同形式的制裁，限制华为与美国企业的业务来往。实际上，美国制裁我国以华为公司为代表的中国高新技术企业，是企图用双重标准、政治标准和贸易保护主义手段，来阻止中国高新技术产品参与国际市场竞争，保护本国利益。然而，根据经济学原理中论述的国际贸易所带来的好处，这样的打压是典型的贸易保护行为，不仅损害了中国企业和消费者的利益，也损害了处于全球产业链上其他国家企业和消费者的利益，包括美国企业和消费者的利益。

　　长期以来，美国在部分科技领域处于领先地位，特别是在通信技术、芯片、操作系统等领域具备相当大的话语权，有微软、英特尔、高通等一系列优秀的科技公司。随着中国经济的快速发展，在科技领域同样诞生了一批优秀的高新技术企业，在 5G 研发、芯片设计等领域具有独特的优势。

　　为了保持美国企业在科技研发中的领先地位，美国政府开启了对以华为为代表的中国高新技术企业的打压。最初，美国对华为的打压手段是限制华为手机在美国销售，从 2008 年起，华为在美国发起的多次收购都被美国以安全为由叫停。同时，美国各大运营商被禁止与华为合作，导致华为手机无法在线下销售，只能选择占比很小的线上渠道。正因为如此，在美国这个全球最大的消费市场，华为手机等业务基本上处于边缘状态。面对美国的打压，华为手机的发展依旧迅速，在 5G 设备的销售上，华为同样展现了非凡的实力，在全球多国获得了大额订单。为此，美国从 2019 年开始对华为公司连续实施 4 轮制裁，目的是遏制华为的发展，保持美国在这一领域的技术优势。

　　中国高新技术产品的生产和贸易，为世界各国提供了物美价廉的产品，本是造福于世界各国人民、有利于促进全球化的市场经济行为，却遭美国轮番制裁。此类对中国高新技术产品的制裁，实际上是用双重标准、政治标准和贸易保护主义手段，阻止中国高新技术产品参与世界市场竞争，其损害的不仅是中国企业的利益，同样也损害了美国国内高新技术产品经营者、消费者的利益，阻碍了技术发展的进程，是一种背离市场经济原理的非市场经济行为。

　　在美国对中国高新技术企业的打压中，最为突出的事件是对华为手机芯片的断供。从生产端来看，美国打压中国高新科技领域的行为打乱了全球手机芯片产业秩序，加之受自然灾害等外部冲击影响,手机芯片供给在短期内出现了较大波动,造成手机芯片供给不足,不光影响了以华为为代表的中国企业,也对全世界的产业链造成了冲击,严重影响了该领域的全球化进程。美国发起的意在打击中国的行为破坏了全球手机芯片行业的生产秩序稳定预期,引发了全球供应链尤其是下游企业决策的大调整。

为应对美国政策对集成电路产业链冲击的不确定性,国内外各大手机制造商加大高端制程芯片备货,锁定了台积电等代工企业的长期订单,晶圆代工厂产能进入高度饱和状态。手机芯片行业的高度全球化特征决定了任何一个环节的波动都将影响全产业链的稳定性,并传导到通信设备和手机终端制造商,形成手机芯片短期严重的供不应求问题。美国高通等手机芯片供应商趁机提价,引起相关产业产品价格普涨,最终将高价传递给广大消费者。从需求端来看,近几年手机等移动设备的更新速率明显放慢,高端产品的需求缩减,将影响整个产业链的研发投入,导致产品更新速度变慢。另外,需求端普通消费电子市场的快速增长形成对高端芯片的挤出效应,家用电器、汽车芯片的快速增长形成新增需求,以及加速中低端产品备货形成的短期需求扩张,各因素交汇造成主流厂商研发高端产品的动力下降。此外,由于中低端芯片需求迅速扩张,在芯片短缺的大背景下,大量新成立的芯片企业进入市场,这将会导致低端芯片产能过剩而高端芯片产能不足的结构性问题,进一步加剧芯片产业的周期性投资波动。综上,从供给端和需求端来看,美国发动的针对中国高新科技领域的打压行为打乱了全球芯片产业链秩序,将导致整个产业链研发创新的动力不足,难以利用比较优势形成规模经济,严重影响了该产业链的持续发展,扭曲了全球芯片市场和产业链。

在全球化背景下,任何一个国家的产业链都不是孤立的。现代产业的发展都是多国协作的,你中有我,我中有你,充分利用各国的比较优势,多国形成一个产业链才是合理的,很难有一个国家能够完整形成一个产业链。根据美国国际贸易委员会数据,美国工厂生产的电子产品和电脑中的零部件进口比例大约为25%。虽然美国高新制造业比较发达,但原材料环节、制造业装备环节同样需要国外资源的助力。从产业链角度看,当企业漫长的生产环节经过不同国家时,任何一环的断裂都可能导致严重的后果,只有完整的产业链方能创造最大的效益。因此,美国打压中国高新技术产业,反而使得美国企业遭受了产业链重构的巨大冲击。

此外,芯片产业的巨大规模及其对相关产业的强大带动效应,使得各国都十分重视芯片产业的发展,在芯片面临短缺危机时,各国通过形式多样的干预方式来缓解本国芯片短缺问题,美国借机进一步强化对芯片制造环节的全球控制力,欧洲也意图强化其在芯片领域的领先优势,韩国则凭借其在存储半导体领域的优势继续打造新优势。但各国在不断完善自身产业链的同时,无疑增加了重复建设,丧失了充分利用各国比较优势的好处,从而推高了消费端的价格,延缓了全球价值链的完善和升级步伐。

面对这样的情况,中国该如何应对呢?首先,我国应该努力提升全球创新资源整合能力。要提高科技创新能力,必须深入推进国际科技创新合作,聚焦关键技术领域,加强与世界各国的通力合作,开展联合研究,解决关键技术难题。其中的关键便是——加强关键技术领域的科技人才交流与合作,精准引进高端科技创新人才。其次,在鼓励企业集中力量打好关键核心技术攻坚战,锻造产业链、供应链长板,补齐短板的同时,应当引导包括民营企业资本在内的社会资本加大在基础科学研究领域的研究投入力度,促进各类创新要素向企业集聚,推进产学研深度融合,解决关键领域、关键技术、关键设备的"卡脖子"问题。相信当我们真正掌握了核心科技时,科技封锁的难题自然会迎刃而解,美国也无法继续打压中国自主的科技生产带来的高科技产品,也就真正实现了在高科技领域不再受制于人。

(案例作者:王洋　邓言耀　王韵雯)

相关材料

美国宣布对中国华为实施新制裁,华为回应坚决维护自身合法权益

美国政府日前宣布对中国电信巨头华为实施新一轮的制裁,将禁止任何公司出售和转让用于生产和设计半导体芯片的软件和技术产品给华为公司。这项制裁措施将会对华为公司的业务和发展造成较大影响。

对于此事,华为公司回应称,该制裁措施是美国政府不公正、霸道和不道德的行为,不仅损害了自身的合法权益,也违反了市场经济原则。华为公司表示将采取一切必要措施来维护自身的合法权益,并会继续秉持开放合作的理念,推动全球移动技术的发展。

此次制裁措施被视为美国在贸易摩擦中对中国的一次新的打击。此前,美国曾多次指责华为涉嫌从事间谍活动和违反美国制裁规定等行为,对华为实施了一系列的制裁措施。而华为则多次否认这些指责,并表示会继续积极扩大自身的全球化业务。

（材料来源：http://news.sohu.com/a/675444676_121687424）

绿色金融产品为企业加"鑫"？

导读：当今世界倡导"低碳"发展，全球碳市场对碳排放量进行分配。作为经济体量庞大的世界大国，中国获得的碳排放配额不足以分配给国内企业。约束国内企业以降低全国碳排放总量，实现碳排放额度合理分配、高效利用是我国经济发展考量的重要问题之一。为引导经济发展逐渐与碳排放脱钩，2020年，中国首次提出碳达峰、碳中和的"双碳"目标，力争在2030年前实现碳达峰，2060年前实现碳中和。为了更好地激励企业减排，市场上涌现出不少绿色金融创新产品。现行绿色金融产品的碳挂钩利率如何？这类产品与庇古税和可交易的污染许可证有何相似和差异？本文从产品利率制定的角度，利用外部性相关知识，对其作出分析评价。

2020年9月22日，中国在联合国大会上承诺，二氧化碳排放力争于2030年前达到峰值，努力争取2060年前实现"碳中和"。12月12日，中国进一步提出到2030年，中国国内生产总值二氧化碳排放将比2005年下降65％以上的目标。面对庞大的社会生产需求，作为全球的第二大经济体，中国碳排放体量巨大，要实现这一目标时间紧、任务重。碳排放的负外部影响不言而喻，生产者为了提高自身利益，往往会按照私人利益最大化的产量进行生产。然而，私人福利最优不等于社会福利最优。这一行为动机使得经济生产的社会成本超过私人成本，导致环境污染加剧，社会福利下降。环境污染是不具有排他性和竞争性的公共物品，由此引发的"搭便车"行为，则是全球气候变暖等一系列环境问题的主因。国际国内持续倡导"绿色"发展就是基于这一背景。

"双碳"目标提出后，我国绿色金融的发展备受关注。清华大学经济管理学院教授何平表示，绿色金融是实现"双碳"目标的"市场化"手段。为积极响应国家号召，各金融机构金融产品创新力度不断加大。例如，2021年8月10日，南京银行开发的"鑫减碳"创新产品正式落地。该产品用低税率对企业进行减排激励。具体而言，对于在全国碳交易市场持有一定碳排放配额的企业，如果企业减排效果显著，则可以享受更低的贷款利率，使得企业融资成本降低。在减排的同时，多余的碳排放配额可以卖给其他排放量高的企业，获得收益。企业要为碳排放量支付相应的利息，类似于缴纳庇古税；同时，在市场上流通的碳排放配额等价于可交易的污染许可证。因此，"鑫减碳"产品相当于庇古税和可交易的污染许可证的有机结合体。

作为庇古税和交易污染许可的有机结合体，"鑫减碳"产品发挥了怎样的优势和长处呢？简单对比一下,庇古税相当于对环境污染进行了定价,属于固定的静态价格,对所有企业每单位碳排放收取相等的价格。只有当庇古税等于环境污染产生的额外成本时,社会福利才能最大化。反观"鑫减碳"产品,由于其利率与企业的碳排放量直接相关,收取的利息属于变化的动态价格,按照不同时期、不同企业的表现分别收取。显然此时的利息更准确地量化了环境污染成本,驱使社会福利达到最优。再者,庇古税作为一种税制,会产生减少碳排放量的激励,但每单位污染收取的金额是固定的,这种激励的影响会随着时间的推移逐渐减弱;"鑫减碳"产品会产生相似的激励,但由于利率动态变化,利息与每个时期内企业的排放量相关。不同时期企业碳排放量越少,每单位污染收取的利息越少,这种机制对企业产生的激励更大。当然,这种产品也并非"完美"。企业每减少一单位碳排放量减少的融资成本可以看成其边际收益,随着企业碳排放量的减少,降低一单位碳排放量的边际成本增大,融资成本也进一步减少,此时边际成本与边际收益的大小难以衡量。企业的决策与二者的相对大小有关,产品有效性和企业行为也更难预测。

"鑫减碳"产品创新的核心在于利率与碳排放挂钩,从而有效帮助企业减碳加"鑫"。这种创新型外部性内部化方式,合理量化了环境污染的成本,使生产者的减碳意愿更强,其激励产生的影响更显著、更持久、更高效。但是该产品在碳排放量减少到一定数量时还能否继续发挥作用有待进一步探究。

绿色发展,金融先行,绿色金融的不断发展将助力"双碳"目标的实现。随着绿色金融产品的不断创新,我国距离碳减排目标更近了一步。当然,我国要顺利实现"双碳"目标,在相关政策的出台、信息披露质量与机制的完善等方面的工作还需要政府和企业继续探索和努力。总之,中国正在努力减少碳排放量,并已经取得了相应成果和积极成效。然而,真正实现"双碳"目标任重而道远,必须重视一些具有战略意义的新技术发展,比如人工智能、信息技术和数字技术等。在"双碳"目标的指引下,我国必须加快产业结构升级,完善相关政策,实现生态环境保护和经济高质量发展双赢。

(案例作者：罗守贵　何雨含　刘桂异)

相关材料

创新碳减排金融产品　江苏落地全国首单碳表现挂钩贷款

2021年8月10日,在人民银行南京分行的指导和推动下,全国首单碳表现挂钩贷款在江苏落地。近年来,江苏金融系统深入践行绿色发展理念,自觉履行社会责任,为"碳达峰、碳中和"目标的实现贡献金融力量。2020年,江苏省绿色信贷余额1.2万亿元,约占全国的10%,"环保贷""节水贷"等品牌金融产品逐渐形成;绿色证券、绿色基金、绿色保险发展均位于全国前列。

随着全国统一的碳排放权交易市场于7月中旬正式启动,为进一步发展碳金融,助力碳市场建设,我分行积极引导辖内金融机构主动对接当地生态环境部门和重点碳排放企业,摸排企业的融资需求,为具有显著减排效应的重点企业创新创设碳金融专属信贷产品,提供优惠利率融资,更好地发挥碳市场的价格发现作用。

8月10日,南京银行成功投放全国首款贷款利率与控排企业碳表现挂钩的贷款产品——"鑫减碳",为华能南京热电有限公司发放3000万元贷款。

"鑫减碳"是南京银行面向在全国碳市场持有碳配额的控排企业发放的贷款,贷款利率与其生产经营过程中的碳表现相挂钩,并随着企业碳表现的提升而降低。该款创新产品可有效帮助企业减碳加"鑫":对企业而言,生产过程中减少碳排放,可以享受更低的贷款利率,减少融资成本;同时,企业减排之后节余的碳配额可以在全国碳市场进行交易,获得额外收益。低融资成本＋额外收益,这样的双重利好将调动企业减排降碳的积极性,更好地支持"碳达峰、碳中和"目标落实。

华能南京热电有限公司是首批纳入全国碳排放权交易市场的电力企业,并持有一定数量的碳排放权配额。此次,南京银行根据企业的资金需求向该公司发放贷款3000万元,到期一次性还本付息,最终执行利率将按照企业在贷款期间的碳减排表现,以及全国碳市场的履约情况进行调整。据测算,贷款期间,如果企业顺利达到预期的碳减排目标,则该笔贷款可为企业节约财务成本近10万元,同时其通过减碳行动节约的碳配额按目前价格可带来1500万元左右的额外收益。

下一步,人民银行南京分行将按照党中央、国务院关于推进碳达峰、碳中和的决策部署,更好地发挥货币政策、财政政策和产业政策的协同效应,会同有关部门制定全省绿色金融高质量发展的指导意见,进一步建立健全全省绿色金融体制机制,着力推动绿色再贷款、再贴现模式在全省落实落细,持续扩充绿色企业名录库,鼓励金融机构发行绿色金融债,推动全省绿色金融增量扩面,为"强富美高"新江苏做出金融贡献。

（材料来源：https://baijiahao.baidu.com/s?id=17084098737462782408&wfr=spider&for=pc）

公益社会组织降低交易成本，
推动解决外部性问题

导读：工厂污染环境，影响附近居民生活，是十分常见的一种外部性实例。而现实中往往不具备科斯定理中所描述的无交易成本的理想条件。这时如果有第三方力量介入，帮助利益双方降低交易成本，就有可能达成帕累托改进的协议。本文以公益社会组织"绿色浙江"推动河流污染治理为例，分析公益社会组织在降低利益各方交易成本、促进解决外部性问题上所能发挥的作用。

河流是一种常见的公共资源。所谓公共资源，就是在消费上不具有排他性但具有竞争性的物品，即不能阻止河流沿岸的居民或企业使用河流资源，但一方对河流资源的使用会降低其他使用者的效用水平。由于不能向使用公共资源的人收费，市场对公共资源配置方面的调控作用不足，导致公共资源容易被某一方过度使用，从而对其他方的福利造成损害，形成负外部性。

在浙江省湖州市安吉县和杭州市余杭区交界处的双溪，就面临着由于河流资源被滥用而造成的负外部性问题。余杭区位于双溪上游，安吉县位于双溪下游。安吉县双一村的村民发现上游流来的河水出现泥浆，给村民洗菜、洗衣服等日常生活带来不便，怀疑这与上游余杭区百丈镇石竹园村的砂石加工点排污有关。

科斯定理认为，如果私人各方能够无成本地就资源配置进行谈判，他们就能够自主解决外部性问题。这只是一种理想情况，现实中往往由于较高的交易成本，使得资源配置谈判难以顺利进行，无法得到有效率的结果。交易成本可以理解为与各方在达成和遵守协议方面的一切成本。双溪排污问题中，如果仅通过私人谈判方式寻求解决，在达成协议之前，至少存在以下成本：首先是砂石加工点污染源调查取证的成本；其次是了解相关法律法规和专业知识的成本；最后是与砂石加工点联系、沟通、组织谈判所需要的成本。在达成协议之后，还存在监督砂石加工点执行协议情况的成本。对于双一村村民来说，独自承担这些成本是十分困难的。

砂石加工点的排污对双一村村民造成了负外部性。负外部性导致市场失灵，即市场不能有效配置资源。砂石加工点排污行为的社会成本高于其私人生产成本，从而导致了市场配置资源的无效率。一般情况下，政府可以通过命令与控制、矫正税、发放排污许可等方式改善市场失灵的问题。但是在本案例中，政府的介入也面临着新的交易成本，最主要的就是执法管辖权问题。本案例发生在不同的行政区划的边界地区,其中,污染源位于杭州市余杭区,污染的实际受害方位于湖州市安吉县。不同行政区的政府部门在治理污染时,存在协同执法的成本。

当交易成本过高时,私人各方对资源配置的谈判就难以进行下去,从而造成社会福利的损失。为了推动谈判顺利进行和协议严格执行,必须寻找能够降低交易成本的方法。而公益社会组织"绿色浙江"在降低交易成本上发挥了重要作用。"绿色浙江"联合浙江电视台,举办"吾水共治"圆桌会,邀请政府部门代表、利益相关各方、治水专家、法律专家聚集在一起开展协商,就河流治理问题各抒己见;推动设立"民间河长制",畅通河流治理的监督渠道;向社会公开征求治水方案。

"绿色浙江"组织的行动,在降低交易成本上所起的作用主要有:① 为利益相关各方搭建了一个协商谈判的平台,降低了各方寻找谈判机会的成本;② 畅通政府与居民、政府与企业之间的联系,降低了村民寻求私人解决办法的成本;③ 加强了不同行政区的政府之间的协调,降低了跨区域协同执法的成本;④ 邀请治水专家和法律专家参加协商,降低了利益各方获取专业信息的成本;⑤ 通过电视台予以播出,设立"民间河长制"进行监督,降低了监督协议执行情况的成本。通过公益社会组织"绿色浙江"的牵线搭桥,原本难以进行的谈判协商最终顺利开展。

公益社会组织在帮助解决外部性市场失灵问题(如公共资源的合理配置)方面能够发挥重要的作用,关键在于其在降低交易成本上的优势。首先,作为政府和市场之间的第三方力量,公益社会组织可以起到沟通的桥梁作用,降低谈判的成本。其次,公益社会组织具有专业性,能够降低获取和运用专业知识、提出合理解决方案的成本。最后,公益社会组织具有广泛的社会基础,能够降低事后监督的成本。值得注意的是,公益社会组织不仅有助于解决负外部性,还可以将正外部性内在化,比如某些致力于推动贫困地区教育发展的支教组织。

(案例作者:王春华　徐鉴达　曾宪榕)

相关材料

"吾水共治"公益行动(有删节)

2014年7月29日,"绿色浙江"、浙江电视台钱江都市频道、阿里巴巴公益基金会联合中共安吉县委组织部、余杭区五水办等共同组织了"吾水共治"圆桌会。安吉县人民政府副县长张云威,县委组织部、县府办、水利局、矿资办等职能部门领导,石竹园村的村委会主任、村民,余杭区五水办、经信局、环保局等职能部门领导,以及双一村村长、村民,共同参加了此次圆桌会的录制。这次圆桌会针对余杭区百丈镇石竹园村的砂石加工点污染安吉县双一村双溪问题,召集了政府、公众、专家和村民等多方群策群力。

余杭区百丈镇石竹园村距离安吉县双一村大概只有 3 公里的路程,也是余杭和安吉的交界处,同一条河流双溪水流进两个村庄,最后汇入凤凰水库。但从今年 6 月开始,双溪水颜色泛黄,河道出现泥浆水现象已引起村民的强烈不满。村民们纷纷怀疑是上游制砂点在偷排污水。双一村村民李训卫表示,安吉本身山清水秀,当看到上游泥浆水流过时,村民们都连喊心痛。污水的流入不仅对村民们洗菜、洗衣服造成了不便,更破坏了安吉良好的生态环境。

　　跨区域环境联合执法,不是安吉县与余杭区的个例,在很多地方都存在这种情形。在场人员各抒己见,安吉县人民政府副县长张云戚则表示,五水共治根子在岸上,在体制还未完善的今天,需要区域联动、联合治水,就如之前石竹园村和双一村实施山林联防政策一样。各河道应该明确相应责任,要求一河一策,配备河长;安吉和余杭要信息共享;工商、国土、环保、水利各部门需要充分利用好行政管理权,更好地引导村民养成良好的习惯。

　　(材料来源:https://baike.baidu.com/item/％E5％90％BE％E6％B0％B4％E5％85％B1％E6％B2％BB/13129004)

公益社会组织降低交易成本,推动解决外部性问题

外部性视角下的象山县渔业资源治理

导读：浙江省宁波市象山县是一个典型的滨海城镇，因优质水产品而驰名，也是最早实施休渔禁渔的地区之一。渔业资源是一种典型的公共资源。它表现在：具有消费中的竞争性，即在生长速率和区域范围一定的条件下，一个单位捕捞的量增加，剩余单位能捕捞的量就会减少；不具有排他性，渔业捕捞的作业范围在公共海域，难以阻止另一个单位的捕捞行为。这样的公共资源容易蒙受负外部性，产生公地悲剧。本文试从外部性和公共资源的角度，以象山县为例，分析渔业资源管理问题，并对基层地区的公共资源管理做出展望。

野生大黄鱼是象山、舟山海域的一种优质鱼种，深受人们的喜爱。在 20 世纪 70 年代，由于过度捕捞，野生大黄鱼的数量锐减、体型缩小。稀缺的产出又提升了市场价格，引发了供给端的进一步"搜刮"，产生了严重的负外部性。

在渔业生产领域，负外部性可以被归为如下几个层次：

一是渔民之间的负外部性。一位渔民进行捕捞活动时，减少了海域中鱼类的数量，其余的渔民所能捕捞的资源减少，但并没有得到补偿。渔民受到当前收益反馈的影响，很容易关注自身的利益而捕捞远多于均衡量的水产品。

二是对环境的负外部性。渔业捕捞容易破坏海域原有的生态平衡，降低了原有的生态稳定性，造成鱼类数量的减少。渔业捕捞用具也会带来不利影响，如沉没的捞网、渔船机油、垃圾等，对近海生态构成了威胁。

三是代际间的负外部性。鱼类特别是幼龄鱼的数量减少，会影响鱼群的年龄结构，减少鱼群的繁衍，使得今人的捕捞活动会影响后几个代际的捕捞条件，可能让下一代陷入无鱼可捕的困境。

由于这些层次的外部性的存在，关于渔业资源生产的私人决策（渔民各自的行动）会引起无效率的资源配置，甚至引发"公地悲剧"般的资源枯竭，直至整个系统不再有产出，这是生产者和管理者都不想看到的结果。因此，政府干预是必要的增进经济福利的手段。

象山县的干预措施主要集中在管制手段上。一是对休渔禁渔的政策制定和区域划定。就鱼种不同，政府划定五月至九月为休渔期以便鱼类产卵繁殖，并划定了不同的保护区域。二是围绕捕捞许可证设置的审批、报备机制。出海捕捞需要办理捕捞许可证，许可证规定了作业类型、场所、时间、工具等信息，定期审核，有异常情况需要报备。三是要求船只进行出港报告,采取定点上岸,对货物进行检查,并出台了许多监督、管制、惩治措施。这些手段也直接影响了象山渔业的运作生态。

在经济学原理中我们知道,应对负外部性的解决方案不止政府的行政管制这一种。有一些以市场为基础的政策,例如征收矫正税、建立可交易的许可证市场等,它们能利用市场手段改变激励,使外部性内在化,成本低而效率高。但在我国的渔业捕捞市场,这可能是缺乏操作性的。一方面,在基层的公共资源领域,生产经营者是松散的个体,例如,渔业捕捞通常是个体或家庭组织的,这使得从业者间的交流比较低效,政府难以通过买卖许可证的方式来调节激励。另一方面,渔业受时令的影响较大,现有的渔业政策聚焦于分时段(夏季休渔以繁殖)而非限额(控制捕捞总量);捕捞许可证也只是限定了船只参数、捕捞区域等信息。与此同时,渔业本身也是受自然环境制约的有风险的产业模式,更多时候政府会给予补贴来支撑渔民的正常生产生活,收取矫正税并不符合实际情况。

公共资源治理的核心就是给予适当的激励。市场均衡掩盖了负外部性对社会福利的减损,人们无法从市场交易层面意识到负外部性的存在,引发了社会意义上无效率的资源配置。在生产经营者松散的基层,难以利用矫正税等市场手段的背景下,行政管制手段就变得较为普遍,对负外部性的治理就更多地体现为罚款惩治等激励人们避免处罚损失的方式。但我们是否还能寻找其他的激励方案呢?

与企业排污不同,不当捕捞的影响最终会反制于生产者自身,生产者天然承担了社会成本的一部分。也就是说,在一个较长的时间跨度和固定的生产环境下,割裂的"旁观者"们会演变为一群受同等自然条件制约的风险承担者,在主体的转换中,人们会自然地将外部性内在化看待。短期中"你捕我也捕"的竞争在长期中可能并不能持续,人们在选择捕捞的数量和方式时就会评估不当捕捞对未来的影响。因此,除了通过短期手段矫正市场失灵外,加深人们在长期中对于负外部性的认识,是需要注意的另一个重要方面。当人们意识到这不是"干一票就走"的买卖,而是一个可持续的、需要投资和维护的市场时,人们就会规避未来的风险,这是一种自发的短期利益和长期利益的权衡取舍。

哪些因素可以促进人们对长期利益的重视呢?象山县的例子或许可以给我们提供一个新的角度:文化因素或许可以加强人们的风险意识,乃至进一步对市场产生约束作用。从个人利益角度来看,在资源枯竭后只要转向新的开发地即可,无须对原开发地进行养护,但渔业的自然属性抑制了这种选择,渔民的生产生活与属地息息相关,离开开发地会带来生活质量的损失。象山作为全国渔业五强县,在感受过近海资源的枯竭后于 20 世纪90 年代率先倡议休渔,并演变成为如今在象山承办的具有一定影响力的中国开渔节,形成了长期可持续运作的理念,使得人们更多地考虑捕捞行为的潜在风险,形成一个进出相对稳定的市场。

对于外部性的内在化,象山县通过政策管制、文化倡导等方式,激励人们去考虑长期的风险,健康地治理渔业资源。其中,政策管制方面按季休渔、发放许可证等都是有力的举措,未来可以针对某些珍贵的天然鱼类,实行限额捕捞的方式来加强保护。针对市场组织不紧密、受自然条件影响波动大的自然资源领域,引导个体从长远利益出发内化外部性可能是一种更好的选择。对于与资源开发息息相关的民众而言,政府应当做好可持续发展理念的倡导,作为硬性政策的软性支撑,唤起人们对长远利益的重视。

(案例作者:王洋　邓言耀　周致朴)

相关材料1

5月1日起伏季休渔

5月1日12时起,我县2 200余艘应休渔船将全面进港,开启最长达4个半月的伏季休渔期。5月8日至8月1日,全县水产批发和农贸市场、超市、餐馆大排档等涉渔经营场所禁止销售带鱼、大黄鱼、小黄鱼、银鲳、鲍鱼、三疣梭子蟹、龙头鱼、虾蛄等8种海洋捕捞冰鲜或活体水产品。

据了解,根据《浙江省农业农村厅关于2022年浙江省海洋休渔禁渔的通告》,今年伏季休渔规定更严,管控力度更强。伏休期内,涉渔部门将围绕"消隐患、护资源、促智控、强本质"等要求,全力以赴做好伏休管理工作,看牢应休渔船,严打非法渔船,确保全县规内渔船应休尽休。

(材料来源:http://www.xiangshan.gov.cn/art/2022/4/29/art_1229045037_58976784.html)

相关材料2

一网捞出2 450公斤大黄鱼是喜是忧

"我捕鱼已经28年了,第一次捕到那么多那么大的野生黄鱼。"日前,宁波象山浙象渔31 088船"船老大"林海平和伙伴们一起,在东海165海区,一网捕获2 450公斤大黄鱼。他自己预估可卖三四百万元,想不到后来高达957万元,这一网大黄鱼也引发了各界对于生态环境和资源修复的关注与热议。

······

实行限额制、配额制捕捞,是众多专家的共同呼声。首先要实施限额捕捞,制定全周期整体性自然资源保护整体架构。将大黄鱼增殖放流新技术、"鱼巢构建"新方法、越冬场确定与可持续开发都纳入其中,进行综合系统研究,确定大黄鱼产卵区和越冬保护区。其次,建议制订大黄鱼保护法。比如:目前舟山首部地方立法——《舟山市国家级海洋特别保护区管理条例》正进行新一轮修正,将对特别保护区内的捕捞、海钓做出明确规定。最后,还要以国家公园为载体,高标准建设海洋生物多样性栖息地。拟在舟山建立海洋类国家公园,以国家公园为载体,将舟山海洋生态最重要、海洋自然景观最独特、海洋自然遗产最精华和海洋生物多样性最富集的区域保护起来,做好国家一级重点野生动物中华鲟和野生大小黄鱼、带鱼、鲷类、石斑鱼类等水生生物资源的保护。同时禁止天然渔业资源的生产性捕捞,停止发放天然鱼类捕捞许可证。(有删节)

中国高铁应当提价吗？

导读： 高速铁路是设计速度 250 千米/小时以上的客运专线线路。中国的高速铁路经过了数十年的发展，目前总营业里程已经超过了 4 万千米，居于世界第一位。作为中国基础设施建设的重要组成部分，中国高铁在享誉世界的同时，也面对着一些运营上的挑战，其中就不乏关于中国高铁票价的讨论。中国高铁目前面对较高的负债，且相比国外同级别铁路的票价而言较低。本文将从经济学的角度出发讨论中国高铁是否应当提高票价，以及探讨提高票价的合理方式。

一、中国高铁快速发展的资金需求巨大

自从 1998 年广深铁路完成高速化改造以来，中国已经从零出发，成为世界上的高铁第一大国。截至 2021 年底，中国高铁总营业里程正式超过 4 万千米，是中国基础设施建设当中重要的组成部分之一，它拉近了不同区域间联系的时空距离，让全国范围内的人员和货物流动变得更加快捷高效。

但与此同时，中国高铁的运营服务提供者——中国铁路总公司面对的债务问题也逐渐受到大家的关注。从 2021 年中国铁路总公司的年度报告中我们可以了解到，截至 2021 年底，中国铁路总公司的负债规模已经超过了 5.84 万亿元（见图 1），其资产负债率已经超过 60%。与巨大的债务规模形成鲜明对比的是，票价作为运营铁路的主要收入来源，许多高铁运营区段的票价与国外相比存在着较大的差距（见表 1）。

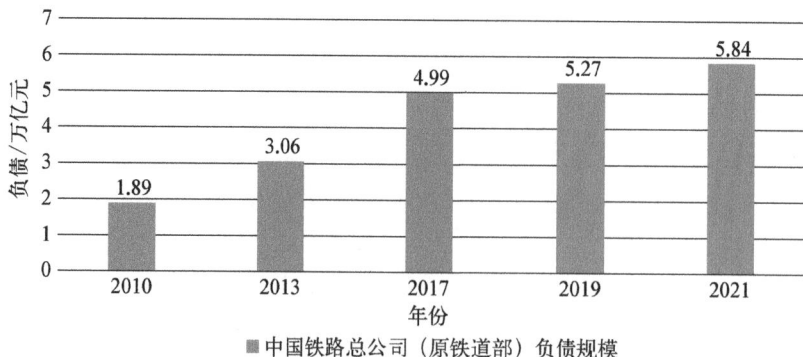

图 1　中国铁路总公司(原铁道部)10 年负债规模增长示意

数据来源：根据中国铁路总公司财务报告整理。

表1　四国典型高速铁路单位里程运价、人均可支配收入比较

（单位均换算成人民币）

区间（国家）	里程数/千米	运行时长/小时	票价/元	单位里程运价/元	人均可支配收入/元
石家庄-太原（中国）	225	1.5	71.5	0.32	35 128
汉堡-柏林（德国）	260	2	240～470	0.92～1.80	约 298 000
巴黎-里昂（法国）	460	2	537～766	1.16～1.67	约 165 000
首尔-江陵（韩国）	240	2	173	0.72	约 97 000

数据来源：根据携程旅行官网整理。

二、如何确定高铁的票价需要进一步探讨

在中国，从经济学上对物品的分类来看，高速铁路是典型的俱乐部物品，其具有消费中的排他性——一人购票乘车占用座位后，另一人不能使用这个座位，却少有竞争性——增加一位乘客，相对票价而言，运输的边际成本可以忽略不计，并不需要为该乘客单独修建一条铁路。因此，高速铁路的运营是一种自然垄断。全面的高铁网络产生的规模经济带来了自然垄断，从而，高铁发车的平均总成本就会随着乘客的增加而变少。

中国国家铁路集团有限公司是由国务院国资委全资控股的国有企业。高铁在中国并不是由私有企业运营的，作为国有企业，体现出了社会主义市场经济体制中公有制的主体优势，其在经济建设中具有相当大的正外部性。这部分外部性理应通过某种方式将其内部化为发展的经济优势。因此，我们也不应在核算经济效益的时候只着眼于高铁本身的经济得失，而更应该着眼于高铁给中国改革开放高速发展带来的经济红利。

从这两点我们可以得出一个基本结论：高铁票价提价固然可以在一定范围内增加净收益，但是提价带来的外部性损失同样不容忽视。作为社会主义大国，我们既要强调市场经济在经济发展中的支配地位，又不能盲目追求短期的经济增长，同时，也不能给财政造成巨大的支付压力。所以，探讨高铁的合理提价方式就显得尤为重要。

三、确定高铁的价格需要综合考虑

一种目前已经使用的提价方式是直接以高于全国平均水准的定价开行列车。一个例子是广铁集团旗下广湛动车组列车的开行。2018 年 7 月，广州南至湛江西站的普通动车组列车开门迎客。列车开行所经的粤西湛茂地区，其经济总量仅为珠三角的约 1/10，沿

线居民却发现该动车组列车的票价达到了 249 元,单位里程运价达到了 0.63 元(是前文所述石太高铁单位运价的近 2 倍)。这便是值得商榷的提价方式。作为一条支持粤西地区经济发展的高速铁路线路,从上座率看,这样的价格没有很好地达到这样的要求。从提价方式本身来看,这样的提价没有经过市场的检验,存在着信息不对称的问题,故统一提价是较为低效率的定价模式。

从这样的尝试出发,我们可以采取浮动定价的方式来进行优化。浮动定价,既要考虑到时间(高峰/平峰、旺季/淡季)这一重要的自变量对供需关系产生的影响,也要考虑到沿线居民作为高铁这一公共设施的直接受益人的购买意愿。对于往复开行的高频次列车,需要在现行条件下统计不同班次的乘客数量,高峰期在均价上适当提价,平峰期在均价上适当降价,来达到引导乘客错峰出行、分散运力压力的作用。对于受季节影响(如春运返乡潮、节假日出行高峰)较大的线路,考虑到受季节影响的出行需求大部分是刚需出行,在这样的高峰出行时提价并不适合,会降低消费者剩余,则可以适当降低淡季票价,挖掘隐藏的需求群体,尽可能减少"往复运椅子"的运力浪费现象。定价也应该考虑到我国目前仍然存在的城乡差异,在支付意愿较强的地方可以适当提价,而在一些还需要支持的地区,以各种补贴、优惠方式,提高这些地方的沿途上座率,也切实提高我国广大人民的幸福感。

中国铁路的服务宗旨是"以服务为宗旨,待旅客如亲人",从经济学的角度,我们挖掘出了在显性服务以外,通过票价调整的手段来提高旅客幸福感、增加铁路收入、提高交通运输系统效率的有效解决方案。希望中国铁路在新时代继续锐意进取,为旅客创造更好的服务,在建设美丽中国的道路上,继续疾驰向前。

(案例作者:郑育家 许子昂)

相关材料

为什么湛江人把广湛动车组称作"水鱼号"?

一位外地朋友问,你们湛江茂名总算开通了高铁动车,坐动车的人也很多,为什么你们总是把它叫做"水鱼号"呢?有什么想不通的呢?这个事儿比较复杂,要从粤西过去的交通史说起。

湛江茂名属于粤西地区,距离广州有 400 多公里,且当中隔着山区丘陵,反而不如粤西到广西一马平川。从古至今,粤西到省城都是一个老大难问题。

在 20 世纪 50 年代,从湛江到广州,要先坐船,再换车,经过 2 天的颠簸,到阳江要住 1 晚,然后再乘车到开平,最后再搭船到广州。前后要 4 天多,遇上雨天,时间更长。

70 年代的时候,湛江到广州要经过 4 个渡口,车渡上上下下,常常堵塞,20 个小时能够到达,都算运气好的。有一种水陆联运,早上 5 点上车后要到江门转乘船,花上 30 个小时才能到达广州。

改革开放后,广湛公路所有渡口处都建成了大桥,沿途的公路也陆续改造升级,粤西人到广州就方便多了。八九十年代有一种夜班车,傍晚从湛江上车,第二天在广州办事,傍晚再乘车回到湛江,十分方便。后来又出现一种直达快车,从湛江到广州不到 10 个小时。现在湛江到广州已开通汕湛和沈海高速,"大乡里"的粤西人上广州,不堵车的话六七个小时的车程就到了。

粤西人盼啊盼啊,终于盼到了 2018 年高铁开通,想着粤西比南宁和贵阳离广州近,票价怎么都会便宜一些吧。特别是广州到南宁才 169 元,湛江到广州怎么也不会超过 150元吧?当时坐大巴回湛江也得 100 多元,颠颠簸簸肯定没有高铁舒服,速度更是比不上,想一想今后回老家方便舒适的旅程,粤西人心里都美滋滋的。

没想到愿望是美好的,现实是残酷的。2018 年 7 月,广州南到湛江西的动车正式开通,虽然也算是有了高铁系统,但列车组的型号是 D 而不是 G,这就意味着是普通动车组,而不是高速动车组。盼星星盼月亮盼来的只是速度为 200 千米/小时的动车!

更离谱的是,广州南至湛江西的动车票价竟高达 249 元!茂名到广州南也要 197 元!相比之下,广州南至南宁东的票价仅 169 元,每公里票价算下来仅 0.29 元,而广州南到湛江的每公里票价竟高达 0.63 元!

满怀希望迎来了翘首企盼的高铁,粤西人以为可以跟周边的城市接轨了,没想到却是这样一个"待遇"。失望之余难免生气,因此便把这趟从湛江茂名到广州的动车称为"水鱼号"。水鱼,在广东话中是指容易上当受骗的人,因为水鱼外表看起来笨笨的,所以形容被骗的受害者为"水鱼"。所以这个"水鱼号"的意思就不言而喻了。

虽然定价是有理由的,但粤西的老百姓并不愿意接受这些理由。主要是与周边的线路相比,如广南客专(广州南-南宁东)、贵广客专(广州南-贵阳),"水鱼号"几乎贵了一倍,而速度却并未提高。至于"广珠城际"和"广深港客专"的票价也很高这个问题,那就离我们粤西老百姓太遥远了,一是广州、深圳、珠海那些城市的人有钱,二是路线短,单价再怎么贵,总价也就几十元。

在动车出现之前,广州至湛江茂名的大巴,是 100 元多一点,但是时间较长,全程折折腾腾要 6 个多小时,如果堵车的话,那就是无限延长了。如果经济允许,多花 100 多元来换动车的舒适快捷,一些消费者还是愿意的,这也是"水鱼号"不缺乘客的原因,特别是到了节假日返乡高潮,"水鱼号"不存在堵车的问题,更是一票难求。

但对于从粤西地区到广州务工的农民工来说,他们工资不高,往返一次就需要 500 元左右的票价,加上一些杂费,可能会超过 600 元。而动车开通后,从湛江往返广州的飞机和大巴都已经降价,算下来就感觉特别不值得。

一转眼,"水鱼号"已开通 2 年多了,票价虽然没降,但速度提高了一点。虽然有嘲有骂,江湛铁路"水鱼号"还是兢兢业业地每天运行着,班次也越来越多。在未来,另有广湛、合湛、湛海、张海4条高速铁路与江湛铁路一起，形成"五龙入湛"的局势。特别是时速达到350公里的广湛高铁开通后，"水鱼号"的票价还会这样坚挺吗？让我们拭目以待。

（材料来源：https：//baijiahao. baidu. com/s? id ＝ 1703800014971732633＆wfr ＝ spider＆for＝pc)

电子烟"收编"，迎来强监管时代

导读：电子烟作为戒断卷烟的辅助产品问世，已经存在了近20年。近几年，电子烟凭借潮流的产品调性在中国野蛮发展，大量青少年成为电子烟的消费者。为加强对电子烟行业生产和销售的监管，2022年3月，烟草专卖局发布《电子烟管理办法》；2022年4月，国家市场监督管理总局、国家标准化管理委员会批准发布GB 41700-2022《电子烟》强制性国家标准。以上事件标志着我国电子烟行业进入强监管时代。本文使用外部性、供求关系等相关经济学知识，分析了管理办法和国家标准出台后对电子烟行业的影响。

近几年，电子烟的线下销售门店如雨后春笋般出现，在大型综合体商场、步行街，甚至学校等年轻人聚集地，往往都有电子烟专卖店的身影。现代设计感的招牌，精致简约的装修，富有创意的广告语，形似儿童玩具、新潮饮料或酷炫食品的外观，对心智尚未成熟的青少年尤其具有诱导性。

电子烟一般由烟杆和烟油两部分组成：烟杆是电子烟的"硬件"，主要分为盛放烟油的烟管、雾化器和电池三个部分；烟油则是电子烟的"灵魂"，使用者可自行添加、更换，存放在烟管中。为了实现与传统卷烟相似的口感，电子烟在烟油中添加了尼古丁、1,2-丙二醇、丙三醇、食用香精、烟碱、添加剂等，而其中的食用香精和添加剂则可以为电子烟增添许多除烟草口味外的"口味"。使用者无须携带打火机，可以随时随地吸烟，具有极高的便携性。此外，烟杆的外观和包装也延伸出了装饰作用，许多吸食电子烟的人倾向于将烟杆用细链悬挂在胸前，当作项链类的装饰，并通过购买喜爱的烟杆保护壳来彰显自己的个性。随着产品技术的不断进步和越来越多口味的出现，电子烟的受众范围也逐步拓宽，一些不吸烟者、未成年人在内的多个群体都加入了吸烟队伍。根据《2021电子烟产业蓝皮书》数据显示，2021年我国电子烟零售额约为197亿元人民币，同比增长36%。2021年我国电子烟行业总计进口金额为57.02亿元，较2020年增长8.96%。

自2003年诞生以来，关于电子烟的争议从未消失。支持者认为，电子烟是传统"烟草"的替代品，不含有焦油，不燃烧，可以减少对环境的影响及对健康的损害，甚至可以帮助吸烟者戒烟。反对者则认为，电子烟中仍含有尼古丁，吸电子烟可能造成急性肺损伤、哮喘等多种疾病，其对健康的危害不容小觑。尤其是调味电子烟，凭借其时尚的产品调性、较低的入门门槛，容易吸引青少年、女性成为新烟民。

尽管电子烟凭借新潮、年轻的营销手段以及"无毒、无害又戒烟"的标签，销售量一路走高,但是电子烟仍然类似于传统香烟,吸电子烟的行为会产生显著的负外部性。吸烟有害健康,吸电子烟和电子二手烟对人体都是有危害的。首先,消费者使用电子烟时会产生类似传统卷烟的二手烟雾,而二手烟雾中含有较多的有害化学物质,会刺激呼吸系统,严重的会引发咳嗽、哮喘等病症。其次,吸电子烟会导致周围人群被动吸烟,而长期吸入大量二手烟会导致有害物质直接与肺泡接触,对健康产生不利影响。最后,吸烟存在示范和从众效应,电子烟具有成瘾性,消费者一旦形成吸食电子烟的习惯,将很难戒断。当有人吸电子烟时,身边烟瘾不大的烟民可能会竞相效仿,甚至是非吸烟人群,为了追求时尚,对着电子烟也抱着试一试的心理,试图接触它。电子烟消费现状的一个显著特点是其目标客户群体大都为年轻人,甚至是未成年人。未成年人禁止吸烟已经成为社会普遍共识,但由于人们对电子烟的了解较少,宣传不到位,导致未成年人对于吸食电子烟的行为缺乏认知,对于其危害也不甚了解,极容易误入歧途。而且,青少年往往缺乏戒烟的毅力和恒心,一旦开始吸烟,早期不及时阻断,那么大部分人会成为终身吸烟者。因此,电子烟具有负外部性,市场均衡时的产量大于社会最优产量,需要政府对失灵的市场进行管制。

针对电子烟的野蛮发展,2022年3月,国家烟草专卖局公布了《电子烟管理办法》;2022年4月,国家市场监督管理总局发布了《电子烟》国家强制标准。《电子烟管理办法》和《电子烟》国家强制标准将共同规范电子烟市场,电子烟市场迎来了强监管时代。在新发布的管理办法和国家标准中,明确禁止销售除烟草口味外的调味电子烟和可自行添加雾化物的电子烟,意味着水果、薄荷、奶茶、咖啡等口味的烟油将永远退出市场。同时,国家标准仅允许101种添加剂的使用,列出了添加剂白名单,将进一步遏制除烟草口味外的电子烟的生产。此外,在《电子烟管理办法》颁布之前,有不少电子烟打着“不含尼古丁”的广告进行销售,将自身的产品与传统烟草区别开来,吸引未成年人购买。针对此类情况,国家标准将不含烟碱的电子烟纳入电子烟的定义范围,对不含烟碱的电子烟实施同样的管理措施条例。而且,电子烟行业将建立全国统一交易管理平台,与传统卷烟相类似,仅取得烟草专卖相关许可证的电子烟相关生产企业、批发企业和零售市场主体,才可以在全国统一交易管理平台上进行交易。以往通过社交平台、小程序、小作坊等销售的方式将不复存在,产品的质量和消费者权益将得到一定的保证。由此可见,政府出台监管政策可以提高电子烟市场的规范性,对市场和消费者而言是一件有益的事。

新规实施后,电子烟专营店内都放置有“未成年人禁止购买及使用”等类似标识,水果味电子烟按规定下架。这在一定程度上改善了电子烟行业过去产品质量良莠不齐、危害性大、未成年人吸食普遍等乱象。政策的调整,也使得中国电子烟制造厂商完善技术,加强管理,加速转型升级。目前全球电子烟市场规模已达百亿元级,中国作为电子烟的发源地和世界95%烟具的生产地,拥有成熟的供应链,完善的研发储备。艾媒咨询发布的《2021—2022年全球电子烟产业发展趋势专题研究报告》显示,2021年中国电子烟产业直接就业人口约150万人,带动间接就业人口约400万人,总计约550万人。截至2021年,中国企业制造占全球电子雾化产能的 95％以上,销往 200 多个国家和地区。随着《电子烟管理办法》和《电子烟》国家强制标准的颁布,我国电子烟的发展进入了一个法治化和合规化的新阶段,有利于进一步巩固中国在全球电子烟的霸主地位。

综合而言,电子烟作为新经济、新业态、新消费的代表产物,监管政策调整纠正了市场不足、失灵的地方,经历了一次行业洗牌,提高了准入门槛,倒逼产业更新换代,保证了产品的质量和成年消费者的基本权益。电子烟行业由此进入了有法可依、有标可循的高质量发展阶段。

(案例作者:陆蓓　张咏　滕雨璇)

相关材料

电子烟迎来最严监管:开征消费税、纳入禁烟范围(节选)

2022 年 11 月 1 日起,电子烟开始征收消费税。根据《财政部　海关总署　税务总局关于对电子烟征收消费税的公告》的规定,电子烟生产(进口)环节的消费税税率为 36％,电子烟批发环节的消费税税率为 11％。

征收消费税,下架水果味电子烟,纳入公共场所禁烟范围……电子烟迎来“最严监管”。

10 月 28 日下午,上海市人大常委会通过《上海市公共场所控制吸烟条例》(简称《条例》)修正案,并于 2022 年 10 月 28 日起正式施行。修正案明确禁止在其规定的禁烟场所吸烟(包括电子烟),并将相关法条中的“烟草烟雾”修改为“烟草烟雾及电子烟释放物”。

据《人民日报》健康客户端不完全统计,除上海之外,截至目前,深圳、杭州、大连、西安、杭州、秦皇岛等城市的控烟条例中已提及电子烟。

北京市控烟协会会长张建枢在接受《人民日报》健康客户端采访时表示,现在地方控制电子烟已有很多依据:《电子烟管理办法》《中华人民共和国烟草专卖法实施条例》将电子烟作为新型烟草制品纳入卷烟管理,《中华人民共和国未成年人保护法》规定不得在未成年人集中活动的公共场所吸烟(含电子烟)等,都可视作地方执行控烟条例的上位法。

张建枢建议,为使《电子烟》强制性国家标准长期有效落实,还要制定详细的实施细则。一是要有明确的惩罚措施,将监管落到实处,不论线上线下,均不允许向未成年人销售,否则就要重罚。二是为减少电子烟的危害,还要推动“图形警示上烟包”,加强对电子烟危害的宣传。

(材料来源:https://new.qq.com/rain/a/20221103A05CKE00)

长江十年禁渔，影响的不只是鱼

导读： 中华民族的母亲河——长江，是全世界范围内少有的与人类活动高度耦合的河流生态系统。然而，自近代以来，过度旅游、农业湿地复垦、污染、水坝建设、过度捕捞等人类活动都对长江生态环境造成了巨大的挑战。目前，整个长江流域范围内，生物完整性指数已经降到了最糟糕的"无鱼"等级。因此，为了恢复长江鱼类的种群数量，从 2021 年首日零时开始，长江开始全面实施"10 年禁渔计划"，禁止所有形式的生产性捕捞——即除了"一人一竿"外所有形式的捕鱼。本文将通过经济学中的外部性对禁渔政策进行分析。

长江不仅孕育了河姆渡、三星堆等古文明，更是中国社会、经济的命脉。生活在长江流域的人口有 4.76 亿人，占全国总人口的 36%。长江也是全球最具代表性的生物多样性热点地区，拥有 424 种鱼类，是 2 条支撑 2 种鲸类动物的世界级大河之一。它是世界范围内生物多样性最丰富的 7 条河流之一，是无数水生生物的家园。

然而近年来，长江生态系统活力严重下降，生物多样性也呈断崖式下跌。1954 年，长江流域渔业年捕获量为 43 万吨。而如今，年捕获量已不足 10 万吨。"长江三鲜"之首的长江鲥鱼，1975 年捕捞量为 1 570 吨，而 20 世纪 90 年代后已功能性灭绝。即使是最司空见惯的长江食用鱼品种，近年来野生产量也下降了 90%。除了肉眼可见的数量下降，渔获物质量也严重下降。从 20 世纪 60 年代开始，长江渔获物中的洄游鱼类趋于减少，捕获鱼类也越来越小型、低龄。曾经因太过常见而被称为"江猪"的水生哺乳动物江豚已被列为国家一级保护动物。科研人员解剖时发现，一半以上的江豚尸体都有长期饥饿的症状，侧面体现了长江中的鱼群数量已经寥寥无几，令人扼腕叹息。长江渔业资源枯竭更是导致了很大的经济损失，对沿岸 23 万名"靠水吃水"的全职渔民的生计及相关产业提出了严峻的挑战。

这些矛盾的核心便是"长江中的鱼"。这里先根据排他性与消费中的竞争性，对其进行定性。

排他性是一种物品具有的能够阻止其他人使用的特性。在非禁渔期时，任何一个人都可以在长江中捕鱼。因此，"长江中的鱼"不具有排他性。

消费中的竞争性则是指一个人使用一种物品将减少其他人对该物品的使用的特性。在渔业资源充沛的地区，竞争性尚且不明显。但是对于长江而言，由于渔业资源几近衰竭,每当一艘船打捞上一网鱼,留给其他人的鱼就减少了一网。因此,"长江中的鱼"具有消费中的竞争性。

综上所述,长江中的鱼具有消费中的竞争性但没有排他性,因此,它属于一种公共资源。

事实上,当普通、合法的捕鱼手段已无法捕到足够的鱼以满足生计时,为了将所剩无几的鱼群捞到自己的网中,渔民们争相展开了"装备战"。将鱼类"赶尽杀绝"的捕鱼手段轮番上阵,比如俗称"迷魂阵"的定置网、网眼极小的"绝户网"和"电毒炸"手段……,这些行为又进一步恶化了渔业生态,长江渔业经济进入了"资源越捕越少,渔民越捕越穷"的恶性循环。

在经济学中,当一个人从事一种影响旁观者福利并对这种影响既不付报酬又不得报酬的活动时,就产生了外部性。很显然,面对衰竭的渔业资源,渔民们变本加厉的捕捞措施具有很强的负外部性。每一个个体渔民并不会将这些捕鱼手段带来的外部成本纳入考虑,因此,当达到了市场均衡时,边际消费者对这份江鲜的评价其实小于生产它的社会成本。

在2002年禁渔期制度出台前,虽然有捕捞许可证制度,但是此制度仅与渔业船舶检验、登记有关,并不涉及捕捞量的规定。这时,渔民面临的就是"公有地悲剧"的窘境。如果渔民共同行动,他们可以以可持续的规模捕鱼。但是考虑到长江干流上的11.1万艘渔船以及23.1万名渔民,每个个体对这个问题的影响微乎其微。如果每个人都合理捕捞,那么在未来,大家都可以有数量更多、品质更好的渔获。但是对于每个人来说,由于自己多捕几乎不会影响长江中鱼群数量,因此,每个个体都有增加捕捞的激励。由于社会激励与私人激励间的差异,没有一个渔民会减少自己的捕捞规模。公地悲剧的根源就是外部性。当公共资源被一个人所使用时,其他人对它的使用就被减少了。而大家在使用时并不考虑对他人的影响,这就导致了公共资源的过度使用。

从理论上来说,私人市场与政府都可以通过各种措施控制负外部性,使资源配置更接近于社会最优状态。

在某些时候,私人市场在解决外部性方面是有效的。根据科斯定理,如果私人各方可以无成本地就资源配置进行协商,那么,私人市场就可以解决外部性问题,并能够有效地配置资源。然而,面对长江流域的渔业问题,由于这些协调涉及的人口数量太大,私人市场解决有着极大的交易成本,因此,在私人市场上达成协议解决这个问题几乎不可能。

即使有政府出手,若非国家层面的宏观调控,各方达成协议也是非常困难的。长江沿岸各省市间各个部门曾多次就这个问题进行过协商,但是,每个地区产业支柱不同,渔业影响范围各异,怎么管控,减少多少,这些都是需要反复商讨的问题。而各方都竭力要达成对自己更好的交易,因此无法达成有力的合作。再加上鱼群作为一种流动性很强的资源,地域性的合作与限制很难达到良好的效果。

此外,即使达成了某种减少捕捞的协议,如果缺少相关法律保障与强执法力度,也不能保证其实施。从分析"遵守协议"与"增加捕捞"中的渔获量多少可知,对于每一个决策个体来说,"增加捕捞"都是占优策略。因此,纳什均衡必然是所有人都增加捕捞量,协议成为一纸空文。

因此,想要让长江的生态完整性得到恢复,鱼类种群数量回升,必须依赖国家层面的政策保障,并严格落到实处。

2017年,中央发布的1号文件提出了长江10年禁渔相关的决策部署,这意味着将来长江全面禁止各种形式的生产性捕捞,对长江的生态保护意义深远。文件下达之后,长江沿岸各省、自治区、直辖市陆续展开了退捕、禁渔相关工作。在长江干流和重要支流、水生生物自然保护区和水产种质资源保护区以外的天然水域中,最后一块江面也自2021年1月1日零时起,开始正式施行全面禁渔①。

从沿江省市统计数据和农业农村部渔政执法举报受理数据看,长江禁捕退捕工作愈发有序化,相关成果呈现持续向好的趋势②。那么,为什么国家执行的全面禁渔是有效率的呢? 笔者认为,有以下几个原因。

首先,国家层面的政策支持在行政层面起到了很好的效果。这避免了各个省市之间,为了自己利益最大化以致退捕工作难以落到实处。而且,为了这项计划,中央投入了大笔相关资金,可以更好地推进增设执法人员、安置上岸渔民等工作。

其次,相关法律的出台也使得执法力度更大。2021年3月,中国最高人民法院、最高人民检察院、公安部、农业农村部联合印发了《依法惩治长江流域非法捕捞等违法犯罪的意见》③,使得长江禁渔"有法可依"。对于相关执法能力有待提高的区域,长江禁捕退捕工作专班出台了对应政策,针对长江的"一江两湖七河"周围的227个重点县,进行渔政执法建设。这是"有法必依"。而诸如"中国渔政亮剑2021"、打击野生动物非法贸易的"清风行动"等专项执法行动,不仅严惩了不法分子,也对心怀不轨的人起到了震慑作用,展现了政府"执法必严、违法必究"的决心。这些执法使得人们不敢做出"偷偷多捕"的决策,解决了私人协商或是执法力度不够的情况下出现的纳什均衡,是退捕工作的有力保障。

作为近5亿人口的家园和地球上最多样化的河流生态系统之一,长江在资源、农业和能源生产等方面起着至关重要的作用。此前,在长江流域采取的一系列措施,包括疏浚塑料、搬迁工厂、禁止废物排放和一次性塑料制品管控等,已经产生了重大影响。然而长江流域的渔业衰竭向可持续的未来发展提出了挑战。在政策的层层落实、法律的保驾护航

---

① 牛震.落实三项重大改革制度促进海洋渔业持续健康发展——农业部就相关问题召开新闻发布会并答记者问[EB/OL].(2017-02-28)[2023-09-26].journel.crnews.net/ncgztxcs/2017/dsiq/916464_20170228042647.html.

② 侯建斌.长江"十年禁渔"开局良好取得重要阶段性成效禁捕管理秩序较去年明显好转水生生物资源得到一定程度恢复[N].法治日报,2021-05-12(8).

③ 董凡超.惩治长江流域非法捕捞等违法犯罪[N].法治日报,2020-12-31(1).

下,10年零捕捞禁渔计划有望在很大程度上恢复长江的生物多样性。"绿水青山就是金山银山",休渔后,我们源远流长的母亲河长江将会为我们更加可持续的未来提供保障。

(案例作者:胥莉 郭力 王峥)

相关材料

长江10年禁渔,这些改变与你我相关(有删节)

为了挽救长江水生生物多样性,2021年1月1日,长江干流、大型通江湖泊和重要支流正式开始为期10年的全面禁捕。11.1万艘渔船、23.1万名渔民退捕上岸,开始了"人退鱼进"的历史转折。日前发布的2021年"中央一号文件"明确提出,加强水生生物资源养护,推进以长江为重点的渔政执法能力建设,确保10年禁渔令有效落实,做好退捕渔民安置保障工作。而根据党中央有关长江经济带高质量发展的战略部署,3月1日起,我国首部有关流域保护的专门法律——《中华人民共和国长江保护法》也将正式施行。

近期,《光明日报》微博发起"长江10年禁渔你最关心什么"的网络调查。综合前期调查结果,带着网友最关心的一些问题,《光明日报》记者采访了相关专家、主管部门负责人和志愿者代表。

禁捕后,我们的餐桌会受影响吗?

在淮扬菜馆,长江鲥鱼是一道名菜,因其鲜嫩的肉质被许多食客视作珍馐美味。

"现在长江全面禁渔,这道招牌菜是不是就没了?"不少人对此心生疑虑。

"这样的担心有些多余,因为长江鲥鱼已经绝迹快30年了。"中国渔业协会专家周卓诚解释,长江鲥鱼是一种洄游性鱼类,在1975年时捕捞量曾达到1570吨,但20世纪80年代以来其数量迅速下跌,已无法形成鱼汛,90年代后再无捕获记录,相当于功能性灭绝了。

那么,一直以来餐厅里卖的是什么?"长江鲥鱼是'长江三鲜'之首,为了维持利润,商家使用的其实是美洲鲥鱼和东南亚云鲥等近亲。"周卓诚说,随着长江水生生物资源的衰退,这类以假乱真的情况非常普遍。

长江鲥鱼的命运不是个例。据统计,长江流域每年的天然捕捞量已从1954年的42.7万吨降至近年来的不足10万吨,哪怕是较为常见的青鱼、草鱼、鲢鱼、鳙鱼"四大家鱼",其种苗发生量也已从1965年的1291亿尾降至如今的十几亿尾。

"与长江渔业资源衰退相对,20世纪50年代以来,'四大家鱼'人工繁殖陆续成功,淡水养殖业随之快速发展,老百姓的餐桌并没有受到影响。"长江10年禁渔首倡科学家、中国科学院院士曹文宣介绍,2016年到2019年间,我国淡水养殖产量都在3000万吨上下,每年产出约500万吨草鱼、400万吨鲢鱼、300万吨鳙鱼,为广大消费者提供了"水煮鱼"

长江十年禁渔,影响的不只是鱼

"剁椒鱼头"等美味佳肴——"我国 14 亿人口年人均消费'四大家鱼'9.4 千克"。

"大家可能不知道，我曾是最先反对 10 年禁渔的人。"马毅笑着告诉记者，2006 年，曹文宣院士写信向原农业部建议 10 年禁渔后，他第一时间登门拜访，向曹院士解释情况、做工作。

"一是渔民退下来怎么办？我们现在建档立卡的渔民是 23.1 万人，但当时的渔民人数远不止这个数字，他们上岸之后的安置很成问题。二是这么大的江面，当时渔政执法机关的力量很薄弱，根本管不住。"那时候，在马毅看来，10 年禁渔虽然很有必要，但条件还不成熟，人们的观念也普遍跟不上。

"党的十八大以来，长江的生态保护迎来了转折。随着许多重要举措落实落地，实施长江 10 年禁渔的物质基础和认识基础也越来越完备。"马毅感慨道。

为了保障退捕渔民的生计，截至 2021 年 1 月 31 日，禁捕退捕补偿补助资金 251.67 亿元已全部落实到位，重点水域已落实转产转业 129 743 人，落实社会保障 171 626 人，退捕渔民社会保障任务全面完成。

在曹文宣看来，10 年禁渔不光是保护鱼，也是在帮助渔民改变生产生活方式。

长江全面禁渔后，仍有一群渔民选择留在了江上。

2021 年 2 月 5 日，天刚蒙蒙亮，在江西省湖口县的鄱阳湖水面，伴随着"突突突"的马达声，舒银安和同事们开始了一天的工作，一边监测长江江豚的数量，一边劝阻岸边使用"四锚钩"的垂钓者。

10 年后，长江会重现昔日生机吗？

调查中，也有网友提问："10 年禁渔后长江能恢复到什么程度？""鱼类数量是否会超出自然承载能力？"

"如果说长江'病'了的话，那么 10 年禁渔只能说是对母亲河的一次'抢救'。"曹文宣指出，10 年禁渔只是我们在长江大保护上迈出的一小步，"这不是一劳永逸的，拯救长江水生生物还有很长的路要走"。

（材料来源：周梦爽，光明日报，2021 年 2 月 27 日，第 9 版）

从外部性角度看碳排放问题

导读：近年来，碳排放问题已经成为一个备受各方关注的公共议题。过量的碳排放对环境、气候、生态、健康等诸多方面有潜在的重要影响。面对越来越严峻的碳排放形势，中国作为负责任的大国，向世界承诺：力争在 2030 年前实现碳达峰，2060 年前实现碳中和。为达到这一目标，政府将使用规制手段帮助企业实现低碳升级。那么，碳排放问题是如何产生的？我们又应当采取何种方式应对碳排放问题？本文将运用经济学中外部性原理的理论框架对"碳达峰"进行理性分析。

一、从外部性角度看碳排放问题的产生

碳排放是指在人类生产和经营活动过程中向外界排放温室气体的过程，包括二氧化碳、甲烷、氧化亚氮、氢氟碳化物、全氟碳化物和六氟化硫等。这些温室气体被认为是导致全球变暖的主要原因之一，并会导致多方面的环境恶化，如土地沙漠化、反常气候增加和病虫害增加等。

最初，碳排放并没有受到任何限制，企业不断向空气中排放温室气体。随着时间的推移，排放量迅速增加，大气热平衡被快速破坏，两极冰川融化和海平面上升使得世界各国意识到限制碳排放的紧迫性和重要性。限制碳排放已成为一项全球任务，需要世界各国广泛参与，这源于空气的公共品属性。因此，各国政府需要采取必要的措施来限制碳排放，促进企业转向低碳发展，从而减缓全球变暖和其他环境问题的影响。

从公共品的角度来看，碳排放过量增加与"公地悲剧"类似。在一个社会中，由于大家都认为大气层属于所有人，任何人都可以无条件地向其排放任何东西，即不具有排他性和竞争性，所以人们总是肆无忌惮，过度开发资源，过度污染环境，因为他们不需要付出任何成本。

当一个社会中的所有人都处于这种无管制的状况下，只关注眼前利益而不顾长远发展时，那么公共物品的产权不明确就会导致无休止的环境破坏。由于市场并未考虑到碳排放对环境和社会造成的负面影响，企业没有充分考虑到它们所造成的环境和社会成本，导致了市场失灵。

如图 1 所示，大量碳排放的企业决策者只考虑私人成本，即边际成本，而社会成本除了私人成本之外，还包括环境成本。从社会可持续发展的角度来看，最优的碳排放水平是

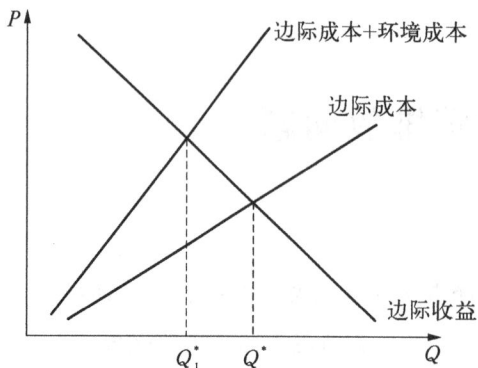

图1 碳排放的负外部性

左侧的 Q_1^*，即边际成本和边际环境成本之和与边际收益相等的地方。这个值小于没有政府管制时的 Q^*，因此很容易得出结论，在没有政府管制的情况下，企业决策者总是会过量碳排放。他们的碳排放行为给社会造成成本却不需要承担相应的成本，这也是典型的负面外部性例子。

因此，为了促进社会可持续发展，政府需要采取管制措施来引导企业降低碳排放并承担相应的社会成本，例如，实施碳税、排放许可证等措施。这些管制措施可以使企业在生产中更好地考虑到碳排放所带来的负面影响，减少碳排放并改善环境质量，从而实现社会可持续发展的目标。

二、碳税制度——应对碳排放问题的重要方式

在中国，最早的排污权证市场可以追溯到 20 世纪 80 年代的上海闵行区。虽然在 2002 年建立的中国二氧化硫交易市场以失败告终，但现在我们正推出更为宏大的碳排放交易市场。除碳排放交易制度外，我国工程院院士、生态环境部环境规划院院长王金南提出，"把碳税纳入环境保护税的条件已经成熟"。碳税制度逐渐成为引人关注的焦点。

碳税制度的优点主要体现在以下几个方面。首先，碳税确定的是污染控制成本。当企业存在技术进步时，企业的边际碳减排成本逐渐降低，即曲线的斜率变小，和边际减排收益曲线的交点也会右移。在同等税收的情况下，企业减排的量更多。这种污染控制水平可以理解为碳税相比碳排放交易制度更能有效地促进技术创新。其次，碳排放交易市场比碳税的实施更为复杂，交易成本也更高。在碳排放交易市场上，决策者首先要决定最初配额的发放。当企业获得配额后，又需要评估自身的碳排放相关的边际收益和边际成本，结合市场上其他参与者的情况，才能决定购买或出售自己的配额。对于没能合理估算自身成本的企业，碳排放交易市场更有可能使它们的情况变坏，得不偿失。再次，碳税可以更有效地激励企业减少碳排放，因为它直接增加了碳减排的成本。最后，碳税制度下政府部门有更强的激励监督税收，增加税收收入，政府让企业看到更高昂的税收条例时，企业往往会受到震慑，进而减少碳排放量。

当然，碳税政策也有一些缺点。由于税收价格水平不会随着通货膨胀及时调整，真实税收水平往往会下降。但是，采取碳税政策的利大于弊。基于以上优点，越来越多的国家开始利用碳税政策应对碳排放问题。

从根本上而言，碳排放是一种负外部性问题，即企业自身减少碳排放的成本高于对社会造成的减排效益，导致市场无法实现最优配置。为了解决这个问题，政府可以采用多种

手段,如碳排放交易制度和碳税制度等。与碳排放交易相比,碳税制度更具有明确的污染控制成本,更能促进技术创新,并且政府有更强的激励监督税收、增加税收收入的能力。尽管碳税政策也存在缺点,但从整体利大于弊的角度来看,越来越多的国家开始采取碳税政策以应对气候变化挑战。

(案例作者:范纯增　成威松　黄奕蕾)

参考文献

[1]　徐晋涛.理解"碳达峰、碳中和"目标的三个维度[N].中华工商时报,2021-05-27(3).

[2]　谢超,李瑾,徐恩多.构建"碳市场为主,碳税为辅"的碳定价体系[J].国际金融,2021(05):20-31.

相关材料

把碳税纳入环保税　现在条件已经成熟

碳达峰、碳中和是我国推动经济发展低碳绿色转型升级的重要目标。2030年前碳达峰、2060年前碳中和的目标究竟如何实现,备受各方关注。

5月18日,中国工程院院士、生态环境部环境规划院院长王金南在"2021(第十七届)国际绿色建筑与建筑节能大会暨新技术与产品博览会"上表示,我国碳达峰、碳中和在顶层设计、技术路径和总量控制上都存在一些亟须回答的问题,当前工作的关键是加快建立促进碳达峰、碳中和的政策体系。

他在谈到运用市场手段促进碳达峰时特别提到,一方面要加快推进有强排放约束的碳市场机制建设,同时应完善环境保护税制度,制定实施二氧化碳排放税。

"之前在2016年,国家在制定环境保护税的时候,曾经考虑过二氧化碳排放税政策,但当时由于不同的观点,这项政策最终没有放进环境保护税中。我个人的看法是,现在把碳税纳入环境保护税的条件已经成熟。"王金南说。

谈顶层政策设计　首先要解决三个维度问题

在碳达峰、碳中和的顶层政策设计上,王金南认为首先要解决三个维度的问题:

"第一,在国家层面上峰值是多少?第二,在钢材、水泥、有色金属等行业,建筑和交通等部门层面上,分别是什么时候达峰?峰值是多少?第三,在地方层面上,具体到31个省区市,分别的峰值又是多少?这些都是顶层设计需要回答的问题。"

以建筑领域为例,2020年的二氧化碳排放为21.7亿吨,预计2029年达峰,峰值为28.1亿吨,其中直接排放4.7亿吨。"各个行业和部门都需要制定相应的达峰路径。"王金南表示。

同样,全国 31 个省区市的碳排量分布相对不均,整个达峰路径的设计也相对复杂。"我们去 31 个省区市做了一些研究,分别制定了 31 个省区市的达峰时间和峰值。我们的感受是,各个省区市在完成碳达峰、碳中和的任务目标上态度都非常坚决。"

在具体的实现路径上,王金南表示,此前中央经济工作会议提出,要建立以新能源为主的新型电力系统,"这是一个新的提法,也是一项非常有挑战的任务。"

如何建立以新能源为主的新型电力系统? 在他看来,"最核心的还是要把风能发电和光伏发电的比例提上去",在这个过程中,要提升 CCUS(碳捕获、利用与封存)技术在实现碳中和中的作用。不过,王金南也提到,这项技术的成本相对较高,"意味着每度电的价格要上涨 2 毛 4 分"。

另一方面,在通过生态保护修复来积极发展碳汇的问题上,王金南认为,目前我国的森林覆盖率是 23%,即使未来达到 26% 左右,对实现碳达峰、碳中和依然存在相当大的挑战。

谈实现"双碳"目标 关键要建立责任分担机制

实现碳达峰、碳中和目标,王金南认为核心在于控制二氧化碳的排放,关键是建立碳排放总量控制和责任分担机制。

"目前这个总量控制体现为增量控制。"王金南表示,"'十四五'期间,二氧化碳会增一点,这个总量怎么控制? 当前阶段,首先要统筹协调好能源消费总量、能源消耗强度,以及碳排放强度和碳排放总量的关系,然后再在这个基础上考虑怎么推动碳排放总量的控制。"

他进一步表示,未来在"十五五"期间,应全面建立温室气体排放总量控制制度,完善和改革环境影响评价制度,把温室气体和二氧化碳纳入环境影响评价机制,管控好新增量。

王金南建议,要加快构建绿色低碳循环发展经济体系,充分运用市场手段促进碳达峰,加快建立碳中和工程技术创新体系,加快建立减污降碳协同增效机制,加快形成绿色低碳消费模式和方式,以及加快推进碳达峰和碳中和立法。

据了解,今年全国两会期间,王金南已联名 89 名代表提出关于制定《碳中和促进法》的议案,而且从国际上来看,目前治理碳达峰、碳中和的法律已经形成相对成熟的经验。

"实现碳达峰、碳中和是我们向世界作出的庄严承诺,也是一场广泛而深刻的经济社会变革,绝不是轻轻松松就能实现的。"王金南表示,"这对我们是一个艰巨的挑战。"

（材料来源：http://www.nbd.com.cn/rss/zaker/articles/1753763.html）

浅析中国共享经济的经济学特征

导读：近年来，在以共同富裕和高质量发展为目标的经济发展背景下，共享经济模式在中国蓬勃发展，市场规模不断扩大，为人们的生活提供了巨大的便利。对此，本文对共享经济模式所呈现出的一些经济学特征进行了归纳和总结，分析了这些特征背后蕴含的外部性与市场关系原理，并利用实行共享经济模式的企业实例来进行进一步的阐释和佐证。

近年来，随着信息技术的迅猛发展和移动客户端的快速普及，共享经济在我国取得了迅猛的发展。共享经济可以理解为一种租赁经济，其表现形式是用户通过支付一定租金，来换取在一定时间内使用某种物品的权限。伴随着移动互联网平台和大数据分析技术的快速进步，共享经济模式逐渐渗透到大众生活的方方面面，并给人们带来了诸多便利。共享经济作为一种新兴的商业模式，具有以下鲜明特征。

一、独特的成本结构

首先，实行共享经济模式的生产成本不包括硬资产的成本，因为此类企业大多只需要构建一个双边"平台"来匹配供给与需求。例如，滴滴出行无须自己购买足够多的汽车来开展顺风车业务，只需要将可提供出行服务的司机和乘客的乘车需求相匹配；途家也并不需要自己购买大量房产以出租民宿，只需要将可供出租的房屋和租赁需求进行匹配。尽管如此，实行共享经济模式的企业的生产成本并不像想象中的那么低，因为供需的精准匹配需要企业构建一个庞大的互联网平台，且需要有较为强大的云计算和大数据分析技术作为支撑。这从表面上看是技术问题，但从企业发展战略等更高层次来看，还将包括融资与顶尖人才吸引等战略决策。此外，值得一提的是，共享商品由于其共享的本质而具有高频使用的特点，因此，维护和折旧的费用也将是一笔不容忽视的开支。

其次，实行共享经济模式的企业边际成本极小。具体而言，共享经济的模式使得很多企业在达到一定规模后，因增加一单位用户而在生产服务上增加的成本几乎为零。例如，当哈啰出行在中国的注册用户增加了一位时，由于哈啰单车在各地的投放数量都已经超过当地共享单车的流动使用量，哈啰出行唯一需要做的就是在其庞大的云空间内为这位新用户分配一部分内存。类似于货币的流通，一辆共享单车虽然在表面上只代表一辆单车，但一旦开始共享，由一辆共享单车所带来的社会中可供使用的单车数量可以看成多辆,也就是说,劳动的边际产量较大。当边际成本几乎为零而服务的产量不断增加时,平均总成本自然会下降,此时企业则实现了规模经济。

二、较强的正外部性

第一,共享经济在一定程度上颠覆了传统的消费模式,使得更多的人以较低的成本与他人分享闲置资源,缩短了人与人之间的社会距离,增加了人们的生活幸福感。第二,实行共享经济模式的企业一般都具有一套较完整的技术产业链,例如互联网平台、云计算、大数据等,这些技术环节都会随着共享经济的发展而快速进步,例如华为、百度等大型科技公司在共享理念的影响下,发扬开放精神,探索开源之路。第三,随着共享交通领域的快速发展,越来越多的人更倾向于使用共享交通工具,这种绿色、环保的出行方式在客观上有利于减少能源的消耗,促进了经济的可持续发展。

基于经济学中的外部性原理,由于某种物品外部性的存在,会使其社会价值大于私人价值,因此,社会价值(私人价值与外部利益之和)曲线位于需求曲线之上,从而使社会最优量大于市场均衡量。政府为了使市场均衡向社会最优量移动,需要进行一定的干预,即对正外部性进行"补贴"。共享经济正是如此。对此,中国政府也在不断探索建立鼓励创新的试错容错机制,放宽资源提供者的市场准入条件,并加强对中小型共享经济模式企业在融资等方面的扶持,从而对共享经济的外部性进行"补贴"。

三、冲击传统的非共享行业

绝大多数共享经济所共享的物品都存在相应的非共享行业。共享经济凭借其特殊的消费模式和越来越多样化的服务成为传统的非共享行业的强大竞争对手,这自然就冲击了传统非共享行业的利润。在中国,多个城市都曾出现过出租车司机围堵专车的恶劣事件;而在美国,也有调查研究表明,全球最大的房屋租赁平台爱彼迎的挂牌房间的增加显著地降低了当地酒店的业绩。

随之而来的一个问题就是就业。有很多人认为,共享经济的存在减少了就业机会,因为根据共享经济的本质特点,一旦某种物品出现共享模式,就会使得社会需要生产该物品的总量减少,从而减少了生产岗位,增加了失业。这种说法显然存在问题,因为共享经济在减少生产商品方面的就业时,必然也增加了其他方面的就业,如平台搭建、商品的调度管理等方面。当然,由于共享经济的特殊性,自然会有一定的就业壁垒存在,这就会造成类似于部门转移引起的摩擦性失业,但终究会在较长时期的自动调整下恢复如常。纵观世界历史,很多事物在其发展初期都会被认为减少了就业机会,如纺织机、计算机等,但事实上却是这些事物既增加了就业机会,又推动了社会的进步。

自改革开放以来,中国经济从原本低效率的计划经济转向当今高效率的社会主义市场经济。在当下新发展格局下,共享经济新模式在"保市场主体"方面的作用进一步凸显,并日渐成为产业数字化转型的重要抓手。与此同时,引导共享经济规范发展已经成为社会共识,制度化的治理框架不断完善,这些都为共享经济的持续发展奠定了重要基础。相信未来在全社会的共同努力下,中国的共享经济发展将蒸蒸日上,并助力中国达到经济发展的新高峰。

(案例作者:潘小军 张左韬)

相关材料

2021年中国共享经济市场交易规模超3.6万亿元,
共享经济大有可为(有删节)

共享单车打通出行"最后一公里",共享充电宝让人们出门在外免于"电池焦虑",共享办公降低了办公成本……共享经济已深入人们的日常生活。近日,国家信息中心发布的《中国共享经济发展报告(2022)》(以下简称《报告》)显示,2021年中国共享经济市场交易规模约为36 881亿元,同比增长约9.2%,增速较上年明显提升,继续呈现出巨大的发展韧性和潜力。

在线服务蓬勃发展

防疫期间,外卖餐饮、预约家政、生鲜电商等在线服务领域蓬勃发展,通过平台预约和购买服务逐渐成为人们日常消费的主要方式。《报告》显示,共享型服务和消费继续发挥稳增长的重要作用。

从共享型服务的发展态势看,2021年在线外卖收入占全国餐饮业收入比重约为21.4%,同比提高4.5个百分点;从居民消费的角度看,2021年在线外卖人均支出在餐饮消费支出中的占比达21.4%,同比提高了4.4个百分点。此外,网约车客运量占出租车总客运量的比重约为31.9%,共享住宿收入占全国住宿业客房收入的比重约为5.9%。

业内人士指出,共享经济快速发展,在保护市场主体、促进灵活就业、助力中小企业数字化转型等方面做出了积极贡献。

从消费侧向生产端延伸

从总量上看,2021年,中国共享经济全年共享经济市场交易规模和直接融资规模都有较大提升。但从具体结构来看,不同领域的共享经济发展不平衡情况突出。其中,办公空间、生产能力和知识技能领域共享经济发展较快,交易规模同比分别增长26.2%、14%和13.2%。

"这反映出共享经济作为一种创新的商业模式,正在从消费侧向生产端加速延伸和扩散,知识、技能、办公空间、生产能力等要素的共享就成了必然。"刘奕认为,共享经济向生

浅析中国共享经济的经济学特征

产领域的拓展、渗透和融合,将重塑生产要素的配置方式,极大地提高生产要素的配置效率,对产业发展具有重要意义。

市场秩序将进一步规范

近年来,针对共享经济发展中出现的问题,一系列加强新就业形态劳动者权益保障的政策措施出台,共享经济新就业群体权益保障持续完善,共享经济市场制度建设步伐加快,监管执法力度加大,共享经济市场秩序得到进一步规范。

2021年,《中华人民共和国数据安全法》《中华人民共和国个人信息保护法》《关键信息基础设施安全保护条例》等法律法规相继施行,加之此前出台的《中华人民共和国国家安全法》《中华人民共和国网络安全法》等,数据安全治理开启了新篇章。已公布的《中华人民共和国反垄断法(修正草案)》直接回应了平台经济发展带来的新问题。针对网约车、共享医疗、直播电商等行业发展特点和存在的问题,相关部门采取了更精细化的治理举措。

（材料来源：https://baijiahao.baidu.com/s?id=1727414363118 321677& wfr=spider&for=pc)

精准扶贫与全面脱贫

导读：自中国共产党诞生以来，实现国家富强、民族复兴一直是中国共产党的庄严承诺。2013年习近平总书记第一次提出精准扶贫，2015年中共中央政治局审议通过《关于打赢脱贫攻坚战的决定》。在实现GDP飞速增长的时候，党和国家将目光聚焦在了"脱贫攻坚"上。经过全国人民的不懈努力和奋斗，2020年国务院扶贫办确定的全国832个贫困县全部成功脱贫，全国脱贫攻坚目标任务顺利完成。为什么解决贫困问题需要政府的大力干预？本文将根据经济学原理中的公共物品和公共资源探讨扶贫的经济学逻辑。

一、为什么要扶贫

解决贫困问题不仅是人心所向，更是历史趋势和经济效益的统一。从文化角度，中国传统儒家思想强调"民为贵"。以人民为中心，是中国共产党一贯坚持的执政理念和价值追求。同时，"共同富裕"是生活在社会主义国家的中国人民的期待。从社会发展角度，贫困率与犯罪率相挂钩，呈正相关关系。一方面，人们物质上的匮乏最直接体现为对财产的侵权，同时，物质上的贫困使得人们可能会对社会产生"不公平"的认知，从而产生危害社会和国家安全的行为。另一方面，所谓"仓廪实而知礼节，衣食足而知荣辱"，精神上的贫困也给犯罪埋下了祸根。从经济发展角度，消除贫困会使整个社会的福利上升，脱贫意味着贫困人口的消费能力和消费水平提升，在一定程度上可以带动消费上涨，扩大内需。根据乘数效应分析，依照2017年的预测分析，如果2017—2020年中国有年均7%的增长率，由贫困人口脱贫产生的增长率大概为1%～2%，在此基础上，扶贫能为国家经济提供1%～2%的增长率。

二、帮扶措施背后的逻辑

扶贫模式可以简要地分为两种：其一是通过收入再分配来提高贫困人口的收入，也就是常说的"输血"式扶贫，其主要包括社会兜底和生态补偿；其二是通过提高贫困人口的发展能力，来间接提高贫困人口的收入，也就是"造血"式扶贫，其主要包括技能培训、易地搬迁和基础设施建设等。这两种方法各有优劣，前者在迅速提高贫困户收入以及缩小最贫困人口和贫困人口收入差距方面有着不可忽视的作用，但是这种扶贫方式是以短期救助为主，很容易出现脱贫后返贫的现象。后者目光更长远，也就是通过基础设施和技能教育等资本的介入,让贫困人口掌握一定的能力,即"授之以鱼不如授之以渔",但是其时间周期长,效果短期内不明显,不能解决燃眉之急。因此,政策制定者往往将两种扶贫模式结合起来使用。

"输血"式扶贫因为有社会救济兜底,所以许多人借此逃避工作,同时也导致了能力与职责不匹配。根据经济学原理,人们会对激励作出反应。输血式扶贫的某些激励反而会带来更多的贫困。社会救济应该有选择地发放,并且应该是短期的对于特殊情况的紧急使用。以保障帮扶为例,其对帮扶对象中符合无"两不愁"保障等条件的,及时给予关注并且提供相应的援助,可在一定程度上避免产生严重贫困。如果加上一定的管制措施,社会救济能够起到兜底的效果。

"造血"式扶贫更注重长远的发展,和教育类似,具有更高的正外部性。例如政府的公共培训计划,能够帮助经济上处于不利地位的群体脱贫。常见的"造血"式扶贫有以下三种形式:

第一,技能培训帮扶。技能培训帮扶以教授知识和岗前培训为根本,以提高贫困者运用新技术为主要内容,以"雨露计划"等培养计划为抓手,为帮扶对象提供免费的技能培训和职业规划,使得贫困户能够跟上时代的脚步,在赚钱养家方面具备自己的竞争优势。这种帮扶可以看成一种投资,考虑长期收益,这是三赢的局面:国家收获了民心,降低了维护社会秩序的机会成本;贫困户获得了就业技能和机会;企业则可以有更多的劳动力来进行生产。

第二,基础设施帮扶。即对贫困户和贫困村提供一定的物质援助,例如通网通电,修路修场。以修路为例,这不仅让居民有了更方便的外出方式,这也使得国家的治理更有效迅速,同时,不少企业可以在此包下项目,来增资扩收,在之后也可以定点为其提供后续的服务。

第三,产业帮扶。也就是通过政府的力量,在贫困地区建立一定的产业链,例如果园和养殖等不需要较高科技水平的产业,同时通过上下游建设和结构化调整,使得产业生态符合当地的生产发展水平,在优先保障贫困户就业的前提下,向外招收新的产业工人,通过奖金激励和政策补贴等吸引人才入驻经营。这也使得物质资本的利用产生闭环,达到"钱生钱"的效果。

这些政策不仅可以帮助贫困人口提高收入,而且具有极高的正外部性。从地区经济发展和收入不平衡角度分析,这些政策随着时间的推移和技术的发展,使得产业结构化成为现实,做到了小部分地区的"公平和效率"兼顾。同时,研究显示,一个县市的产业发展带动了一个地区的经济增长,对企业绩效也有着较好的正向作用。此外,政府的支出经过多方面的流转和正向激励,得到的收益效果大于实际消费,扶贫不是政府的单方面付出,扶贫后的收益也反馈到了整个国家的经济层面。

三、扶贫的经济学解读

经济学上有"相对优势"和"绝对优势",而在社会面上则有"相对贫困"和"绝对贫困"。所谓贫困,也就是稀缺资源的分配不等导致的财富水平低下,这种稀缺资源可能是技术、教育等。而扶贫的意义就是在初次分配不合理的条件下,通过生产要素和收入的再分配进行对财富的中性调和。根据福利经济学第二定理,公平的均衡配置可以通过适当改变初始资源禀赋在不同个体、不同区域之间的配置来实现,并且不会必然产生低效率。这也就是中国对再分配进行调节的重要理论依据。

如上文所述,脱贫对经济发展和整个社会福利有诸多好处,但是通过私人市场提供的数量却往往不足。原因在于,脱贫是一种公共物品。这种物品不具有消费中的竞争性:一个人在没有贫困的社会中享受生活,不会减少其他任何一个人享受这种生活。并且这种物品没有排他性:一旦全面脱贫,就无法阻止任何一个人从这种生活中获得愉悦感。每个人都愿意在一个没有贫困的社会中享受生活,但是每个人都有激励"搭便车",即不为扶贫做任何贡献,但是享受社会全面脱贫的收益。对于这种公共物品,因为私人市场本身无法产生有效率的数量,所以政府要提供公共物品以改善市场结果。这解释了中国政府为何将全国脱贫作为自己的任务。

(案例作者:黄丞　徐文慧　戴蔚翔)

相关材料

精准扶贫的经济学解读(节选)

拥有资源的"贫"(稀缺)与"富"(富有)是导致贫富差距的重要原因,公共经济学的核心内容正是解决稀缺资源在"贫困者"与"富有者"之间的配置,满足资源"贫困者"的需求,进而逐渐缩小贫富差距,使国家公民共享经济发展成果。

贫困的基本含义是稀缺,在对有限资源进行配置的过程中,一些人成为资源的富有者,另一些人成为资源的稀缺者,进而导致财富创造能力的不足。这里的资源,是指创造财富所必需的一切要素及环境条件,包括土地、资本、劳动力、制度、管理、技术、信息等。根据福利经济学第一定理,在任意的资源初始分配状态下,通过市场的自由交换,资源配置的结果都是帕累托最优状态。其中隐含了资源的有效率配置并不等同于公平的意思,一是初始资源禀赋存在差异,二是初次分配结果存在差异,二者都可以导致贫困的产生。在初始资源稀缺的状态下,经过初次分配过程,这一稀缺状态会进一步恶化,贫富差距由此加剧。

扶贫正是对贫困者所处的资源稀缺状态进行的干预,通过扶贫资源的供给,弥补初始资源禀赋稀缺和初次分配的不公,是对财富总量进行再分配的过程。根据福利经济学第二定理,公平的均衡配置可以通过适当改变初始资源禀赋在不同个体、不同区域之间的配置来实现,并且不会必然产生低效率。在干预的过程中,干预的责任主体以及如何干预是必须解决的两个关键问题。关于干预的主体,由于贫困既是经济问题,也是公共问题和社会问题,需要公共干预,因此,各级政府对扶贫有着天然的责任,这在我国已形成共识。关于如何干预,由于初始资源禀赋和初次分配都可能是导致贫困的因素,因此要采取差异化的干预方式,最终使资源稀缺者具备创造财富的能力和机会,实现真正意义上的脱贫。

精准扶贫工作的有效推进,要建立在需求侧与供给侧改革的基础上。有效识别贫困人口和贫困区域对扶贫资源的需求,是需求侧改革的基本内容;提高扶贫资源供给的质量与效率,是供给侧改革的基本方向。

(材料来源:朱松梅,李炜.精准扶贫的经济学解读,光明日报,2017年4月25日)

减碳依靠市场还是政府？——
当面对公用地悲剧时

导读：2021 年 7 月 16 日，全国碳排放权交易市场启动上线交易，这标志着我国碳市场成为全球覆盖温室气体排放量规模最大的市场。近年来，低碳减排、电动化的议题在汽车行业尤为突出，特斯拉更是在 2020 年通过与其他车企交易碳权获利约 15.8 亿美元。控制碳排放有良好的正外部性，同时符合国家"碳达峰""碳中和"的政策和《巴黎协定》的全球期待。本文从控制碳排放这一话题入手，探讨面对公共资源和公地悲剧时，政府通过补贴政策引导和利用科斯定理实现市场化之间的权衡。

经济活动带来的负外部性一直为政府所关注，其中一个很重要的问题就是燃油汽车带来的污染。早在 2010 年，工信部就出台了一系列有关新能源汽车的补贴指导意见，旨在降低我国保有量日益增大的机动车的尾气污染。各地方政府也在此号召下相继出台力度颇大的政策。2015 年，一块需要竞拍的上海市车牌成本高达 9 万元，而购买一辆新能源汽车则可以免费申领新能源专用牌照。在这 10 余年间，新能源汽车的销量大幅上升，价格也变得非常亲民，大部分汽车厂商在政策的引导下完成了自身生产结构的转变。

再看同时期的美国，通过制度立法的形式，美国政府向排放超标的汽车生产商征收罚款和高额税收。这一形式催生了美国汽车企业之间的"积分交易"，即燃油车厂商向新能源汽车厂商协商购买"积分"，从而使减排成本更低的燃油车厂商首先进行减排和转型，实现社会效率最大化。

作为世界碳排放量最大的两个国家，中美两国在汽车领域减排的不同举措，不但体现了政策差异带来的执行效率取舍，而且反映了私人之间低成本地达成协议与政府引导在不同国情下的适应性。仔细观察这两种方法不难发现，政府推动和政策引导带来了诸多效果。首先，在新能源汽车消费市场，针对消费者的补贴使得需求曲线向右上方移动，外部性的内在化以及政策带来的红利也使得汽车厂商的供给曲线一定程度下移，两者结合使得新能源汽车市场迎来了大量入局者，促进了市场竞争，提高了社会福利。第二，通过对新能源汽车的购置税减免，消费者获得了福利，汽车厂家的定价更加贴近实际成交价，减少了税收带来的无谓损失。第三，新能源汽车产业的蓬勃发展产生了规模效应，规模经济带来的平均总成本下降带动了电池技术、电控系统等核心技术的国产化发展，提高了我国在相关市场的实力和话语权。第四，政策的激励在一定程度上刺激了汽车领域的消费，提高了国民收入水平。

与此同时,政府的大规模补贴也面临着非常现实的难题。首先,政策引导的力度逐渐减弱,消费者对于电动车的购买热情并不能一直维持,难以达到长期减排的效果。其次,更大的汽车保有量也带来了更多的负面影响,诸如道路的拥堵、交通事故的增加、停车位的不足等。最后,为解决空气污染这一公用地悲剧,单纯地对消费端进行补贴的政策并不能改变所有消费者和厂商的想法,仍有诸多消费者乐于购买技术更加成熟的燃油汽车,厂商也乐于生产其技术积累更加雄厚、市场份额更加稳定的燃油汽车,因而影响了减排目标的达成。

而美国制定的方案,虽未能带来如补贴政策引导那般立竿见影的效果,但在生产端引导各大车企为共同的减排目标达成私人交易,也即科斯定理所描述的状态。这贯彻了西方经济学中重要的"市场是调节资源配置的最佳手段"这一论点,得到了资本市场的认可,同时也在一定程度上推动了诸如通用集团、福特集团的电动化进程。

面对进一步推动车企全面电动化、完成减排目标的要求,我国也推出了融合主要减排行业的碳交易市场,并于2021年7月开始交易。这一举措打破了行业间的沟通壁垒,满足了科斯定理中低交易成本的要求,将碳指标几乎免中间费用的交易扩大到整个市场,是公开市场化的典型案例。同时,它将无形的清洁空气转化为可度量的碳指标来进行产权界定和责任划分,进一步推动了碳排放这一负外部性的内在化。仅就汽车市场而言,此举可以为国内众多电动汽车品牌带来新的收入,同时给予传统车企更多改变自身生产模式与方向的激励。

与此同时,我国碳指标交易市场仍然具有其政策属性。究其根本,这来源于碳指标的初次分配并非由市场完成,而是由政府对需要控制排放的企业进行评估和配额发放,进而达到社会计划者设计的碳排放控制目标。这样的分配方式由于评估存在误差,企业存在隐瞒自身真实状况的动机,因此难免会导致分配的无效率。此外,不同于其他活跃的二级交易市场,随着节能减排的推进,碳指标的交易需求将逐渐降低,市场规模的萎缩可能带来碳指标价格的波动,因此,这一市场是否能延续并繁荣尚存疑问。

总的来看,持续清洁的空气符合全人类的共同福祉。过去的工业化和快速发展牺牲了部分"绿水青山",换来了"金山银山",这是社会计划者必须重视的。正如经济学家对政府的介入持褒贬不一的态度一样,不同的制度孕育了不同的解决方案,评价不同的方案只有适合与否而没有绝对的优劣。中国政府基于公平与效率的权衡对不同方案开展的尝试,这些都实在地内在化了碳排放的负外部性,为技术进步和环境治理带来了实打实的裨益。面对公用地悲剧这个长久困扰社会计划者的问题,采取多元的方案将有助于分散风险,使得相关利益各方的预期有充足的变化时间,也将在不停的权衡取舍中达到最终均衡。

（案例作者：王洋　邓言耀　赵晓东）

相关材料1

双积分紧箍下的车企：积分猛涨身价，特斯拉、蔚来成"卖碳翁"

2020年，特斯拉通过出售碳积分获得15.8亿美元的营业收入，而这一年特斯拉的净利润为7.21亿美元。这也就意味着，如果没有这部分额外收入，2020年又将是特斯拉亏损的一年。

当年，特斯拉全年涨幅超过7倍，一举超过全球市值第一的丰田汽车。今年第一季度，特斯拉同样通过出售碳积分获得营收5.18亿美元。（有删节）

（材料来源：https://www.bjnews.com.cn/detail/162679730814605.html）

相关材料2

借鉴美国经验 碳交易将替代补贴政策？

美国加利福尼亚州空气资源委员会（CARB）规定，在该州销量超过一定数量汽车的企业必须使其中新能源车比例达到ZEV（Zero Emission Vehicle，零排放车辆）法案的规定。CARB按照EV、PHEV、HEV的种类，为每种车制定了"积分"系数，规定了与销量挂钩的积分基准。未达到ZEV法案规定标准的企业必须向CARB支付每辆车5 000美元罚款，或者向其他公司购买积分。（有删节）

（材料来源：https://www.autohome.com.cn/news/201609/892843.html）

从外部性看补贴政策对国产新能源汽车的影响

导读：随着经济和汽车行业的不断发展，燃油车排放的汽车尾气已经对环境造成了严重的负面影响。大量的汽车尾气不仅加剧了全球气候变暖，还会释放出碳氧化物和挥发性有机物等有害物质，对人类健康构成威胁。为了控制燃油汽车尾气的无序排放以减少其对环境造成的损害，政府鼓励环保型新能源汽车的生产和使用。本文将从外部性原理的经济学角度对新能源汽车的发展进行分析，并探讨补贴政策对新能源汽车市场的影响。

一、从外部性角度对比燃油汽车和新能源汽车

1885 年，德国工程师卡尔·本茨在曼海姆制造了第一辆采用二冲程单缸 0.9 马力的汽油机作为动力的三轮汽车，该车已经具备部分现代汽车的基本特点。次年 11 月，卡尔·本茨的三轮机动车获得了德意志专利权，成为世界上公认的第一辆现代汽车。自此，1886 年被人们称为汽车元年，汽车这一交通工具逐渐走进人类的生产和生活，为出行方式带来了翻天覆地的变化。时至今日，距离那一历史时刻已过去 130 多年，汽车仍然是我们生活中最重要的交通工具之一。

随着工业化的快速发展，汽车开始进入一般家庭，然而传统燃油发动机产生的大量汽车尾气给环境带来了巨大负担。汽车尾气主要由一氧化碳、二氧化碳、氮氧化物、挥发性有机物和颗粒物等组成，它们对人类和环境都具有严重危害。其中，一氧化碳会与血红蛋白结合形成碳氧血红蛋白，导致身体无法正常运输氧气，引起中毒；二氧化碳则是主要的温室气体之一，会加剧全球气候变暖；氮氧化物和挥发性有机物等则会在空气中与其他物质反应形成光化学烟雾，对人体呼吸系统和眼睛造成刺激，甚至增加人们患上心血管疾病和肺癌的风险；颗粒物则会进入人体呼吸道和血液循环系统，引起呼吸困难和心血管疾病等健康问题。因此，燃油汽车尾气的危害不容忽视，我们需要采取有效措施减少其产生和排放，以保护人类和环境的健康。

面对燃油汽车尾气的无序排放及其对环境带来的负面影响，以环境友好型的新能源汽车取代原有的燃油汽车是一个根本性的解决方案。然而，一个重要问题是，考虑到环境成本的新能源汽车的成本略高于未考虑环境成本的燃油汽车，这使得前者的价格较高。如果市场仅通过价格进行资源配置，将导致环境持续受损，资源得不到有效配置。因此，

政府应采取必要措施,例如对新能源汽车提供补贴或对燃油汽车征收环境税,以促进两种汽车的公平有效竞争,这样才能实现对环境的保护和可持续发展。

二、政府补贴与新能源汽车的发展

政府改善因外部性引起的市场扭曲通常有两种方法:命令与控制政策和以市场为基础的政策。采取以市场为基础的政策可以通过设定矫正税和补贴、发放许可证等方式来激励私人决策者解决问题,达到符合经济效率的目的。

世界范围内已经开展了征收燃油税的政策。我国也于2009年1月1日实施了《成品油价税费改革方案》。此外,为了贯彻落实国务院关于培育战略性新兴产业和加强节能减排工作的部署和要求,我国制定了《新能源汽车补贴标准》,专项资金由中央财政拨款,对私人购买新能源汽车进行补贴以矫正燃油车造成的环境污染负外部性。2020年4月23日,财政部发布了《关于完善新能源汽车推广应用财政补贴政策的通知》,明确了2020—2022年新能源汽车补贴政策。

政府的新能源补贴政策旨在激励民众、政府和企业更多地考虑购置新能源汽车作为交通工具。政策针对动力电池系统能量密度、新能源汽车整车能耗、纯电动乘用车纯电续驶里程等技术指标设立不同的补贴门槛,鼓励消费者在选择车型时更多地考虑车辆的性能。此外,该政策还通过供需原理刺激企业积极研发、生产更加先进的新能源汽车产品,促进汽车产业向科技创新投入更多资源,加快新能源汽车的推广。

如今,绿色车牌的新能源汽车愈发普及。同时,越来越多的国产汽车开始崭露头角。一些中国高端科技龙头企业,如华为、小米等,也开始涉足新能源汽车市场,向其中投入资金和技术支持。在政府的支持下,新能源汽车行业正在稳步发展,中国汽车行业特别是新兴新能源汽车公司正借此机会扩大企业规模,并拓展海外市场,吸收国际市场上的人才和领先技术,反哺国内的科技创新。

然而,补贴政策也可能会对新能源汽车的发展产生潜在的不利影响。这些影响包括竞争扭曲和资源浪费等问题。例如,补贴政策的存在可能导致新能源汽车生产商过度依赖政策支持而缺乏积极创新,或者消费者可能抢购补贴车款而不考虑实际需求。

总的来说,我国政府对新能源汽车实行补贴政策,加快了燃油汽车退市,鼓励国产新能源汽车行业的发展,促进汽车产业转型升级。同时,补贴政策也在一定程度上解决了燃油汽车在环境上带来的负外部性问题,促进了国内GDP水平提升,实现了环境保护和经济发展的双赢。但在具体制定政策时,应该基于具体情况制定合理的补贴政策以达到经济和环保的双赢效果。此外,政府还应加强对新能源汽车市场的监管,防止虚假宣传和欺诈行为的发生,同时需要加强对新能源汽车技术研发和应用的支持。

(案例作者:范纯增　成威松　周思洁)

相关材料

关于完善新能源汽车推广应用财政补贴政策的通知

财建〔2020〕86 号

各省、自治区、直辖市、计划单列市财政厅(局)、工业和信息化主管部门、科技厅(局、科委)、发展改革委:

为支持新能源汽车产业高质量发展,做好新能源汽车推广应用工作,促进新能源汽车消费,现将新能源汽车推广应用财政补贴政策有关事项通知如下:

一、延长补贴期限,平缓补贴退坡力度和节奏

综合技术进步、规模效应等因素,将新能源汽车推广应用财政补贴政策实施期限延长至 2022 年底。平缓补贴退坡力度和节奏,原则上 2020—2022 年补贴标准分别在上一年基础上退坡 10%、20%、30%(2020 年补贴标准见附件)。为加快公共交通等领域汽车电动化,城市公交、道路客运、出租(含网约车)、环卫、城市物流配送、邮政快递、民航机场以及党政机关公务领域符合要求的车辆,2020 年补贴标准不退坡,2021—2022 年补贴标准分别在上一年基础上退坡 10%、20%。原则上每年补贴规模上限约 200 万辆。

二、适当优化技术指标,促进产业做优做强

2020 年,保持动力电池系统能量密度等技术指标不作调整,适度提高新能源汽车整车能耗、纯电动乘用车纯电续驶里程门槛(具体技术要求见附件)。2021—2022 年,原则上保持技术指标总体稳定。支持"车电分离"等新型商业模式发展,鼓励企业进一步提升整车安全性、可靠性,研发生产具有先进底层操作系统、电子电气系统架构和智能化网联化特征的新能源汽车产品。

三、完善资金清算制度,提高补贴精度

从 2020 年起,新能源乘用车、商用车企业单次申报清算车辆数量应分别达到 10 000 辆、1 000 辆;补贴政策结束后,对未达到清算车辆数量要求的企业,将安排最终清算。新能源乘用车补贴前售价须在 30 万元以下(含 30 万元),为鼓励"换电"新型商业模式发展,加快新能源汽车推广,"换电模式"车辆不受此规定。

四、调整补贴方式,开展燃料电池汽车示范应用

将当前对燃料电池汽车的购置补贴,调整为选择有基础、有积极性、有特色的城市或区域,重点围绕关键零部件的技术攻关和产业化应用开展示范,中央财政将采取"以奖代补"方式对示范城市给予奖励(有关通知另行发布)。争取通过 4 年左右时间,建立氢能和燃料电池汽车产业链,关键核心技术取得突破,形成布局合理、协同发展的良好局面。

五、强化资金监管,确保资金安全

地方新能源汽车推广牵头部门应会同其他相关部门强化管理,要把补贴核查结果同步公示,接受社会监督,对未按要求审核公示的上报资料不予受理。切实发挥信息化监管作用,对于数据弄虚作假的,经查实一律取消补贴。对监管不严、造成骗补等问题的地方和企业按规定严肃处理。

六、完善配套政策措施,营造良好的发展环境

根据资源优势、产业基础等条件合理制定新能源汽车产业发展规划,强化规划的严肃性,确保规划落实。加大新能源汽车的政府采购力度,机要通信等公务用车除特殊地理环境等因素外原则上采购新能源汽车,优先采购提供新能源汽车的租赁服务。推动落实新能源汽车免限购、免限行、路权等支持政策,加大柴油货车治理力度,提高新能源汽车使用优势。

本通知从 2020 年 4 月 23 日起实施,2020 年 4 月 23 日至 2020 年 7 月 22 日为过渡期。过渡期期间,符合 2019 年技术指标要求但不符合 2020 年技术指标要求的销售上牌车辆,按照《关于进一步完善新能源汽车推广应用财政补贴政策的通知》(财建〔2019〕138号)对应标准的 0.5 倍补贴,符合 2020 年技术指标要求的销售上牌车辆按 2020 年标准补贴。补贴车辆限价规定过渡期后开始执行。2019 年 6 月 26 日至 2020 年 4 月 22 日推广的燃料电池汽车按照财建〔2019〕138 号规定的过渡期补贴标准执行。

其他相关规定继续按《关于 2016—2020 年新能源汽车推广应用财政支持政策的通知》(财建〔2015〕134 号)、《关于新能源汽车推广应用审批责任有关事项的通知》(财建〔2016〕877 号)、《关于调整新能源汽车推广应用财政补贴政策的通知》(财建〔2016〕958号)、《关于调整完善新能源汽车推广应用财政补贴政策的通知》(财建〔2018〕18 号)、《关于进一步完善新能源汽车推广应用财政补贴政策的通知》(财建〔2019〕138 号)、《关于支持新能源公交车推广应用的通知》(财建〔2019〕213 号)等有关文件执行。

财政部　工业和信息化部　科技部　发展改革委

2020 年 4 月 23 日

(材料来源:http://www. gov. cn/zhengce/zhengceku/2020-04/23/content_5505502.
htm)

碳达峰目标下中国的碳排放交易市场

导读：随着全球环境问题的加剧，控制温室气体排放已经成为各国关注的重要议题。中国提出了"碳达峰、碳中和"的目标，需要通过市场化管理和资源配置实现环境治理。碳排放交易市场是对外部性问题有效的市场化手段，其减排成本低、减排效果好、技术创新性强等优点已经得到许多国家的认可和推行。减少碳排放为何需要用到碳排放交易市场？中国的碳排放交易市场已经发展到何种程度？未来又将如何进一步发展？本文将使用经济学基本原理如外部性等进行分析和评估。

一、从外部性角度看碳排放交易市场

碳排放是指在人类生产和经营活动过程中向外界排放温室气体的过程，包括二氧化碳、甲烷、氧化亚氮、氢氟碳化物、全氟碳化物和六氟化硫等。碳排放最初并未受到任何限制，企业不断向空气中排放温室气体。随着时间的推移，排放量迅速增加，大气热平衡被快速破坏，由此导致的环境破坏日益加剧。在此背景下，各国政府采用各种手段限制温室气体的排放，其中一个有效手段即为碳排放交易市场。

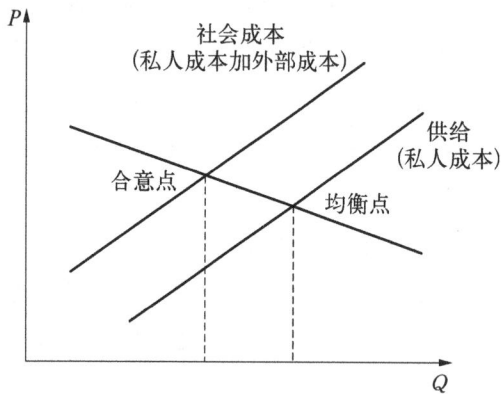

图1 外部性成本导致市场均衡点不是社会合意的均衡点

分析碳排放交易市场出现的必要性可以从生产产品产生的负外部性谈起。由于温室气体的排放不可避免，若没有正确引导，将无法在正常市场交易上得到体现。这种负面效应并不会被生产者考虑和纳入成本，也不会被消费者考虑，从而导致市场实际价格低于社会合意的价格，如图1所示，最终导致市场失灵。

为解决负外部性的问题，管理者通常可以采用两种方法：通过管制进行控制或将外部性内在化。在管制方面，政府可以通过规定排放标准、限制排放量等方式来强制控制企业的排放行为。这种方法的治理成本比较高，并且容易遭受企业的抵制并且有反弹效应。而将外部性内在化，则是引导市场自行调节，并将外部性纳入成本考虑。其中，一种方法是利用矫正性税收，使市场考虑到外部性产生的影响。这种方法对政府税收制度要求高、可变动性小，因而很难有效精确地使市场调节到最佳效率。另一种方法则是利用可交易的污染许可证，也就是现在市场上的碳排放配额交易，这种机制下总会促使低减排成本企业尽可能减排，高减排成本企业购买配额，达到现有最优。这种方法具有灵活性高、降低成本等优势。

综合来看，尽管管制手段对于负外部性的控制可能更为直接，但是容易造成企业的反弹效应。相比之下，将外部性内在化的方法则更有灵活性和降低成本等优势。而碳排放配额交易是其中一种行之有效的方式，能够激励企业减少温室气体排放，促进技术创新和国际协调。

二、起步中的中国碳排放交易市场

自 1992 年联合国大会通过《联合国气候变化框架公约》以来，大气温室气体的减排问题已成为全球的共同责任。5 年后，《京都议定书》通过，正式开启了利用市场调节机制解决温室气体问题、实现节能减排的历程。在《京都议定书》中，发达国家承诺在未来确定的时限内减少温室气体排放，并将自己的减排目标量化为排放配额。这种排放限制方式采取了"排放配额交易"的形式，允许发达国家之间进行碳排放量的买卖交易，以此来达到共同减排的目标。从而，人们可以通过市场机制来调节和控制温室气体的排放，实现环保与经济效益的双赢。

随着时间的推移，越来越多的国家和地区加入了减排行动，不断推动着全球减排事业的进程。中国已经明确提出了"CO_2 排放力争于 2030 年前达到峰值，2060 年前实现碳中和"的目标，以此应对全球气候变化问题。为实现这一目标，中国建立了碳排放交易市场，利用市场机制对企业碳排放进行控制，并推进产业结构转型、绿色低碳发展。

目前世界上的碳排放交易市场可以分为两类：一类是根据配额的交易（cap-and-trade），也就是管理者直接交易允许的减排配额；另一类是基于项目的交易，通过联合实施（JI）或清洁发展机制（CDM）项目，发达国家通过技术资本支持，帮助发展中国家开展减排项目，从而完成自己的减排份额。虽然"排放权就是发展权"，我国在 CDM 项目下曾经站到了全球最大的 CERs 卖家的地位[1]，但随着经济和科技的进步，碳减排成本也将逐渐上升。因此，利用现在容易减排的项目换取投资发展后，我们总有一天会面临成本高、技术难度大的减排问题，必须构建国内成熟的碳减排系统，并利用市场自主调节实现碳中和。

我国的碳排放交易市场虽然起步较晚，但前景已逐渐明朗。厦门大学中国能源政策研究院院长林伯强表示："全国碳排放交易市场是实现碳中和目标的标配。"建立碳排放交易市场有助于促进我国能源结构改革，推动绿色健康可持续发展。虽然北京环境交易所、上海能源交易所和天津排放权交易所在 2008 年成立，但随即建立的碳交易平台都难以为继。直到 2020 年 12 月 31 日，《碳排放权交易管理办法（试行）》出台，为 2021 年 1 月 1 日开始的全国碳排放交易市场的第一个履约周期平稳运行提供保障[2]。近年来,我国的碳排放交易市场以电力行业为突破口,预计将扩大到水泥、电解铝、石油化工、建材、钢铁等行业,助力碳达峰。目前的交易形式仍以碳排放配额为主,但可以预见,我国碳交易市场的交易种类必将越来越全面。

（案例作者：范纯增　成威松　贺玉莹）

参考文献

［1］　刘楠.中国碳交易市场前景分析[J].内蒙古科技与经济,2009(8)：12-14.

［2］　于同申,张欣潮,马玉荣.中国构建碳交易市场的必要性及发展战略[J].社会科学辑刊,2018(2)：90-94.

相关材料

碳排放权交易管理办法(试行)(节选)

第一条　为落实党中央、国务院关于建设全国碳排放权交易市场的决策部署,在应对气候变化和促进绿色低碳发展中充分发挥市场机制作用,推动温室气体减排,规范全国碳排放权交易及相关活动,根据国家有关温室气体排放控制的要求,制定本办法。

第二条　本办法适用于全国碳排放权交易及相关活动,包括碳排放配额分配和清缴,碳排放权登记、交易、结算,温室气体排放报告与核查等活动,以及对前述活动的监督管理。

第三条　全国碳排放权交易及相关活动应当坚持市场导向、循序渐进、公平公开和诚实守信的原则。

第四条　生态环境部按照国家有关规定建设全国碳排放权交易市场。

全国碳排放权交易市场覆盖的温室气体种类和行业范围,由生态环境部拟订,按程序报批后实施,并向社会公开。

第五条　生态环境部按照国家有关规定,组织建立全国碳排放权注册登记机构和全国碳排放权交易机构,组织建设全国碳排放权注册登记系统和全国碳排放权交易系统。

全国碳排放权注册登记机构通过全国碳排放权注册登记系统,记录碳排放配额的持有、变更、清缴、注销等信息,并提供结算服务。全国碳排放权注册登记系统记录的信息是判断碳排放配额归属的最终依据。

全国碳排放权交易机构负责组织开展全国碳排放权集中统一交易。

全国碳排放权注册登记机构和全国碳排放权交易机构应当定期向生态环境部报告全国碳排放权登记、交易、结算等活动和机构运行有关情况,以及应当报告的其他重大事项,并保证全国碳排放权注册登记系统和全国碳排放权交易系统安全稳定可靠运行。

第六条　生态环境部负责制定全国碳排放权交易及相关活动的技术规范,加强对地方碳排放配额分配、温室气体排放报告与核查的监督管理,并会同国务院其他有关部门对全国碳排放权交易及相关活动进行监督管理和指导。

省级生态环境主管部门负责在本行政区域内组织开展碳排放配额分配和清缴、温室气体排放报告的核查等相关活动,并进行监督管理。

设区的市级生态环境主管部门负责配合省级生态环境主管部门落实相关具体工作,并根据本办法有关规定实施监督管理。

第七条　全国碳排放权注册登记机构和全国碳排放权交易机构及其工作人员,应当遵守全国碳排放权交易及相关活动的技术规范,并遵守国家其他有关主管部门关于交易监管的规定。

中华人民共和国生态环境部

2021 年 1 月 5 日

（材料来源：https://www.gov.cn/zhengce/zhengceku/2021-01/06/content_5577360.htm）

从经济学视角看中国古代赋税制度改革——以"一条鞭法"为例

导读："一条鞭法"是明代万历年间由张居正主导推行的赋税政策,它上承唐代的两税法,下启清代的摊丁入亩,是中国历史上具有深远历史影响的一次社会变革。这次改革既是明代社会矛盾激化的被动之举,也是中国古代商品经济发展到一定程度的主动选择。那么"一条鞭法"具体是如何产生的?"一条鞭法"带来了什么结果与影响?如何从经济学角度评价"一条鞭法"这一改革?本文试图从经济学原理的税制设计视角对"一条鞭法"进行深入探究。

一、"一条鞭法"产生的社会背景

(一) 土地兼并日益严重

明朝中叶,随着封建土地所有制的发展,土地兼并愈演愈烈,地主豪强勾结官府,强占农民的土地,并通过各种手段来逃避相应的赋税。明朝初年登记在册的税田总额为850.7万顷[①],但到明孝宗弘治十五年,登记在册的土地仅为422.8万顷,这部分流失的税田大都为地主豪强所隐瞒。土地兼并的不断加速,使得贵族占有的土地越来越多,农民拥有的土地越来越少,但依附于土地的赋税并未因此而转移,无地农民的赋税负担空前加重。为了逃避不合理的赋税,农民被迫流离失所,成为流民。人口的大规模不规则流动造成了人口管理困难,最终使明代长期实行的黄册制度趋于瓦解,赋役与户籍管理制度也无法继续运转[1]。

(二) 财政危机日益严重

明朝中叶,朝廷支出日益膨胀,皇室生活日益奢侈,大兴土木,劳民伤财。官员体系也在这一阶段急剧扩张,出现了大量的冗官,大大增加了财政支出的负担。此外,这一时期宦官掌权,操纵朝政,卖官鬻爵与贪污腐败问题十分严重,地方官员为了迎合中央的贪官,对民众加重剥削,这极大地动摇了朝廷的税收根基。同时,明代还有大量经费用于抵御浙江、福建的倭寇和北方少数民族。在国家财政收入日益减少的情况下,支出的大大增加最终造成了明朝财政的连年亏空[2]。

---

① 1万顷＝100平方千米。

（三）商品经济的发展

明朝中后期，商品经济有了较大的发展，商品交易货币化程度增强。客观来说，这一时期农民本身对于土地的依赖程度下降。很多农民弃农从商，促进了明代手工业的发展，推动了明代商品经济的繁荣。此外，伴随着大航海时代的到来，白银开始在世界上广泛流通，这也为"一条鞭法"实施折银征收提供了有利条件。

二、"一条鞭法"的赋税改革主要内容

"一条鞭法"是明代嘉靖时期确立的赋税及徭役制度，由桂萼在嘉靖十年（公元 1531年）提出，之后张居正于万历九年（公元 1581 年）推广到全国。其主要内容包括：

（一）总括一州县之赋役

将各种田赋徭役等一律合并征收，将原来分开的"两税"合并在一起进行征收，简化了原来纷繁复杂的赋税制度，方便了国家对税收的控制与管理，提高了政府的行政效率，减少了地方官员对赋税的克扣。

（二）量地计丁，计亩征银

将各种徭役摊入土地，随同田赋一并征收，由土地规模的大小来决定征收赋税的多少。同时，除少数地区用实物缴税外，其他地方一律将各种赋役折合成白银来缴纳。

（三）一岁之役，官为金募

改变明初以来征收力役的做法，用雇佣劳役的方式来代替，一年所需要的力役由官府出钱雇人来应役，不再由百姓无偿负担。

（四）将赋役税分为两部分

赋役税的一部分为"京库岁需"，归中央所有，由地方上缴；另一部分为"留存"，由地方政府所保留，用于地方日常的财政开支。

（五）官收官解

为避免中间人对税银的私自侵吞，"一条鞭法"规定所有的银税都由纳税户直接缴纳给官府，不再采用由里甲代为征收的方法。

三、"一条鞭法"的结果与影响

（一）实施结果

这次税制改革在增加税收收入方面获得了很好的结果。据史料记载，自正德以来，太仓银库的收入总数在实施该改革后获得了大幅度的增加：正德初年（公元 1506 年）为 149万两白银，嘉靖十一年（公元 1532 年）为 243 万两白银，嘉靖二十八年（公元 1549 年）为 296 万两白银，万历五年（公元 1577 年）为 436 万两白银，天启年间[①]为 327 万余两白银。

---

① 天启元年是公元 1621 年。

一条鞭法有效解决了当时政府财政的亏空问题[3]。

（二）实际影响

1. 简化税制，方便赋役征管，促进经济发展

明代初期所推行的两税法在实际征税时，其对税款的征收与管理都比较复杂烦琐，而"一条鞭法"将各种赋税与徭役合并征收，减轻了地方政府在征税上的工作量，降低了征税成本，大大提高了工作效率。

另外，依照"一条鞭法"的规定，除少数赋役之外，其他各种赋役都要折合成白银进行征收。这有效避免了实物缴纳过程中实物质量参差不齐的问题，同时也方便了赋税的统计，提高了征税效率。同时，征收白银还促进了市场上白银的流通，加快了货币流通速度，客观上与世界大航海时代的到来相适应，促进了明代商品经济的发展，为商品经济和资本主义萌芽的发展创设了有利条件[4]。

2. 平衡赋役负担，缓和社会矛盾

"一条鞭法"的征税标准是土地的多少，即计亩征银。这一方面极大地改善了下层普通农民的生活状况，失地农民再也无须因为无法承担过重的赋税而成为流民；另一方面，豪强地主的赋税也因其占有更多的土地而大幅增加，两者之间的赋役负担得到平衡，在一定程度上缓和了社会矛盾。

3. 改进劳役制度，减轻徭役负担

"一条鞭法"改变了明代一直以来的强征力役的做法，转而通过更为理性的雇佣制度来进行代替。这一转变减轻了广大农民的徭役负担，增加了农民参与农业生产的时间，有利于农业发展，从而促进了社会生产力的提高。

4. "一条鞭法"改革的局限性

从根本上来看，"一条鞭法"作为封建统治阶层应对政治与经济危机的产物，是通过税收技术手段对国家赋税制度进行的一次调整。明代中后期，统治阶层的财政支出持续膨胀，军备支出与皇室消费日益增长，为填补财政亏空，统治者通过"一条鞭法"继续增加税收，出现了"鞭外加鞭，鞭外有鞭"的现象。到了万历年末天启年初，官员在"一条鞭法"之上已经增派出了相当多的徭役赋税，"一条鞭法"已名存实亡。

"一条鞭法"本身也存在制度设计的缺陷。"一条鞭法"是江南地区百余年各种赋役制度改革的结果，带有强烈的江南地域色彩，将其一成不变地推行到全国，必然会因地域环境差别、经济发展不同、地方官员阻挠等因素引发矛盾，而导致农民利益受损。相比于物产丰富、商业繁荣的南方，北方物产较为匮乏，农业相对落后，将赋税摊入田地后，农民的税收压力并没有减轻，特别是在荒年，大部分普通农民也只能成为流民，这也为明末陕北地区农民起义埋下了伏笔。此外，"一条鞭法"强制要求以白银缴税，所以在缴税时，百姓会集中向商人兑换银子，而商人借此抬高银价，这进一步加重了百姓的税收负担。

三、从经济学视角评价"一条鞭法"

在"一条鞭法"施行之前,对于地主而言,其从事农业生产的规模较大,但由于其隐瞒申报真实土地面积,其平均总成本远低于市场价格,所以其可以自由选择生产规模。为了达到最大收益,地主会选择边际收益与边际成本相等时的产量;但对无地或少地的农民来说,过重的税收是无法负担的,因为总成本远超出其生产的农产品销售所得,所以他们会选择彻底退出市场,即不再从事农业生产转而成为流民。但"一条鞭法"规定税收依照土地面积进行征收,对于地主来说,其不能继续谎报土地面积,税收的增加导致了平均总成本的升高和利润的减少;对于少地的农民来说,按照土地面积进行征税大大降低了其生产的平均总成本,使这部分农民能够重新投入农业生产,这部分农民所创造的价值外化表现为社会总生产量的增长。

依照上面的分析,"一条鞭法"有效促进了社会总生产量的提高,而政府对每一单位产品所征收的税率没有发生变化。按照经济学原理的税收理论,税收收入等于税收规模(或称税率)乘以税基($T \times Q$)。对于"一条鞭法"而言,其并未提高税率,而是通过增加税基来提高税收收入。另外一部分税收的增加则来自对地方税收官员的监察。在"一条鞭法"施行之前,相当一部分税收遭到了官员的侵吞,"一条鞭法"有效打击了这一现象,进一步增加了政府财政收入。

但在改革后期,"鞭外加鞭"现象愈发严重,其本质是税收规模的扩大。一方面,这部分扩大的税收并没有真正被国家所收取,而是遭到了地方官员的侵吞;另一方面,税收的扩大进一步对小农造成了打击,小农的平均生产总成本再次上升,小农也只能被迫再次退出市场。

四、结语

从经济学角度分析,"一条鞭法"对税收政策的改革是较为有效的,在不提高税率的条件下增加了国家的税收收入,同时也缓和了日益严重的流民问题与土地兼并问题,扩大了社会生产。但是,在社会矛盾得到短暂的缓和后,"一条鞭法"并没能继续得到推行,最终导致了社会矛盾的激化。

"一条鞭法"的变革虽然最终失败了,但它改变了历代"赋"与"役"平行的征收形式,统一了役法,简化了赋役制度,标志着赋税由实物为主向货币为主、征收种类由繁杂向简单的转变。同时,它也为清代"摊丁入亩"的税收政策奠定了基础,对于今天的税收政策仍然具有着一定的借鉴意义。

（案例作者：周伟民　李冰茜　刘尧）

参考文献

［1］　施他."一条鞭法"的历史意义和现实意义[J]. 现代商业,2008(15)：288＋287.

［2］　邹晓涓."一条鞭法"论析[J].石家庄经济学院学报,2005(05)：674－677.

［3］　百度百科."一条鞭法"[EB/OL]. https://baike. baidu. com/item/％E4％B8％ 80％E6％9D％A1％E9％9E％AD％E6％B3％95? fromModule＝lemma_search-box.

［4］　李永刚.明朝"一条鞭法"刍议[J].经济问题探索,2011(10)：21－23＋29.

［5］　张思.张居正赋税改革思想及其法律实践[D].哈尔滨：黑龙江大学,2011.

相关材料

百度百科"一条鞭法"（有删减）

"一条鞭法"是明代嘉靖时期确立的赋税及徭役制度,由桂萼在嘉靖九年(1530年)提出,之后张居正于万历九年(1581年)推广到全国。新法规定：把各州县的田赋、徭役以及其他杂征总为一条,合并征收银两,按亩折算缴纳。这样大大简化了税制,方便征收税款。同时使地方官员难以作弊,进而增加财政收入。

"一条鞭法"上承唐代的两税法,下启清代的摊丁入亩,是中国历史上具有深远历史影响的一次社会变革。这既是明代社会矛盾激化的被动之举,也是中国古代商品经济发展到一定程度的主动选择。

"一条鞭法"据《明史》记载：合并赋役,将田赋和各种名目的徭役合并一起征收,同时将部分丁役负担摊入田亩。将过去按户、丁出办徭役,改为据丁数和田粮摊派;赋役负担除政府需要征收米麦以外的,一律折收银两;农民及各种负担力役户可以出钱代役,力役由官府雇人承应;赋役征收由地方官吏直接办理,废除了原来通过粮长、里长办理征解赋役的"民收民解"制,改为"官收官解"制。

首次提出

嘉靖九年(1530年),户部尚书梁材根据桂萼关于"编审徭役"的奏疏,提出革除赋役弊病的方案："合将十甲丁粮总于一里,各里丁粮总于一州一县,各州县丁粮总于一府,各府丁粮总于一布政司。而布政司通将一省丁粮均派一省徭役,内量除优免之数,每粮一石编银若干,每丁审银若干,斟酌繁简,通融科派,造定册籍。"嘉靖十年(1531年),御史傅汉臣把这种"通计一省丁粮,均派一省徭役"的方法称为"一条编法",也即后来的"一条鞭法"。

开始试行

实行较早的首推赋役繁重的南直隶(约今江苏、安徽)和浙江,其次为江西、福建、广东和广西,但这时也只限于某些府、州、县,并未普遍实行。由于赋役改革触及官绅地主的经济利益,阻力较大,在开始时期进展较慢,在嘉靖四十年至穆宗隆庆(1567～1572年)的10

多年间始逐渐推广。

推行全国

张居正在万历六年(1578 年)下令清丈全国土地,清查溢额脱漏,并限 3 年完成。结果国家掌握的田亩数比弘治时征税田额增 300 万顷。在这个基础上,于万历九年(1581年)采用一条鞭法,作为全国通行的制度。

鞭外加派

一条鞭法推行全国不久,万历十年(1582 年)张居正病死后,一条鞭法失去了最有力的支持者。更兼之后官场腐败更加严重,诸弊丛生。最严重的便是明朝末年的"三饷"加派。上行下效,"三饷"之外,鸭饷、牛饷、禾虫等饷也堂而皇之地出现。至此,一条鞭法破坏殆尽。

从经济学视角看中国古代赋税制度改革——以「一条鞭法」为例

从规模经济视角看中国人工智能行业发展前景

导读：人工智能作为一种具有创造性的技术，正在释放科技革命和产业变革积蓄的巨大能量，对中国经济发展、社会进步产生了深远影响。在中美贸易摩擦、"科技卡脖子"的国际背景下，中国独立自主发展人工智能的重要性更加凸显。2021年，曾一度受美国阻挠上市的商汤在港交所敲钟，成为迄今为止AI领域全球最大的IPO。然而，2019—2021年，中国的人工智能行业进入了一个少见的"胶滞期"。究其原因，是滞后的商业落地跟不上日趋成熟的技术。基于此，本文以"亚洲AI四小龙"商汤集团为研究对象，探讨边际成本的降低和规模经济的形成对促进人工智能行业进一步发展的作用，并在此基础上对行业的未来发展提出一些建议。

人工智能自兴起以来，已经成功应用于图像识别、语言识别和自然语言处理，以及人机交互、机器视觉、自动驾驶等方面，成为引领经济、科技发展的重要驱动力，创造了巨大的正外部性。正因如此，近年来，各国纷纷把发展人工智能产业作为提升国家竞争力的重大战略，加紧出台规划和政策，围绕核心技术、顶尖人才等强化部署，力争在新一代科技革命中掌握主导权。我国也出台了一系列规划，从2017年国务院《新一代人工智能发展规划》确定新一代人工智能发展三步走的战略目标，到2020年新基建政策落地，人工智能成为七大"新基建"领域之一，中国的人工智能行业在战略布局的引领下蓬勃发展，走在了世界前列。

然而，2019—2021年，中国的人工智能行业进入了一个少见的"胶滞期"。一方面，国内各大AI厂商基于深度学习这一波浪潮的技术开发已经进入成熟期；另一方面，虽然技术成熟但商业落地一直相对滞后，让人们对行业前景产生了悲观的预期。从"亚洲AI四小龙"之一的商汤集团财报数据来看，2021年商汤的人工智能技术量产能力实现进一步突破，全年业绩加速增长，取得营业收入47亿元，毛利率高达69.7%，整体财务表现呈现稳健增长态势，优于市场预期。但是，经调整后本年度的亏损为14.2亿元，极高的毛利率并没有产生利润，反而产生了亏损，其背后的原因要从人工智能行业本身的特点说起。

目前，人工智能行业主要聚焦在利用图像识别、机器视觉和大数据分析等技术与不同领域的应用场景的融合，其作业模式有两个显著的特点。首先，应用场景天然长尾、碎片化而千差万别，难以举一反三。天然长尾这一经济概念最早提出时，是用来描述如亚马逊和奈飞(Netflix)之类的互联网公司的商业模式,指那些原来不受重视的销量小但种类多的产品或服务由于总量巨大,累积起来的总收益超过主流产品的现象。这一特点在人工智能领域同样存在。在 AI 领域,两个只有细微差异的机器学习模型,所需要的技术可能有巨大的差异。比如说智能手机的美颜功能,不同的光景、曝光所需的算法不同,这就要求模型能表现出比较均衡、稳定、高度一致性的处理能力。这一个个细小场景累计起来能产生巨大的收益。此外,AI 行业对数据的要求极高,主要通过模型的建构和海量数据点的输入让机器进行"训练学习",可变成本和算法精度之间的矛盾常常难以权衡。

结合以上两个特点,我们不妨利用经济学中生产成本的概念来探究 AI 产业亏损率高的原因。第一,每个产品研发的背后其经济成本是比较高的,比如员工开发的人力成本、训练算法精度所投入的资源成本、企业的管理成本,还要包括整个开发周期所投入的隐性成本。行业天然碎片化意味着公司每研发出一个 AI 模型,它的实际应用领域是比较有限的,无法迁移到其他场景。这意味着企业的边际成本比较高。客户每提出一个新的场景,AI 供应商都得重新投入几乎同样的成本,分摊掉的固定成本较少,即平均总成本中的平均可变成本占比很高。商汤企业的人均创收很好地反映了这个现象。2021 年,集团人均创收达 65 万元,但人均薪资却有 56 万元,占八成以上,实际的利润不高。第二,我们可以从规模经济的角度来分析该企业的盈利模式。使平均总成本最小的产量被称为有效规模。研究商汤集团的商业模式可以发现,目前它主要采用"烧钱攒技术"的模式,加大研发力度,大量引进人才,为未来的技术整合打基础,其整体产能高于有效规模。这在很大程度上造成了企业融资多、营业利润高且毛利润高,但是除去负债和其他支出后仍然亏损的境况。

针对以上问题,我们认为对于商汤集团,乃至整个中国人工智能行业,有如下几条可以采取的办法:第一,优化资金的使用,降低管理费用,注重研发,积累核心竞争力以扩大市场份额;第二,提高机器学习模型在多种场景下的兼容性,降低可变成本和边际成本,提高盈利;第三,选择合适的产量规模,以实现利润最大化。

总体来说,尽管商汤短期内面临亏损,但降低费用、加强研发的姿态为投资者注入了信心。经过多年的研发投入和人才投入,其目前已形成国内强大稀缺的人工智能底层基建 SenseCore,并在此基础上形成四大主营模块,开始呈现出良好的商业化表现,获客能力增强,变现效率提升。长期来看,研发积累模式的无形资产具有应用落地潜力,经调整转化为超额收益而有望扭亏为盈。宏观上,人工智能势必会成为未来驱动中国经济发展的强劲发动机,商汤的这种战略也顺应了时代的趋势,积极响应政府新基建政策的实施,将科研投入视为技术的积累,厚积薄发,值得 AI 行业中的其他企业借鉴学习。

(案例作者:罗守贵 何雨含 董律成)

相关材料

商汤首份财报：虚实融合战略下，AI商业化落地的再思考（有删节）

在2022年第一季度的末尾发布的商汤的首份财报，不仅对商汤有重要的意义，对整个AI产业也有重要的意义。2019—2021年是中国AI发展史上的一个少见的"胶滞期"。一方面，国内各大AI厂商基于深度学习这一波浪潮的技术开发已经进入成熟期；另一方面，虽然技术成熟，但商业落地一直相对滞后，让人们对行业的前景产生了悲观的看法。有人认为，这说明AI落地还没有到真正的成熟期；也有人认为，只要再走上一步就可能迎来收获。不同的观点相持不下，但商汤的这份财报，或许让我们看到了方向。

2021年，商汤的人工智能技术量产能力实现进一步突破，全年业绩加速增长，录得营业收入47亿元（人民币，下同），同比增长36.4%，毛利率高达69.7%；此外，年报还显示，商汤的调整后亏损则为14.2亿元，整体财务表现呈现稳健增长态势，优于市场预期。业绩报告中调整前总亏损为172亿元，其中，公司优先股公允价值变动产生的135亿元的非现金损益占大头。据专业人士介绍，"可转换、可赎回优先股公允价值变动"成本一般是非上市公司在投资人入股后增值的部分，而非业务亏损。一般来讲，融资越多、估值增长越多的公司越会录得大额优先股价值变动亏损。估值增长快的公司，这个数字可能会非常巨大，而这个数字越大，越能说明这家公司的价值增长快。而2021年底上市后，公司优先股均转为普通股，因此，这项损益在2022年及之后不会再发生。

这里的关键词不是那几个盈亏数字，而是"量产能力"这个词。为什么直到今天，还有人认为AI是一门实验室技术，就是因为落地和量产这两只"看门虎"。而所谓的突破"量产"这个问题，就是为了实现普遍化的落地，这其实有几个关口必须过。一个重要的关口，叫"反碎片能力"。什么意思呢？就是AI应用的场景是天然长尾、天然碎片化而千差万别的。比如，同样是视觉端的解决方案，用于商场智能化货架止损的、用于小区车流识别的和用于生产场景的安全防爆的，需要的其实是不同的AI视觉能力，而不同的能力对应不同的模型，这需要模型的丰富性来反（场景的）碎片化。换一个角度，你在一个通用设备上部署了AI能力，比如智能手机，那这个手机的销量可能是几千万台、上亿台，而它们必须对千差万别的需求（比如美颜，比如优化拍摄效果）能表现出比较均衡、稳定、高一致性的处理能力，这就要求模型的泛化能力很强，这是"反碎片化"的B面。而大家知道，虽然有了深度学习框架的支撑，大大降低了AI能力获取的难度，但是，开发工业级的模型仍然有很高的门槛。所以说，如果不突破"碎片化"的问题，使得企业能够实现批量的算法模型生产、部署和迭代升级，那么AI的落地就永远不可能在商业上算过账来——几十个、几百个"示范案例"可以用不惜工本的手工方式打造，但是针对千行百业，如果不具备反碎片化能力，一家AI企业就永远无法实现落地生根和商业化的盈利。

更深一步说来，"碎片化"只是表象，暴露的问题其实是三个：

（1）大多数工业级应用所需的高性能人工智能模型生产成本极高。

（2）需要的人工智能模型数量极大，对应需要的预训练数据、算力也极高。

（3）因为缺乏训练数据，导致人工智能模型训练周期长，很多行业的低频长尾问题无法用 AI 解决。

所以，我们可以认为，只有解决了以上三个问题，才能把一家 AI 企业从手工作坊式的阶段，提升到工业大生产的阶段，这其实才是一个成熟 AI 企业必过的三道关口。而商汤的财报里透露的信息就是，商汤把这个问题解决得很好。当然，这个问题的解决并不是单一路径的，但如何在最符合商业规律的情况下，用最优的技术选择来解决这一组问题，其实就是一个 AI 企业的成人礼。简单说来，要解决这组问题也有两个步骤。第一个步骤就是把所有生产过的模型都集中起来，放到模型库里面，供后来者参考借鉴，甚至是直接复用，这是所有 AI 生态型企业都必须干的事。而另一个步骤更具有决定性意义，那就是通过技术手段，大幅度提高高性能模型的生产效率，也就是为千行百业的 AI 模型制造一台"工作母机"。商汤的胜负手就是坚决做了这件事，也就是前瞻性地打造了新型人工智能基础设施——SenseCore 商汤 AI 大装置。

对企业和开发者来说，商汤"AI 大装置"将成为他们的基础算法库。通过"AI 大装置"，AI 算法的训练和部署将变得简单易操作，通过人工智能技术全面实现企业降本增效。人工智能基础设施 SenseCore 支持智能模型的工业级批量生产，以高精度模式训练最为先进的智能模型，并具有业界领先的隐私计算及数据屏蔽功能，可保障用户数据安全且不易泄露。

（材料来源：https://baijiahao.baidu.com/s?id=17294610570739888448&wfr=spider&for=pc）

传音控股在非洲市场上的竞争分析

导读： 随着中国手机品牌的全球化布局推进，传音控股也逐步在非洲取得了自己的市场地位，然而也面临着诸多的挑战和机遇。本文基于宏观环境和企业所处的市场环境，分析传音控股的竞争策略。

随着中国经济的迅速发展和中国品牌的崛起，中国的 4 个智能手机品牌（OPPO、小米、vivo、华为）逐渐广为人知。有一家中国企业在以三星和诺基亚为主导的非洲市场上找到了自己的机会，凭借稳健的步伐逐渐超越其他企业，取得了非洲市场的最大份额，这家公司就是在业内被称为"非洲之王"的传音控股。然而，传音控股在非洲的发展并非一帆风顺，市场的不断发展波动也带来了风险和机遇。

（一）宏观环境分析

传音控股是一家专注于非洲和亚洲市场的智能手机生产商，核心业务是自主研发新产品，设计不同款式，制作智能终端设计，为消费者提供便捷的互联网服务。该公司用差异化战略打入非洲市场，提供价格低廉但质量较高的电子产品。在一个智能手机普及率不到 51% 的地区，传音控股可以施展的空间很大。当地的经济并不发达，人均收入不高，价格低廉的智能机有较大的市场。

手机市场属于垄断竞争市场，市场上有不同的企业，它们的产品之间存在差异，并且企业可以自由进出市场。而短期内，一个垄断竞争企业可能面临亏损。想要在一个市场上立足，除了对市场进行研究与分析外，还要对价格、消费者的偏好和收入、替代品和互补品等因素加以关注。2010 年左右，因为非洲本土手机品牌处于衰退阶段，公司曾经试图增加产量，但是这一举措给企业带来了较大的影响。因为当地人民对于手机的需求并没有增加，且市场上还有其他竞争对手，而当需求稳定的时候，供给增加会导致价格降低。随后，企业调整了步伐，选择放慢脚步。

通过扎根于非洲以及东南亚市场，传音控股可以享受到差异化策略带来的好处。就人口红利叠加智能机升级而言，非洲市场的潜能很大：非洲拥有很大的人口基数，并且还没有遇到老龄化这一问题，人口总数还在不断向上增加。根据 Population Pyramid 统计，2019 年非洲总人口为 13.08 亿人，其中 41% 为 0～14 岁的儿童，27% 为 15～29 岁的年轻人，整体人口数量结构呈现为金字塔形状。可以预计，未来 10 年内非洲人口将不断上升。从消费水平看，非洲人均 GDP 较低，随着非洲经济的发展，市场价格将伴随着需求一起提高,用户群体的手机迭代周期也会不断缩短。

(二)竞争环境分析

不论是在中国还是在非洲,2016 年是智能手机出货量的高峰,达到 14.7 亿部,2019年降到 13.7 亿部。产业总销售额规模则是在 2018 年以 4 833 亿美元达到了峰值,在 2019 年回落为 4 582 亿美元。智能手机行业内将 2016—2018 年称为巅峰时期,因为在这段时间内智能手机单价也有着平稳的上涨。在这个过程中,由中国出口的智能手机不论从出货量、销售额还是单价上涨的趋势,都可以和其他大国的表现相提并论。其间,中国企业贡献了智能手机需求总份额的 27%～32%。2019 年,传音控股在非洲市场的份额高达 52.5%。

三星手机进入非洲的时间非常早,销量和影响力都很可观。但是三星在非洲主打的智能机的价格较高,这也导致市场占有率有所下滑。同时,诺基亚手机业务缺少高端支持,也面临着市场占有率不断下滑的趋势。而华为手机受到了美国因素的影响。因此,传音控股的市场份额得到了进一步提升。

(三)展望企业的竞争策略

即便如今传音控股的市场份额已经十分可观,但是仍旧面临着一些问题。首先,其主要市场在非洲,比较单一,目标市场不够多样化。其次,长期的低价策略使其获得了在非洲的高市场份额,但是单位产品的盈利空间较小。最后,线上渠道不够发达,传音过于依靠线下渠道。为此,企业或可考虑关注新兴市场,通过开发新品牌来提升品牌溢价;与此同时,逐步布局中高端市场,顺势推出更高价值的品牌和产品;随着互联网的普及,以及非洲基础建设的快速发展,利用自媒体、官网及第三方进行宣传,发展线上线下渠道,线下稳固基础,线上进行全面拓展。

（案例作者：王春华　徐鉴达　Merina Fontana）

相关材料

"非洲之王"登陆科创板,聚焦"一带一路"新兴市场(有删节)

传音控股成立于2013年,主要从事以手机为核心的智能终端的设计、研发、生产、销售和品牌运营。公司秉承"为全球新兴市场国家提供当地消费者最喜爱的智能终端和移动互联网服务"的经营理念,致力于为全球新兴市场用户提供优质的、以手机为核心的多品牌智能终端,并基于自主研发的智能终端操作系统和流量入口,为用户提供移动互联网服务。

独特的市场定位是传音控股成为"非洲之王"的先决条件。成立之初,公司瞄准非洲市场手机普及率不高、居民收入水平较低、手机成像不清晰等问题,有针对性地开发出适合非洲人群的手机,一举占领非洲市场。

目前公司旗下有 TECNO、itel 和 Infinix 三大品牌,专攻非洲、南亚、东南亚、中东和南美等新兴市场。其中,TECNO 系公司旗下中高端品牌,定位于新兴市场中产阶级消费群体;itel 系公司旗下大众品牌,定位于新兴市场广大基层消费者以及价值导向型客户;Infinix 品牌则致力于成为新兴市场年轻人喜爱的时尚科技品牌。根据 *African Business* 2019 年 6 月发布的"最受非洲消费者喜爱的品牌"百强榜,公司下属 3 个手机品牌 TECNO、itel 及 Infinix 分别位列第 5、17 及 26 名;其中,TECNO 连续多年位居入选的中国品牌之首,itel 位居中国品牌第 2 名。

2016—2019 年上半年,传音控股手机销量分别为 7 557.05 万台、12 732.18 万台、12 428.37 万台和 5 471.42 万台,产销率始终保持在 95%以上。2018 年,公司全球市场占有率 7.04%,其中,非洲市场占有率高达 48.71%,排名第一,"非洲之王"当之无愧。近年来,传音控股围绕共建"一带一路"及中非合作国家战略,业务布局取得重大突破。公司以非洲市场为基础,向全球新兴市场拓展,逐步建立起由非洲、印度以及多个人口规模较大的国家及地区共同支撑的市场格局。从收入构成来看,亚洲等其他地区收入占比从 2016 年的 11.38%增长至 2019 年上半年的 19.63%。

非洲、南亚、东南亚、中东和南美等新兴市场人口基数超过 30 亿人,经济发展水平落后,人均手机保有量较小,市场空间巨大。根据 IDC 统计数据,以上述地区为代表的主要新兴市场 2011—2018 年手机出货量和出货金额的年均复合增速分别为 5.7%和 9%,高于全球手机出货量和出货金额的年均复合增速 1.4%和 7.2%。预计 2022 年新兴市场出货金额将达到 832.5 亿美元,仍将保持快速增长,成为全球手机销量增长的主要来源。

从产品结构上看,智能手机出货量占比在新兴市场快速提升,由 2011 年的 10.67%快速增长至 2018 年的 47.68%,公司智能机平均售价由 2016 年的 405.86 元/部增长至 2018 年的 454.38 元/部,带动传音控股取得量价齐升的双赢结局。公司智能手机销量由 2016 年的 1 661 万台增长至 2018 年的 3 406 万台,复合增速高达 43.2%。同时,相较于 2018 年全球智能手机出货量 74%的占有率,新兴市场仍存在产品更新、产业升级需求。

(材料来源:http://stock.hexun.com/2019-09-10/198498481.html)

浅谈阿里巴巴"二选一"垄断案

导读： 近年来，随着信息技术的发展，我国互联网相关产业发展迅猛，许多传统行业也在寻求互联网行业的帮助以获得更好的发展。但是伴随着互联网行业发展而来的，是监管的巨大压力以及应对新问题的挑战。垄断是一种单个企业占有全部或大部分市场份额的市场结构。在这种市场结构中，垄断厂商往往可以利用其市场力攫取超额利润，最终损害了消费者和其他生产者的利益。本文以我国电商平台阿里巴巴旗下天猫商城被处以巨额罚款为例，从电商平台这一新兴产业的特点分析其产生垄断的可能性、垄断的可能结果，以及未来的监管方向。

2015—2019 年，阿里巴巴集团的收入在中国境内 10 家主要网络零售平台合计服务收入中份额占比超过 60%。同时，其还凭借进入网络零售平台服务市场的先发优势，积累了大量的平台内经营者、消费者以及海量数据，对比其他竞争性平台优势明显。阿里巴巴集团具有先进的技术条件，包括先进的算法、强大的算力和人工智能技术，这些都巩固和增强了其市场势力。其市场势力遥遥领先于其他电商平台，可以对市场产生很大影响。

早在 2017 年，京东就向法院提起诉讼，认为 2013 年以来，阿里巴巴集团要求商家不得在京东参加促销活动，不得在京东商城开设店铺进行经营，请求法院认定阿里巴巴集团在相关市场具有市场支配地位，构成滥用市场支配地位的行为，并赔偿因其实施的滥用市场支配地位行为给原告造成的经济损失人民币 10 亿元。2021 年，阿里巴巴又因实施"二选一"垄断被罚。所谓的"二选一"，指的是 2 个或多个互联网平台，商家只能选择其中 1 个。简单来说，商家必须在天猫和京东中二选一，入驻天猫，就不能在京东平台上开店，这是阿里给出的规定。

阿里巴巴这样多次利用市场份额优势打击竞争对手，限制了竞争，不断扩大了自身的市场势力。根据微观经济学理论，随着阿里巴巴市场势力的不断扩大，市场从寡头结构向垄断演变。凭借市场力优势，阿里巴巴提高服务价格以获取超额利润，造成了垄断的无效率，影响了互联网电商平台这一有广阔前景行业的发展。因而国家对其作出了巨额罚款的决定，给类似的垄断行为敲响了警钟。

那么，电商平台的这类垄断行为产生的原因是什么呢？这或许与新兴电商平台自身的特点有关。

其一,电商平台的边际成本低,信息技术发达。电商平台这一产业属于第三产业,为销售者和消费者提供中间服务,其生产服务有一定的固定成本(即维护平台运作的成本),但边际成本(即多为一家厂商或者为一个消费者提供服务的成本)几乎为0,因而其平均总成本与提供服务的客户数量成反比。在这种情况下,电商平台相比其他边际成本递增的行业有着更强的扩大市场份额的欲望。并且因其发达的信息技术基础,有能力为大量乃至所有客户提供服务,这使得有优势的头部电商平台可以快速扩张。

其二,销售者对电商平台有着很强的依赖性。目前,我国很大一部分销售活动已经转为线上,销售者对电商平台已经形成了依赖。试想一个商家已经在阿里巴巴平台上进行了长时间的销售,积累了一定量的客户,若其对阿里巴巴的政策不满,想要转到京东进行销售,那么顾客的流失是其首先考虑的要素。对多数商家来说,转移平台都会造成一定量的顾客损失,说明销售者对电商平台服务的需求缺乏弹性,且是对某一特定、常用的电商平台服务的需求缺乏弹性。这种对特定平台很强的路径依赖就是商家所称的客户黏性。在这种情况下,虽说电商行业中有多家平台竞争,但真正能供商家选择的可能只有一家有顾客基础的平台。这可能会变相导致垄断,也是阿里巴巴敢于在非完全垄断情况下实施强制不平等措施的底气。

这类垄断行为的结果是什么?不可否认的是,许多商家在同一平台上进行销售便于进行管理与规划,降低了管理成本,提高了效率。但效率不是唯一的考虑因素,公平同样很重要。垄断的可能结果是阿里巴巴等大型平台企业可以获得巨额垄断利润,不断膨胀,而许多中小型企业销售者、广大消费者的利益受到侵害。中小企业提供了大量的就业岗位,是国家经济发展、社会安定的重要力量。这种不公平不断积累可能会带来更多的社会问题。

最后谈谈电商平台这一行业未来可能的监管方向。经济学原理十大原理之一是人们面临权衡取舍。在这里,我们主要考虑的还是对效率与公平的取舍。对电商平台行业来说,完全竞争的市场模型是缺乏效率的,因为在信息化时代,市场份额很大的企业可以通过大数据分析等先进信息技术手段降低成本,大幅提高生产效率。同时,完全垄断又会造成不公平,引起社会问题。这就要求监管者在鼓励电商平台企业规模化的同时落实反垄断政策,促进电商平台提供更好的服务,在实现产业快速发展的同时把公平控制在可接受范围内,为社会谋福利。从平台经济长远健康发展的角度看,依法规范与支持发展并不矛盾,而是相辅相成的。唯有在鼓励创新的同时进行有效监管,才能以良法善治推动平台经济规范、健康、持续发展。

(案例作者:罗守贵　何雨含　陈鹤升)

相关材料

推动平台经济规范健康持续发展

备受社会关注的阿里巴巴集团垄断案有了处理结果：2021年4月10日，市场监管总局依法对阿里巴巴集团作出行政处罚，责令其停止违法行为，并处以其2019年中国境内销售额的4%计182.28亿元罚款。此次处罚，是监管部门强化反垄断和防止资本无序扩张的具体举措，是对平台企业违法违规行为的有效规范，并不意味着否定平台经济在经济社会发展全局中的重要作用，并不意味着国家支持平台经济发展的态度有所改变，而是要坚持发展和规范并重，把握平台经济发展规律，建立健全平台经济治理体系，推动平台经济规范健康持续发展。

回顾整个案件，无论是违法行为的认定，还是罚款金额的确定，都体现了依法治国的基本要求，于法有据、于理应当。2015年以来，阿里巴巴集团为阻碍其他竞争性平台发展，维持、巩固自身市场地位，获取不当竞争优势，实施"二选一"垄断行为，限定商家只能与其进行交易，违反了《中华人民共和国反垄断法》关于"没有正当理由，限定交易相对人只能与其进行交易"的规定，构成滥用市场支配地位行为。根据《中华人民共和国反垄断法》，对实施滥用市场支配地位行为的经营者，应处上一年度销售额1%以上10%以下的罚款。监管部门综合考虑阿里巴巴集团违法行为的性质、程度和持续时间等因素，对其处以2019年销售额4%的罚款，有力地维护了法律的权威，是对平台内商家和广大消费者合法权益的切实保护，也是对平台经济发展秩序的有效规范。

垄断是市场经济的大敌，平台经济的规范健康持续发展，尤其离不开公平竞争的环境。滥用市场支配地位的垄断行为，排除、限制了相关市场竞争，侵害了平台内商家的合法权益，阻碍了平台经济创新发展和生产要素自由流动，损害了消费者权益。没有公平竞争的良好生态，平台经济就会失去创新发展的强大活力。2020年底召开的中央经济工作会议明确要求强化反垄断和防止资本无序扩张，近日召开的中央财经委员会第九次会议也强调"促进公平竞争，反对垄断，防止资本无序扩张"，得到了社会的热烈反响和广泛支持。监管部门落实中央精神，一手完善规则，推动反垄断法加快修订，发布关于平台经济领域的反垄断指南；一手严格规范执法，查处多起互联网领域垄断案件，产生了良好的效果。

从平台经济长远健康发展的角度看，依法规范与支持发展并不矛盾，而是相辅相成、相互促进的。唯有在鼓励创新的同时进行有效监管，才能以良法善治推动平台经济规范健康持续发展。放眼全球范围内的平台经济发展，依法规范，不仅不会带来行业的凋零，反而会促进其更有活力、更高质量发展。发达国家对苹果、亚马逊等平台经济巨头的反垄断监管，并没有让这些企业失去核心竞争力，反而促使其积极做强核心业务，实现长远健康发展。同时，反垄断监管也在一定程度上助力互联网新锐诞生和成长，并为整个行业带

浅谈阿里巴巴「二选一」垄断案

来强劲活力。加强反垄断执法,正是以法治手段规制平台经济领域的垄断行为,给众多小公司、小网站带来了良性竞争、茁壮成长的机会,使整个行业能持续创新、活力常在。从这个意义上说,依法规范,正是对平台经济发展的有力支持。

近年来我国平台经济快速发展,在经济社会发展全局中的地位和作用日益突显。平台经济有利于提高全社会资源配置效率,推动技术和产业变革朝着信息化、数字化、智能化方向加速演进,有助于贯通国民经济循环各环节,也有利于提高国家治理的智能化、全域化、个性化、精细化水平。正是得益于主要为民营企业的一大批优秀平台企业的共同努力,我国成为公认的全球数字经济发展较为领先的国家之一。推动平台经济规范健康持续发展,就要始终坚持"两个毫不动摇",促进平台经济领域民营企业健康发展,不断营造良好的法治环境和营商环境,让民营经济创新源泉充分涌流,创造活力充分迸发。

我国平台经济发展正处在关键时期,要着眼长远、兼顾当前,补齐短板、强化弱项,营造创新环境,解决突出矛盾和问题,推动平台经济规范健康持续发展。此次监管部门处罚阿里巴巴集团,对企业发展是一次规范扶正,对行业环境是一次清理净化,对公平竞争的市场秩序是一次有力维护。规范是为了更好地发展,"扯袖子"也是一种爱护。相信随着治理体系的不断健全,平台经济必将迎来更大的发展机遇,更好地为高质量发展和高品质生活服务。

(材料来源:https://baijiahao.baidu.com/s?id=16966132609113423O9&wfr=spider&for=pc)

平台经济的垄断陷阱

导读：随着信息技术的发展，平台经济应运而生，为用户提供了新的服务模式，给生活带来了许多便利。但是，由于高固定成本、自然垄断、交易规模不受限等原因，平台往往在市场上拥有垄断地位。在缺少监管的情况下，平台可能通过价格战、并购、合作扩大市场份额，获得市场势力，并有可能损害其他市场参与者的利益。面对平台经济的失控倾向，政府应当完善对平台企业的监管方案，维护公平竞争的市场秩序，引导推动平台经济规范健康持续发展。本文将根据经济学原理中垄断市场结构下企业的行为对"平台经济"进行分析。

出行约车平台"滴滴出行"实质性地改变了我们的打车方式。以前，人们出门想打车，需要站在路边张望，等待碰巧经过的出租车。司机有时也找不到有乘车需求的乘客，只能漫无目的地开。"滴滴出行"让站在路边碰运气等出租车的日子一去不复返，取而代之的是乘客出门前提前在出行平台上输入出发地和目的地，选择所需类型的车辆，平台会自动寻找附近的空闲车辆，匹配完成后乘客即刻可以与司机联系，并实时掌握车辆的位置信息。这一全新的平台打车模式，大大减少了不确定性，提高了打车效率，使得越来越多的用户开始使用"滴滴出行"预约出行。

随着信息科学与数字技术的发展，平台经济应运而生，成为一种新的经济形态。虽然平台本身不生产产品，但是其为市场主体提供交易工具，汇聚消费者与商家，促成供求之间的匹配，通过收取一定的费用获得收益。数字平台依托于云、网、端等网络基础设施，利用人工智能、大数据分析、区块链等信息技术工具，突破了传统线下交易面临的地域、时间、交易规模、信息沟通等方面的约束，获得了全新的规模、效率和影响力。

平台经济的出现和发展，提高了生产效率，节约了流通成本，改变了我们的生活方式。微信、QQ等社交平台让我们能随时与家人、朋友联系，视频通话更是能跨越天涯海角的距离；京东、淘宝等电商平台让我们能躺在床上逛街，不仅能立即查找到各种商品，也能参考其他消费者的评价；饿了么、美团等外卖平台让我们能足不出户吃到各种美食，推动了餐饮市场的发展；抖音、快手等短视频平台提供了一种新的休闲娱乐方式，也带来了新的商机；百度、必应等搜索平台汇总了海量信息，能立即帮我们解答疑惑……各种各样的平台提供了多种新型服务，为用户的生活带来了许多便利，无疑提高了我们的生活质量。

但是，不难发现，目前提供同种服务的平台似乎均只有1～2家巨头公司，它们获得了广大用户的依赖，占有了绝大部分的市场份额。为什么平台公司极易发展成为垄断企业或寡头企业？

部分原因是平台市场存在一定的进入壁垒。一方面，固定成本很高。创立平台前期需要投入大量资金，聘请专业人才研究编写算法，整合资源。如若没有强大的资本支持，平台搭建很可能夭折。另一方面，平台存在规模经济，形成自然垄断。平台搭建好后，除了需要资金支持技术团队不断改进、升级、更新平台功能之外，促成一笔交易的边际成本几乎为零，平台能从这笔交易中获得的收益几乎全部属于利润，而且随着交易量的增加，平均总成本降低，形成自然垄断优势和市场壁垒，其他新入市的平台企业无法形成竞争能力与之抗衡。

此外，平台经济基于数字技术、数据空间的相对无限，平台的交易规模不受限制。只要算法精良，一个数字平台有能力吸纳的用户数量没有上限，这使得单个平台独占市场成为可能。抢占先机的平台企业，以其精心打磨的算法、较低的可变资本、规模的不受限性，迅速吸引大量消费者，获得占优势的市场份额，拥有极强的吸引用户的能力。

同所有市场主体一样，平台公司也追求利润最大化，更不会放弃追求垄断利润的机会。在形成前期，平台通过大量投资消灭或并购其他竞争对手，获得垄断地位。同时，留下的少数平台之间进一步合并与合作，加剧垄断，提升排挤其他市场参与者的能力。占有大量市场份额的平台企业成为价格决定者，拥有决定该服务价格的市场势力。由于垄断平台面临一条向右下方倾斜的市场需求曲线，高价格会减少需求量，面对产量效应和价格效应的矛盾，平台更倾向于通过大量折扣优惠吸引用户，扩大交易量，依靠大规模而非高价格获利，难免导致后期实际服务提供者单笔交易收入降低。

例如，"滴滴出行"与微信合作，起先以极低的价格、丰厚的奖励吸引乘客和司机，合并其他打车平台，占领大部分市场份额。由于"滴滴出行"提供的便利性，越来越多的消费者选择在出行平台上预约车辆，也有许多车主加入平台，成为网约车司机。"滴滴出行"一家独大后，想要获得更多的利润。为了维持大规模的订单量，"滴滴出行"并没有显著提高用车价格，而是选择剥削处于弱势地位的司机们。"滴滴出行"逐渐减少给司机的奖励，增加每笔订单的提成，导致司机在每单中获得的收益大大降低。再加上对于此类新型平台经济缺乏监管，滴滴对司机的较高收费广受抱怨。由于"滴滴出行"彻底改变了用户的打车方式，司机除了接受滴滴的条款之外别无选择。此外，"滴滴出行"的顺风车业务被曝发生安全事故，在扩大规模时忽略了对司机合规性的审查。

所有的隐患逐渐积累，在"滴滴出行"在纽交所闯关上市后终于爆发。上市几天后，网络安全审查办公室公告称，对"滴滴出行"实施网络安全审查，停止新用户注册。2021年7月4日，"滴滴出行"被指存在严重违法违规收集使用个人信息问题。"滴滴出行"危害了中国的信息安全和国家安全，带来了严重的负外部性。从2021年6月30日在美股上市，到2022年5月高票通过退市，股价从$18跌到$1.5，曾经风靡一时的"滴滴出行"在一飞冲天后坠入深渊，需要通过改革扭转乾坤。

面对平台经济的失控,政府应该引起重视,制定对平台企业的监管规则。政府可以对平台提供的服务及价格进行管制,培育有足够市场竞争地位的同类平台主体,或者将部分私有平台公有化,维护公平竞争的市场秩序,引导推动平台经济规范健康持续发展。

(案例作者:黄丞 徐文慧 罗斯瑾)

相关材料

从产生垄断到遏制垄断,互联网平台都做了什么?(节选)

对于我国来说,自 11 月 11 日发布《平台经济反垄断指南(征求意见稿)》后,大型互联网平台公司股价应声下跌。随后,加上社区团购、蛋壳危机等事件,公众舆论对互联网平台公司的评价日益负面。

日前,国家市场监管总局依据《中华人民共和国反垄断法》对阿里巴巴投资、阅文集团、丰巢网络 3 家企业未依法申报违法实施集中案做出行政处罚,再度引发社会的广泛关注。尽管相对于这 3 家企业的知名度和体量,50 万元的罚款额度可能并不高,但罚单释放出来的信号却非常清晰。

那就是《中华人民共和国反垄断法》适用于所有主体,包括内资和外资、国有和民营企业,互联网企业没有侥幸和例外。从产生垄断到遏制垄断,互联网巨头们都做了什么?

数字经济时代下,经济和社会活动不断拥抱数字化,使用新技术、新方法、新模式不断自我革新,涌现出大量平台型企业。

这些平台型企业从互联网的虚拟世界起步,逐渐渗透在消费生活的方方面面,也就是所谓的消费互联网。随着我国数字经济的进一步深化和发展,平台经济正加速向生产活动的上游进发,形成"产业互联网"。

对于传统企业来说,经营活动大多依赖于消耗性的生产资料,其经济活动的边际成本不能降为零,规模效应也就因此受限。而对于平台型企业,数据作为其生产资料几乎没有复制和传输成本,单个用户的使用不影响其他用户的使用,也不会增加企业的供给成本,这使得平台型企业爆发出传统企业所不具备的能量。

网络效应方面,社交平台具备典型的同边网络效应。出于社交需要,用户往往会偏向于加入使用者更多的社交平台,比如脸书或微信。同时,由于平台沉淀了社交关系,对于使用者来说,其切换成本较高,甚至是不可替换的。

而电商这样的双边市场同样具有较强的跨边网络效应,商家数量和种类的丰富能够招致更多的消费者进入平台购物,而消费者数量的增多又会吸引更多商家的加盟,进而实现跨边的、非直接的网络效应。

(材料来源:https://www.jiemian.com/article/5414940.html)

为何迪士尼收取固定门票，而非单独收费？

导读：上海是我国旅游经济最发达的城市之一，其中占据主要地位之一的就是主题乐园。然而，游乐场过久的排队时间却让很多人望而却步。以上海迪士尼为例，节假日等客流量大时，常需要排队一个小时以上，像"创极速光轮""雷鸣山漂流"等热门项目动辄就要排队两三个小时。通常而言，若对热门的项目单独收费，既能缓解排队压力，使资源配置最优化，又可以增加景区营业收入，一举多得。但是包括迪士尼在内的绝大多数游乐场实行的却是收取固定门票，而非单独收费。本文将利用经济学原理的知识，探索游乐场商家该定价机制背后的奥秘。

一、用消费者剩余"单独收费"的合理性

经济学家假设，在自愿前提下发生的交换活动会让所有参与者的生活质量比之前要好。不然他们根本就不会参与这样的交换。用金钱来衡量人们从交易中受益的程度往往很有用。这种衡量方式叫做"消费者剩余"（consumer surplus），可以用来影响商家出台的定价策略。在本案例中，比如要算出小孩子重复玩一遍"遨游地平线"的成本，相对来说很简单，但如果无法可靠地衡量消费者从中受益的程度，家长就无法做出到底该不该再玩一遍的明智决定。

从经济学原理推理，唯有当交换能使双方受益时，买家和卖家才会进行自愿交换。从买家来讲，我们可以说交换的意愿取决于买家对从这笔交易中获得的消费者剩余持何种期待。而大多数时候，买家的选择有限，在这种情况下，他获得的消费者剩余可能较少，卖家会设计出一种获取所有消费者剩余的定价策略。

由经济学原理可知，人们一般用需求曲线来衡量消费者剩余。以价格为纵坐标，游玩次数为横坐标。不同家庭愿意为一个项目支付的价格不同，若对最热门的定高价，仍然有一部分人愿意购买，对冷门的定低价，那些预算有限的家庭可以选择玩这些，如此一来，不仅可以有效划分园区排队人数，达到资源配比最优化，还可以通过二部定价使得园区赚取所有的消费者剩余，达到收益最大化。

二、用理性选择模型解释"固定门票"的定价机制问题

不少定价机制不仅会影响商家获得的收入，也会影响它们付出的成本。有时候，这些

效果是商家蓄意谋求的目的，还有些时候，它们是策略在无意识中造成的后果。无论如何，常识和理性选择模型都在告诉我们，收入和价格的变动，一般会促使消费者改变花钱的方式，那么接下来，我们将通过理性选择模型来解释为何游乐场宁愿选择"固定收费"，而不是看似更能赚钱的"单独收费"。

偏好次序（preference ordering）使得消费者可以按照自己的渴望程度来排列不同的商品组合。假设有 2 个组合：A 和 B。A 包括玩遍迪士尼的 10 个项目，但因为时间和金钱的限制只能玩 1 遍；B 包括将最喜欢的 2 个项目各玩 5 遍（假设每个项目单独收费且一共只有 10 个项目）。因为对消费者偏好一无所知，我们无法提前预判消费者喜欢哪个组合。A 的游乐项目种类比 B 更全，但享受的次数比 B 少。更偏好多种体验的家长也许会选择 A，而更追求即时享乐的孩子或许更想要 B。

那么可以得出结论，对于任何 2 个组合，消费者总可以在以下 3 条陈述中选出最合适的 1 条：① 首选 A 多过 B；② 首选 B 多过 A；③ A 和 B 的吸引力相当。

除此之外，无差异曲线（indifference curves），顾名思义，表示消费者选择这条曲线上的任意组合，对于幸福感的提升都没有区别。在无差异曲线上，所有点的吸引力都和最初的组合相同，它们彼此之间的吸引力也相同。在图 1 和图 2 中，这条曲线被标示为 I_0。

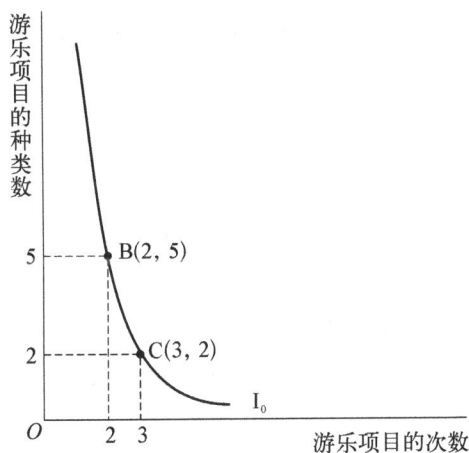

图 1

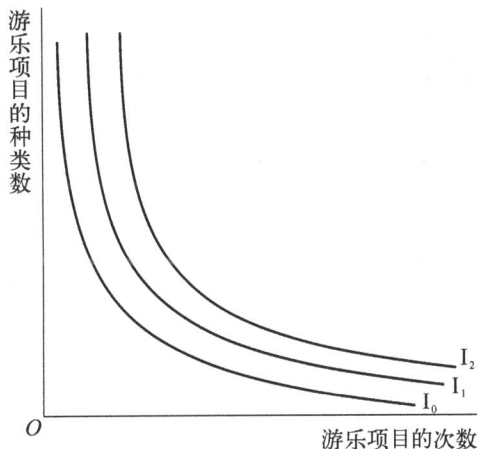

图 2

在我们的情景中，无差异曲线的纵坐标可以看作游乐项目的种类数，横坐标为游乐项目的次数。

有了无差异曲线，我们可以比较线上各点与线外各点的满意度。比如，我们可以比较组合 B(2, 5) 和组合 C(3, 2)，组合 B 的种类比 C 多，但是次数比 C 少。一般而言，位于无差异曲线上方的组合，优于所有恰好位于线上的组合。同样道理，所有曲线上的组合都优于无差异曲线下方的组合。由此一来，可以得出，在付出金钱和时间不变的条件下，如何安排游乐项目的次数和种类可以使家长和小孩感受到同样的最大幸福。

离原点越远,无差异曲线上的消费者满意度越高。图 2 中的定值 I_0、I_1、I_2 可以用来表示各条无差异曲线的偏好顺序。而每条曲线背后,表示付出的成本不同。例如,与 I_1 相比,I_2 家长的预算或金钱花费要更高,也就是说,他们有更多的钱和时间,愿意玩更多次数和种类的游乐项目,充分满足孩子的欲望,因此满意度要高于花更少钱和时间的家庭。

三、"以退为进"的定价策略——其他现实因素

我们除了可以关注经济学原理带来的效应之外,还可以考虑其他实际因素。

从收入来看,游乐场的主要收入来源并非门票,更多的是园区内的餐饮、纪念品、饮料小吃等附加服务,例如 1 根玉米肠的价格在 50 元左右,网红火鸡腿 80 元,1 份套餐约 120 元,1 杯饮料 30 元,1 根雪糕 40 元,由于园区不让带食物进入,1 个家庭光 1 天的伙食开销也许可以抵得上一套门票的价格了。

游乐园也会利用排队来增加额外收入。排队有 2 个正面作用:一方面,越长的队伍越能向路人透露出该项目好玩的信息;另一方面,游乐场如迪士尼可以借机向游客出售"早享卡"或者"迪士尼尊享卡",即游客购票后可以提前 1 小时入园或入园后可以无须排队直接游玩。据悉,"迪士尼尊享卡"下约 150 元一个项目,有些富裕的家庭可能愿意用金钱换时间。如此一来,固定门票的定价措施看似是损失,实则是"以退为进",在促进各个项目均衡分配的同时,也带来了不小的额外收入。

四、总结和启发

根据以上的理论选择模型,我们可以进行如下推论:客观上而言,对于每个项目"单独收费",可以一定程度上使得某个项目的排队人数减少,从而节省游客的时间分配,使得无差异曲线向右移动,令游客的满意度在同等条件下显著上升。

固定收费的奥秘在于,家长和小孩是两个不同类型的游客,家长的主要职责在于消费,孩子主要在于体验。由于小孩对金钱和时间成本等概念意识较弱,这一群体又缺乏一定的自制力,如果遇到了自己喜欢的项目,会忍不住想要重复体验,而不考虑后面的其他项目是否更有意思。据调查表明,一般而言,家长最多可以容忍三五次,但无限制地重复单一项目,家长会拒绝付费,反而影响孩子和家长间的情绪,造成满意度的显著下降。这一结果违背了游乐园开办的初衷——为游客留下美好的回忆。

由以上分析,我们可以得到,单独收费下,卖家因为可以按产品的受欢迎程度定不同的价格,从而赚取更多的消费者剩余,按价格配比排队人数;而固定价格更像是"一只看不见的手",由人群来自行配比排队人数,从而自行调控购买意愿。但是,固定收费并不是一无是处,在不同的情景下,单独收费会损失一些看不见的隐性成本,在本例中如孩子的满意度,而固定收费则会带来一些额外收入,如在本例中"尊享卡"收入和孩子的满意度,因

而不能单一而论。

（案例作者：胥莉　郭力　蔡子兰）

相关材料

预约等候套路深　上海迪士尼新规变味（有删节）

买票入园后才发现自己可能连热门项目的"排队资格"都没有……日前，多位网友向记者反映了上海迪士尼乐园"预约等候卡"的问题，不停抢卡、难以抢到，甚至不得不额外掏钱。由于提示存在一定欠缺，且系统配套也有短板，导致这一新产品在实际操作中似乎变了味，甚至被部分消费者质疑为"变相提价"。

盯着手机抢卡

"没想到，期待了许久，好不容易带女儿来迪士尼过个生日，入园后却只能和身边的很多人一样，一整天都盯着手机抢卡，根本玩不好。"王女士（化名）告诉《北京商报》记者，自己一家三口在上周末来到上海迪士尼乐园，没想到却经历了"打仗"般的一天……

进入乐园后，王女士发现了一个奇怪的现象，就是园内游客十有八九都紧张地盯着手机。经询问，她才了解到，当天一些重点热门项目需要入场后用乐园App绑定门票后，再在整点的时间去秒杀"预约等候卡"，而且每一组游客每次只能领取一个项目的卡，"如果运气好抢到了卡，那么游客就需要在规定的时间内前往指定项目排队"。王女士直言，自己在经过摸索后发现，一轮抢完后要在下一个整点去抢第二张，相当于自己入园后每个小时都有一段时间要盯着手机不断刷新。

其实，王女士的经历并非个例，早在6月中下旬，小张（化名）就曾体验过一次。"在'预约等候卡'上线首日我们十分'凑巧'地体验到了这个制度。"小张介绍，自己入园后，直到在部分热门项目门口被工作人员拦下来才了解到只有抢到了"预约等候卡"才有资格排队。

"在游玩之前，我在上海迪士尼乐园官方微信公众号查看了很久的攻略，在第三方平台购买了门票还预订了迪士尼的酒店，但都没有看到有热门项目需要抢卡游玩的提示信息。"小张回忆称，新制度上线第一日，不仅七个小矮人矿山车、创极速光轮、翱翔·飞越地平线、雷鸣山漂流这些"必打卡"的大热门项目均需提前抢卡，就连一些小型、相对有人气的项目也都被纳入其中。

《北京商报》记者查询发现，截至7月5日上午11时，上海迪士尼度假区官网显示，当日园内的创极速光轮、雷鸣山漂流等八大游乐项目都需先领卡再排队。

实际上，在上海迪士尼乐园重新开放满月之时，业界确实有一些关于"预约等候卡"新制度的消息。不过，在采访过程中，多位消费者均表示，自己在买票时并未发现明确的提示内容，都是到现场后，甚至是在游玩项目前"碰壁"时才了解到相关信息。

为何迪士尼收取固定门票，而非单独收费？

就此，上海迪士尼度假区相关负责人表示，在迪士尼"预约等候卡"测试之初，系统确实经历了一些技术问题，目前都已得到妥善解决。

变相营销质疑

对于"预约等候卡"新制度，上海迪士尼度假区官网在说明中提出，此举是为了减少游客在指定景点等候区的实际等待时间，让游客可以更好地安排行程，提升游园体验。上海迪士尼度假区相关负责人也向《北京商报》记者解释称，这一全新线上预约工具是为了缓解游客对排队、人群聚集、社交距离等方面的担忧。

（材料来源：https://baijiahao.baidu.com/s?id=1671425379284917468&wfr=spider&for=pc）

明星代言中的经济学

导读：在当今社会，广告随处可见，广告的作用可能超出了消费者的认识，或许一处不起眼的小广告便可以影响消费者的决策。在众多广告形式中，明星代言是最常见的一种广告营销方法，但是请明星代言的成本十分高昂，即使对于大企业而言也是需要慎重考虑的成本费用。虽然成本高昂，但是企业依然热衷于请明星代言，甚至有企业不惜重金请多个明星为其代言。本案例使用经济学原理中的垄断竞争、需求弹性、信号等相关知识对企业请明星代言的行为进行分析，解释其背后的经济学逻辑。

在当今社会生活中，广告在生活中随处可见，地铁站、公交站台、互联网观看视频，甚至手机打开 App 时也常常可以看到广告。广告在消费者决策与行为中扮演了重要角色。广告的形式多种多样，其中效果最为显著的营销方法是明星代言广告。巴黎欧莱雅集团为旗下不同的品牌选择不同的明星，拍摄不同的广告片。欧莱雅在全世界范围选择最具魅力的明星，组成"梦之队"，每一位品牌代言人都拥有卓尔不群的事业和魅力非凡的个性。2021 年的广告支出达 125 亿美元，排在全球第三位。一线明星的代言费用价格不菲，对于企业来说，广告宣传费用是一笔不小的支出，为什么品牌方总是青睐一线流量明星代言呢？

请明星代言人需要耗费大量的资金，短期上看可能有亏损，但是明星代言带来的各种优势能为品牌的长期发展贡献力量，使品牌获得更长久的收益。首先，明星代言可以扩大品牌的知名度，增加潜在的消费人群。明星作为公众人物，频繁地出现在人们视野中，有较高的曝光率。通过明星代言产品，可以增加品牌曝光量，提高品牌知名度。即使是那些没有使用过该品牌商品的消费者也会因为明星的推荐而选择购买。其次，明星身上特有的个性与态度会传递给品牌，从而提升企业的品牌形象。代言明星在观众心中的身价、知名度以及地位，会影响到产品的价格定位和品牌定位。最后，明星代言对产品的销售量有直接的影响。当前粉丝文化盛行，明星代言可以直接增加粉丝对该产品的消费。例如，明星会发与代言产品相关的微博进行产品宣传，微博下面往往会附上该产品的购买链接，粉丝基于对明星的喜爱，对产品会无条件支持、无条件购买。明星有大量追随的粉丝，即使有些粉丝本身不确定自己对偶像代言的商品是否有需求，但是为了让偶像代言产品的销量更高，也会大量购买。

接下来，本文使用经济学原理进一步分析明星代言增加销量背后的逻辑关系，明星代言究竟改变了什么。当一个品牌方花重金请明星代言之后,会向社会和消费者传递出以下两个信号。第一,该行为传递了品牌产品质量有保障的信号。品牌有资金、有能力请明星代言,说明其有深厚的经济实力,因此,生产的产品质量方面有保障。假设有2家企业,如果企业甲的预期收入为5 000万元,企业乙的预期收入为2 000万元,广告花费为2 000万元。那么企业甲可以请巨星打广告,企业乙则请不起。精明的消费者可以判断出企业甲是生产优质产品的企业,企业乙生产的是普通产品。另一方面,从明星的角度来看,激励也是自洽的。明星作为公众人物,爱惜自己的声誉,不会代言质量不过关的产品,否则一旦发生质量问题,伤害粉丝和大众对其的信任,造成声誉危机,对明星自身的事业会造成严重损害。不仅如此,明星代言的产品和企业出现问题时,明星需要承担法律责任。根据《中华人民共和国广告法》第三十八条:"广告代言人在广告中对商品、服务作推荐、证明,应当依据事实,符合本法和有关法律、行政法规规定,并不得为其未使用过的商品或者未接受过的服务作推荐、证明。"因此,明星会考察该品牌的质量,确保无产品安全问题。第二,广告与品牌密切相关,品牌向企业提供了保持高质量的激励,因为企业有保持自己品牌声誉的财务利害关系。最常见的情况是,有品牌的企业花的广告费更多,而且产品价格也很高。在消费者的心目中,明星都是富有一族、高消费群体。因此,消费者不难作出这样的推断,明星用的品牌肯定是高品质的。明星出场费的高低代表了企业品牌的价值沉淀。综上所述,品牌方请明星为自己的产品代言这一行为释放了质量和品质信号,降低了消费者的选择成本。当消费者购买该类型产品时,面对不熟悉的众多品牌,大概率会选择有过明星代言的产品。

除此之外,品牌方请明星代言还可以降低其产品的需求价格弹性。明星代言产品,可以增强消费者对该品牌和产品的差异意识,提高消费者对品牌和产品的忠诚度。品牌一旦形成消费者忠诚度后,在一定范围内,即使价格比其他品牌更高,但是消费者对价格相对不敏感,依然会选择明星代言的品牌。特别对于粉丝来说,明星代言的品牌产品弹性可以大幅度变小,粉丝愿意用高价为偶像买单。在这种情况下,品牌方可以通过提价而获得更高的利润。

代言人选得好,对品牌和明星是一种双赢的状态。产品与明星本人的契合度越高,呈现的内容和印象越统一,广告效应就越好。事实证明,品牌与明星的契合度对产品的影响要大于明星本人的超高人气。例如,儿童产品的品牌总会找"明星妈妈"代言,运动品牌偏爱运动员代言,高档汽车则会选择成熟精英人士代言。如果某个化妆品品牌的代言人不是肤白貌美的年轻女明星或者清爽干净的年轻男明星,而是胡子拉碴的看起来油腻的中年男星,那么没有人会相信这个护肤品的功效,无论这个中年男星平时多么火爆。但是中年男星形象代言厨房用品时效果就很好,因为中年男星已经成家,平时在家也会做饭,形象与厨房用品十分契合。如果选择年轻男星代言厨房用品就会稍显突兀,因为年轻男星一般处于未婚状态,平时工作繁忙,都是在各地吃工作餐,很少有机会进入厨房,与厨房用品品牌契合度不够。

明星代言已经成为很多品牌抢占市场的重要方式,但是选择什么样的代言人以及明星选择为什么样的企业代言,对双方来说都是一个巨大的考验。如果明星代言的产品出现质量不合格等问题,明星的形象和声誉受到损害,甚至需要承担连带责任。同样,明星若出了负面新闻,企业也会因明星代言而受到影响。企业不能单纯追求明星效应而忽视了产品品质。

(案例作者:陆蓓　张咏　阎馨玥)

相关材料

一句"对不起"难撇代言责任(节选)

近日,国内某明星代言的一款奶茶品牌"因涉及违法犯罪"被公安机关立案调查。虽然该明星方面表示已向这款奶茶品牌提出解约,但网友们并不买账。明星代言人一句道歉解约,投资者却血本无归,人们难免要问:代言产品涉嫌违法犯罪,代言明星一句道歉能否免责?

根据广告法,关系消费者生命健康的商品或者服务的虚假广告,给消费者造成损害的,其广告代言人应当与广告主承担连带责任。其他商品或者服务的虚假广告,造成消费者损害的,广告代言人明知或者应知广告虚假仍作推荐、证明的,应当与广告主承担连带责任。代言明星不能以一句"对不起"就撇清责任,公开道歉只是个人态度,该承担的法律责任不能逃避。

实际生活中,企业愿意向明星支付不菲的代言费,并非因为明星对产品有多了解,主要是看中他们名气大。有的消费者会认为,明星都在用这个产品,保准没错;也有消费者会认为,企业请得起明星,说明实力过硬;还有消费者纯粹为了追星,谁请我的"爱豆"代言,我就选择购买谁家的产品。

明星既然收了高额代言费,本着对自己、对消费者负责的态度,应在接代言广告时详尽核查。遗憾的是,有些明星只看到经济利益,忽视了或者根本不在意自己需要承担的"应知"责任。消费者也应认识到,明星代言只是一种营销手段,千万不要把大明星与高质量画等号,消费时还是要理性判断、理性选择。

(材料来源:http://paper.ce.cn/pc/content/202105/19/content_205890.html)

从反垄断角度看斗鱼、虎牙合并被叫停

导读：在当今竞争激烈的时代，一些龙头企业试图通过合并、收购等方式提升自己的市场占有率，进而获取定价权和高额利润。从经济学的角度来看，这种运营模式称为市场垄断。市场垄断会带来一系列的负面影响，如限制市场选择、提高价格、降低生产效率、抑制技术创新等。因此，反垄断一向是各国政府关注的重点。最近，网络直播平台斗鱼和虎牙的合并被禁止，则是反垄断行为的一个实例。斗鱼、虎牙合并案的失败表明，政府对于反垄断的态度越来越严厉，并且倾向于阻止垄断行为的发生。本文将从反垄断的角度分析斗鱼、虎牙合并失败的案例。

一、从垄断角度看斗鱼、虎牙的合并

随着互联网技术的不断发展和普及，网络直播平台逐渐成为一个新兴行业。这类平台可以提供各种类型的直播内容，包括游戏、音乐、综艺等，让用户可以通过互联网实时观看并参与其中。斗鱼和虎牙是中国直播平台两大寡头垄断商，分别于 2012 年和 2014 年成立，在发展初期均接受了阿里巴巴、腾讯等知名投资机构的资金支持并快速扩展。2017 年，斗鱼和虎牙先后登陆纳斯达克，成功上市，这也标志着它们已经成为国内网络直播平台中的佼佼者。根据第三方数据，2020 年，虎牙和斗鱼在下游游戏直播市场份额分别超过 40％和 30％，排名第一和第二，合计超过 70％。在 2020 年中，斗鱼和虎牙传出合并的消息。然而，在中国反垄断监管越来越严厉的背景下，该交易引起了监管部门的高度关注。最终，中国市场监管机构否决了这笔合并交易，并对相关公司采取了一系列的整顿措施。

分析二者尝试合并的原因，容易发现，从市场垄断的角度来看，垄断企业具有影响商品价格的能力。垄断企业可以通过调整向市场供给的产量来改变商品的价格。在这样的情况下，企业可以获得更高的利润。斗鱼和虎牙作为两家拥有较高市场份额的企业，本身已经存在市场垄断的现象。如果二者成功合并，将进一步减少市场竞争对手，加剧市场垄断的程度，可能导致价格上涨而服务质量下降的后果，这虽然能有效增加企业的利润，但损害了消费者利益。

此外，斗鱼和虎牙尝试合并的原因还在于其面临的竞争压力越来越大。在这种情况下，联手挤压对手成为一种有效的竞争策略。虎牙和斗鱼作为游戏直播领域的两大巨头，已经领先于其他竞争对手如熊猫直播、企鹅电竞等,并且拥有着较高的市场份额和品牌影响力。通过合并,二者可以消除不必要的竞争,减少不必要的资源浪费,整合管理层,降低运营成本。此外,合并后的公司也可以获得更多的资本流量,吸引更多的用户和主播加入平台,进一步增强市场地位。例如,在虎牙和斗鱼合并后,可将一些知名主播纳入平台,提高曝光度和粉丝流量。

然而,二者如果合并可能会导致市场份额过大,限制市场选择,抑制技术创新,甚至可能损害消费者利益。因为两家公司在游戏直播领域已经形成了较高的市场份额,如果合并成功,将会进一步加剧市场垄断现象,可能会出现价格上涨、服务质量下降等不良后果,损害消费者利益。此外,合并后的企业还可能滋生不正当竞争行为,例如将竞争对手排斥在市场之外,使市场环境更为不公平。因此,中国市场监管机构否决了斗鱼和虎牙的合并交易,并采取了一系列措施,以遏制市场垄断和保障市场公平和效率。这也反映了政府打击市场垄断的决心,同时也强调了保护消费者权益的重要性。

二、市场监管总局介入——合并叫停

2021年1月4日,国家市场监督管理总局立案审查了腾讯申报的虎牙、斗鱼合并案。在调查期间,市场监管总局广泛征求了政府部门、行业协会、专家学者、同业竞争者以及下游客户等相关方的意见,并多次听取腾讯陈述意见。这些举措有助于全面评估该交易对市场竞争和消费者利益的可能影响,并做出科学的决策。经过充分调查,市场监管总局审查认为,腾讯在上游网络游戏运营服务的市场份额超过40%,排名第一;虎牙和斗鱼在下游游戏直播市场份额分别超过40%和30%,排名第一和第二,合计超过70%。虎牙和斗鱼是市场上前两大游戏直播平台,市场力量远超其他竞争者。此案相关市场为中国境内网络游戏运营服务市场和游戏直播市场。如果虎牙与斗鱼合并,将进一步强化腾讯在游戏直播市场的支配地位,不利于网络游戏和游戏直播市场规范、健康、持续发展。因此,市场监管总局作出了禁止经营者集中的审查决定。7月10日,国家市场监管总局公布了禁止虎牙与斗鱼合并案反垄断审查决定的公告,结束了这场由腾讯作为股东主导的合并案件。

从经济学角度出发,垄断企业通过掌握市场支配地位,能够调整产量和价格以获得最大利润,而不考虑社会效益。在这种情况下,垄断企业往往会选择利润最大化的点进行销售,而社会计划者则会选择边际收益等于边际成本的点进行销售。二者对比下来,垄断者的生产产量小于社会有效率的产量,导致了资源的浪费和效率低下。同时,当垄断企业收取高于边际成本的价格时,一些潜在消费者对物品的效用高于边际成本,但是低于垄断企业的价格,这种差距导致了无谓损失。因为消费者由于价格过高而放弃购买,从而导致垄断企业无法实现可能存在的更高销售额和更高的消费者总效用。

市场监管总局对虎牙和斗鱼的合并进行反垄断审查,是《中华人民共和国反垄断法》

对经营者集中审查的典型案例。这次审查宣布了资本的无序扩张已经终结，"烧钱—合并—收税"的套路已经不再奏效。这也提醒众多企业需要遵守市场发展原则，在规则的红线内，发展自己的优势。

随着斗鱼和虎牙的合并被叫停，两家公司需要重新开始竞争。从长远角度来看，市场竞争的优胜劣汰将推动行业产生更好的产品和服务，增加消费者福利，同时促进技术创新和进步。因此，企业需要遵守市场规则，以客户为导向，持续改进产品和服务，实现可持续发展。

（案例作者：范纯增　成威松　雷俊）

相关材料

斗鱼、虎牙合并案始末

自 2016 年起，腾讯先后参与了斗鱼 B 轮、C 轮及 E 轮股权投资。2018 年 3 月 8 日，腾讯向斗鱼和虎牙分别独家投资 6.3 亿美元和 4.亿美元。

同时，腾讯与虎牙签订协议——腾讯有权在交易的第二年和第三年，通过市场公开价格购买虎牙剩余股份，最多达到 50.1% 的控股份额。

2018 年 5 月 11 日，虎牙在纽约交易所挂牌上市，根据虎牙的招股说明书，腾讯持股比例为 34.6%。

2019 年 7 月 17 日，斗鱼在纳斯达克上市，腾讯持股 43.1%，为斗鱼最大的股东。

2020 年 4 月 3 日，腾讯以 2.626 亿美元现金增持虎牙股份，成为虎牙控股股东。

2020 年 8 月 10 日，腾讯向斗鱼、虎牙出具初步非约束性建议书，建议斗鱼和虎牙订立换股合并协议，虎牙或其附属公司将收购斗鱼已发行普通股。

2020 年 10 月 12 日，虎牙与斗鱼正式官宣合并。根据合并协议，虎牙将通过以股换股合并收购斗鱼所有已发行股份，双方将以 1：1 总市值对价换股，公司各占 50% 的经济权益。合并后，斗鱼将成为虎牙的私有全资子公司，并从纳斯达克退市。此外，腾讯旗下的直播平台企鹅电竞则将以 5 亿美元转让给斗鱼后，再与虎牙合并。

完成合并后，虎牙现任 CEO 董荣杰和斗鱼现任 CEO 陈少杰将成为合并后公司的联席 CEO。

2020 年 11 月 16 日，国家市场监管总局收到腾讯提交的虎牙与斗鱼合并案经营者集中反垄断申报。经审核，国家市场监管总局认为该申报文件、资料不完备，要求腾讯予以补充。

2021 年 1 月 4 日，国家市场监管总局确认经补充的申报文件、资料符合《中华人民共和国反垄断法》第二十三条规定，予以立案审查。

2021 年 2 月 2 日，国家市场监管总局决定对虎牙与斗鱼合并案经营者集中实施进一步审查。

2021年4月30日,国家市场监管总局决定延长进一步审查期限。

2021年6月24日,国家市场监管总局认为,虎牙与斗鱼合并案经营者集中对中国境内游戏直播市场和网络游戏运营服务市场具有或者可能具有排除、限制竞争效果。

2021年7月10日,国家市场监管总局发布公告,正式宣布禁止虎牙与斗鱼合并。

对此,腾讯回应:"将认真遵守审查决定,积极配合监管要求,依法合规经营,切实履行社会责任。"

（材料来源：https://xueqiu.com/8282337720/190254275）

长视频行业的"危"与"机"

导读：伴随着互联网行业的快速成长和人们物质生活水平的提高，人们的精神娱乐生活越发充实。互联网行业快速成长，短视频行业和中视频行业横空出世，给原本在网络视频行业风生水起的长视频行业当头棒喝，使其面临着前所未有的危机。长视频行业代表企业爱奇艺发布财报，显示公司2021年报归属于母公司普通股股东净利润为－61.90亿元人民币，尽管同比有所增长，但仍属于亏损状态。对此，长视频行业不得不缩减运营成本，追求效率，追求减亏，在最主要的两个收入来源——用户和广告上加大投入，最终追求利益最大化。在这个过程中，长视频行业的代表企业、政府和消费者又是怎么做出反应的呢？

前几年，因为居家时间较多，人们大多依靠互联网来获得精神上的娱乐，由此便促进了网络视频行业的发展。而该行业的发展也大大刺激了人们的消费，极大地推动了GDP的增长。在CNNIC的统计数据中，该时期网络视听行业的用户渗透率高达95.8％，产业总规模高达4 000多亿元。[1]这也意味着，对消费者而言，网络视频已经成为大多数人生活的必需品，处于低迷的消费欲望也被推动，消费者更加愿意为了自己的精神娱乐活动而在网络视频消费领域进行消费。用经济学语言进行分析，人们对这种消费的需求弹性减小了，对价格的敏感程度降低了，在价格发生变动时，大多数人仍会坚持留在市场进行消费。

据此我们可以转移到长视频行业中所属企业的视角，在短视频崛起、消费者流失、总利润下跌甚至亏损的情况下，它们会怎样做来追求企业利润的最大化呢？

长视频行业企业，如爱奇艺、芒果TV等，它们的收入来源主要有两个：经由在视频网站设置广告而从广告商处获取收益，以及通过用户的会员充值获取收益。这两者间也存在着必然的联系。伴随着利润的减少，企业将会增加广告的投放来获得更多收入，许多视频网站已经到了"见缝插广告"的地步。这样做虽然增加了收益，却也在一定程度上引起了消费者的反感。但由于投放广告所获得的收益大于因此而离开该视频网站的消费者所引起的亏损，企业更愿意投放更多的广告。与此同时，对仍然选择留在该视频网站消费的消费者，企业推出会员免广告制，来刺激消费者对充值会员的需求，进一步榨取仍留在市场的消费者所贡献的利润。许多消费者无法忍受长时间、高频次的广告，但又对视频网站提供的剧集有所不舍，这时他们便会选择成为充值会员。用经济学的语言来说，他们对该视频网站提供的服务的评价大于会员价时,他们会选择充值,减少他们浪费在观看广告上的机会成本,并获得一定的消费者剩余。

一旦消费者选择成为充值会员,便会继续面临是否"连续包月"的选择。连续包月的会员消费者在每月的充值中比普通会员享有更低的价格,且不参与往后会员价格的变动。企业设置"连续包月"引用了经济学原理:理性人考虑边际量。对长期留在该市场的消费者而言,选择"连续包月"的边际成本要小于间断地充值会员,故设置"连续包月"更能够刺激消费者的消费,并维持消费者黏性,从而拉动企业的利润增长。

面对与短视频行业的竞争导致的消费者的流失,企业有两个选择:① 降低会员价格,该方法的主要原理是供求原理,会员价格降低,消费者对会员的需求增长,从而有更多消费者选择充值会员,企业得到更多收入;② 提高会员价格来增加单个会员充值时的企业收益。这是两种相反的应对方式,是我们对于企业选择的理性分析。而在实战中,爱奇艺、腾讯等企业选择了提高会员价格。据统计,在 2021 年 12 月底到 2022 年 4 月份,爱奇艺、优酷、腾讯等视频网站已经完成了新一轮的会员价格上涨的调整。[2]对企业的选择进行剖析,又将回到最初提及的"消费者需求弹性降低"这一出发点。这一时期消费者需求弹性下降,消费者对价格的敏感程度降低,价格变更引起需求量的变更减小,因而企业会选择提高会员价格。P 增大,Q 减小,但由于 Q 的减小幅度小于 P 的增大幅度,故总收益 P×Q 增加,企业收益增多。

面对会员价格的提高,消费者剩余减小,此时他们同样面临着选择。事实上,在消费者开通会员的时候,他会减少对其他生活用品的消费。他在二者之间做出权衡取舍,这之中存在着一条预算约束线。斜率代表着消费者用生活物品去交换精神娱乐(会员充值)的意愿,即二者的相对价格。当会员价格提高时,预算约束线向内移动,此时将有两个效应产生:替代效应和收入效应。收入效应反映为会员价格提高,消费者的收入购买力降低,因此他会减少对会员的购买;替代效应反映为相对于会员价格的上升,其他生活用品的相对价格下降,消费者更倾向于增加对其他生活用品的消费而放弃对会员的充值。因此,结合替代效应和收入效应,理性的消费者应当毫无条件地选择放弃充值会员。但事实上,有许多的消费者尽管抱怨"买不起了,不买了",但在遇到喜欢的剧集时仍然义无反顾地"投钱消费"。笔者以为,这其实不违反经济学所论述的原理。根据激励理论,人们都会对激励做出反应。相对于会员消费而言,消费者会在日常生活中会投入更多消费,由边际效用递减理论,人们放弃会员再得到一单位或者几单位生活用品的满足度是极低的;而会员,理论上消费者只需要充值一次(以月为单位)便可以,因此,充值一次会员所带来的边际效用是非常大的。受到极大的激励作用,消费者在心理上认为,因为会员价格上涨所损失的消费者剩余小于他们充值会员后所得到的更多的满足感,这促使消费者在会员价格上涨的情况下仍然选择继续充值。

针对消费者的心理,存在于长视频行业中的企业也做出了进一步的调整,努力寻找危机中的转机。但也走了一些弯路,例如"开设超前点播"这一举措,是针对已充值会员的另一项消费项目,在会员的基础上继续付费能够解锁更多剧集,并且要求消费者按剧集顺序来进行付费解锁。此举一出,引起了社会面极大的反响。这实际上是一种价格歧视,企业通过对剧集进行捆绑销售来对消费者进行强制收费,事实上是漠视了消费者的选择权,因此也引发了众多消费者的不满。最终被央视点名批评后,各大视频平台均取消了"超前点播"。

"超前点播"是企业面对危机时打算短时间攫取暴利的不合理手段,极大地损害了消费者的利益。在"超前点播"备受批评之后,企业们只能想尽一切办法提高剧集的质量,争取用优质内容来吸引更多的消费者,并增加稳定的消费者群体。对一些较受欢迎的大型剧集争取独播资格也是长视频行业企业的不二选择。争取到对剧集的独播,事实上是对单部剧集实行了资源垄断,即企业享有对该剧集的独播权,消费者只能在该平台观看该剧集。事实上,若一部剧集能在多个平台上同时播放,该剧集所在的市场相当于一个竞争市场,若各个平台所播放的剧集不存在差异,那么它们所在的市场便是竞争市场。竞争市场中企业的收益远不及垄断市场或垄断竞争市场,故近年来各大视频网站在大型 IP 剧集的独播权竞争中互不相让,都想得到对剧集的独家垄断,以吸引更多的消费者,获得更多的利润。事实上,平台所播放的剧集属于一种俱乐部物品,即具备排他性而不具有竞争性。对于未充值消费者而言,他们无法观看剧集,故具有排他性;但若付费成为会员,单个会员对剧集的观看其实不影响其他会员对剧集的观看权。因此,企业愿意在争取独播上花费心思,获得"排他性",实现产品差异化;又利用俱乐部物品不具有竞争性的特性,在获得独播权后,多增加一个会员所带来的边际成本几乎是不存在的,此时企业将获得更多收益。除此之外,更大力度追求服务的多元化与差异化,为用户带来独特的服务体验也是不可或缺的。我们可以看到,爱奇艺在原来的基础上推出了"迷雾剧场""恋恋剧场"等,为不同类型的消费者提供了多元的服务;并且自制了许多剧集和综艺,这样做既减少了运行成本,又在一定程度上保证了视频内容的高质量。[3]力争以质取胜,已经成为长视频行业企业竞争的新的准则。

在长视频行业竞争硝烟四起时,政府在这场角逐中便扮演着裁判员的角色,比如"取消超前点播"以保护消费者的正当权益。近年来,公众人物的言行正受到政府与大众的共同监督,与此相呼应的"控制选秀节目"这一长视频行业牟利巨头,本质上还是对内容的监管。同时,警惕市场垄断现象并做好管制也是政府之责。各大视频平台争取对剧集的独播权无可厚非,但不应当据此展开不正当竞争,视频平台不应该仗着独播权对消费者实行不合理高价或额外付费制度,政府有权对这些企业进行管制,不允许它们随意定价。

在竞争激烈、运营不易的当下,长视频行业正面临着前所未有的危机。提高会员价格减少亏损,固然能够在短期内增加盈利,但终究不是长远之计。想要在危机中寻求转机,以不变应万变,提高剧集质量、优化平台内容才是制胜法宝。

(案例作者:胥莉 郭力 吴家仪)

参考文献

[1] 于冰.2020音视频GDP爆发增长,成为新的基础设施[EB/OL].(2021-04-12)
[2023-06-30]. https://zhuanlan.zhihu.com/p/364204924.

[2] 翟玉静.或将影响上亿网友!知名平台官宣:涨价![EB/OL].(2022-04-10)
[2023-09-17]. https://baijiahao.baidu.com/s?id=17297297556664171006&
wfr=spider&for=pc.

[3] 爱奇艺.爱奇艺发布财报:Q4运营大幅减亏,目标实现2022年运营盈亏平衡[EB/
OL].(2022-03-02)[2023-06-30]. https://www.iqiyi.com/kszt_phone/
news202231.html.

相关材料

爱奇艺2021财年年报归母净利润—61.90亿元人民币,同比增加12.14%

3月1日爱奇艺公布财报,公告显示,公司2021财年年报归属于母公司普通股股东
净利润为—61.90亿元人民币,同比增长12.14%;营业收入为305.54亿元人民币,同比
上涨2.85%。

爱奇艺有限公司于2009年11月27日根据开曼群岛法律注册成立,是中国高品质视
频娱乐服务提供者。2010年4月22日正式上线,秉承"悦享品质"的品牌口号,积极推动
产品、技术、内容、营销等全方位创新,为用户提供丰富、高清、流畅的专业视频体验,致力
于让人们平等、便捷地获得更多、更好的视频。目前,爱奇艺已成功构建了包含电商、游
戏、电影票等业务在内,连接人与服务的视频商业生态,引领视频网站商业模式的多元化
发展。爱奇艺品质、青春、时尚的品牌调性深入人心,网罗了全球广大的年轻用户群体。
爱奇艺打造了涵盖电影、电视剧、综艺、动漫等10余种类型在内的丰富的正版视频内容
库,并通过"爱奇艺出品"战略的持续推动,让"纯网内容"进入真正意义上的全类别、高品
质时代。同时,作为拥有海量付费用户的视频网站,爱奇艺倡导"轻奢新主义"的VIP会
员理念,主张人们对高品质生活细节的追求,坚持为广大VIP会员提供专属的海量精品
内容,极致的视听体验,以及独有的线下会员服务。2014年,爱奇艺在全球范围内建立
起基于搜索和视频数据理解人类行为的视频大脑——爱奇艺大脑,用大数据指导内容
的制作、生产、运营、消费。并通过强大的云计算能力、带宽储备以及全球性的视频分发
网络,为用户提供更好的视频服务。在技术与内容双核驱动的新体验营销时代,爱奇艺
创造性地提出了"iJOY悦享营销"客户服务价值观和方法论。通过多屏触点、创意内

容、技术优化、互动参与、实现购买等路径全面提升 ROI，让客户享受到创新营销带来的成功与快乐。未来，爱奇艺将在多元化的内容储备、个性化的产品体验、定制化营销服务领域继续发力，引领视频体验革命；不断提升连接人与服务的能力，更好地改变人们的生活。

（材料来源：http://stock.10jqka.com.cn/usstock/20220302/c637116563.shtml）

阅文与掌阅——网络文学市场中的双雄争霸

导读：从用户规模及其发展趋势来看，网络文学市场具有极佳的市场前景。根据2019年的统计，我国网络文学用户规模为4.6亿人，2022年网络文学用户已达4.92亿人。在这庞大的用户群体后潜藏的超额利润吸引了诸多资本蜂拥入场，而在资本碰撞、收购、合并之后，网络文学市场格局初步稳定，逐渐形成了以阅文与掌阅两大巨头为首的寡头垄断市场。本文运用寡头垄断的相关知识，阐释网络文学市场上双雄争霸格局的形成过程。

不同于在线视频、新闻资讯等其他网络信息，数字阅读过程中用户非常依赖自己保存下来的书签等信息。由于用户对单一App的忠诚度很高，网络文学市场对用户的争夺尤为重要和激烈。在这一背景下，阅文和掌阅逐渐杀出重围，"统治"了网文市场，形成了"双寡头"局面。在用户争夺方面，大量的阅读福利与品牌宣传只能在短时间内吸引阅读者，若没有足以吸引读者的优质内容持续产出，很难留住读者持续使用自己的阅读软件。而产出优质内容有两种方法：一种是内部孵化，另一种是外部引入。

内部孵化指举办各种创作比赛吸引新人作者入驻，再以流量承诺激励新人作者持续创作高质量内容。但市场上并不止掌阅与阅文两个竞争者，在明知自身起步晚、拥有知名作者少的前提下，以飞卢为首的诸多新兴阅读网站极为重视新人作者的引入。在其他网站高额的资金注入下，掌阅与阅文集团自身的品牌价值并不足以支撑其在这场竞争中的优势地位。以阅文集团的头牌网站"起点"中文网为例，自2019年起，"起点"便结束了已经延续六七年的新人王评选，而是转而将宣传资源倾注于"大神作家"这一侧。阅文财报提到，目前阅文作家结构正迈向橄榄型：60%的价值都来自中坚力量，80%以上的新题材是中坚力量创作的。作家结构更加健康稳定，能够避免头部作者流失的不确定性，保证公司发展的可持续性。而这一信息也足以说明阅文与掌阅已不再执着于对新兴作家的争夺，而是集中精力在维系已有作者上。

外部引入指花高额独家签约费并提供优质合同，邀请知名作家成为自己App的独家创作者，读者若要阅读该作家的作品，只得移步至该作家已签约的App。由于每位知名作家皆有庞大的忠实阅读群体，外部引入这一方法对于资本来说百试不爽。每一次签约成功，都意味着市场份额的直接增加。以掌阅为例，截至2018年4月，掌阅旗下年版权收入大于100万元的作家超过40位，支付稿酬超过3亿元。2017年年初，掌阅签约作家月关和天使奥斯卡,两者均为历史类大神级作家,常年进入网络小说富豪榜前10位。在引入之后,网站都力求将引入的作者的影响力发挥到极致。以"起点"小说网为例,至今为止,共有34位白金作家,每位皆具有极高的知名度,如史诗玄幻流派的辰东、网络游戏流派的蝴蝶蓝、"小白文之神"的天蚕土豆。对这34位白金作家,平台通过不遗余力地曝光与读者引流,力求将每一位作家对应的潜在读者群体转化为真实的高活跃与高贡献的忠实读者。

而在坐拥诸多知名作者后,掌阅与阅文将目光放得更为长远,他们一起向能创造更高利益的领域进发——自身拥有的名作IP的全周期开发。阅文集团方面,2017年,投资出品影视作品《择天记》,动画《全职高手》《斗破苍穹》,新番《全职法师》《择天记》等。其中,超人气IP《择天记》率先实现一站式多线开发,电视剧播放量突破300亿次。动漫方面,阅文共有包括《斗破苍穹》《全职高手》在内的11部自制动画开播,《斗破苍穹》第一季全网播放量超14亿次,取得2017年国产3D动画播放量第一。相对应地,影视方面,掌阅旗下姜小牙的爆款小说《总裁在上》改编的网剧是掌阅在网络文学IP运营的重要尝试,由新片场、乐视等平台制作发布,第一天播放量便超过1500万次。2018年,掌阅用心打造了10余个高质量的影视项目,陆续呈现《一念时光》《沫许辰光》《惹上冷殿下》等改编作品。

随着新一代互联网用户进入成年,网络文学的增长红利悄然来临,网络小说的创作收益已远高于传统小说。相较于屈指可数的千万元级稿费的传统作家,众多网文作家凭借一本成名作摇身一变成为千万富翁。但是,一切也并非像表面上这般风平浪静,2021年,阅文集团被众多作者起诉霸王合同——阅文集团享有签约作者作品所有权、作品IP使用权等条款,让诸多网文作者苦不堪言。这一事件轰动一时,之后也引来政府相关部门的介入。共青团中央引用《中华人民共和国著作权法》,批评阅文集团的行为,最后合同得以规范化,网文作者的权益最终得以保全。

网络文学领域的巨大利益引来了诸多资本,也催生了阅文与掌阅两大巨头。如今,两家巨头在各显神通吸引作家和读者的同时,也在密切关注对方的一举一动,并采取相应的策略。根据垄断竞争市场的特点,两者之间可能在不断博弈中进行竞争,也可能在不同阶段进行合谋。而一旦出现合谋,就会损害作者和消费者的利益,损害市场效率。阅文和掌阅二者各有优劣,未来也充满不确定性。政府监管部门应当密切关注这一新兴市场,对其进行有效的监管,维护市场秩序。

（案例作者：罗守贵　何雨舍　乔植）

相关材料

网文市场"井喷式"发展,双雄争霸大局初定（有删节）

1998年痞子蔡在BBS发表了《第一次亲密接触》,拉开了中国网络文学的序幕。经历了萌芽时代的中国网络文学(2002 年之前)、PC 互联网时代的中国网络文学(2002—2010年)、移动互联网时代的中国网络文学(2010 年之后),中国网络文学市场逐渐成熟。特别是近几年,国家持续关注并重视网络文学的发展,版权市场逐渐规范化,市场版权意识觉醒,用户付费阅读习惯逐渐养成,以及"泛娱乐生态"运作日趋成熟,让网络文学实现了"井喷式"发展。截至 2016 年底,中国 40 家主要网络文学网站作品总量高达 1 454.8 万部,当年新增作品 175 万部,覆盖品类达 200 多种。2016 年,用户规模更是首次超过了 3 亿大关,网络文学成为大众主流消费内容。

"双寡头"统治网文市场

公开资料显示,2016 年,阅文集团总营收人民币 25.68 亿元,较 2015 年的 16.06 亿元增长 59.1%,同时 2016 年获取的净利润为 3 040 万元。而掌阅 2016 年营业收入为 11.97亿元,净利润为 7 880 万元(招股书显示为 7 720 万元)。从营收规模看,阅文集团仍然高出一筹,但是掌阅的盈利却是阅文集团的 2 倍多,是十分值得期待的。总体而言,阅文集团和掌阅加起来,占据了网文市场 70% 以上的市场份额,虽然阿里文学、咪咕阅读、中文在线都在网文市场战略布局,但是已经被远远甩开了。

老炮 VS 新贵: 15 年阅文面临 2 年掌阅"强劲冲击"

作为网络文学的老牌发源地,腾讯阅文实力强劲毋庸置疑。它从 2002 年 5 月开始做网络文学,至今已走过 15 个年头,正如吴文辉称:"2002 年起,本着发展中国网络阅读事业的初心,自己与伙伴们一起,共同将中国网络文学一路推向壮大。"截至 2016 年底,腾讯阅文集团共有 840 万册文学作品,涵盖 200 多种体裁,37.7 万部作品(包括源自第三方网络平台的作品以及线下纸质作品的电子版),旗下网文品牌包括了起点中文网、潇湘书院等,可谓占据了中国网络原创文学的半壁江山。与此相对,2015 年 4 月掌阅文学才开始从事网络文学,到 2017 年只有短短 2 个年头,发展历史较阅文来说相对较短,但其发展态势十分迅猛。目前掌阅旗下拥有优质版权数十万本,包括月关、天使奥斯卡、姜小牙、解语、唐欣恬、极品妖孽、谁家 MM、纯情犀利哥、果味喵等诸多大神作家。目前掌阅 App 书城拥有用户 6 亿名,每天超过 2 000 万用户在掌阅上进行阅读。作家是网络文学企业的核心竞争力,阅文、掌阅都不惜投入重金,掌阅虽然只有 2 年网文发展时间,在作家投入上却丝毫不吝啬,每年投入高达数亿元,接近阅文投入的 2 倍。可见,掌阅这个后起之秀给阅文集团带来了足够的压力。

IP 之争,欢庆丰收 VS 即将爆发

目前,每家企业对 IP 都高度重视。阅文集团和掌阅也都是如此。一般来说,IP 开发周期大约为 3~5 年。凭借长期的积淀,阅文集团积攒了大量头部 IP,这些都是长达 10 年的 IP。有数据统计,2016 年中国发行的网络文学改编的娱乐产品中,基于阅文集团平台的文学作品开发的内容占了票房排名前 20 位电影的 13 部,20 部最高收视率电视连续剧的 15 部,一分耕耘,一分收获,可以说 10 多年的网文资源积累让阅文集团今天获得了巨大的 IP 收益。

未来,阅文集团和掌阅的竞争也将不断持续。

(材料来源:https://baijiahao. baidu. com/s? id = 1574454523884005&wfr = spider&for=pc)

从寡头视角看美团与饿了么的双寡头局面

导读: 互联网时代的发展催生了外卖业务,满足了人们不出门就可以享受美食的需求,已经成为一线城市居民和高校学生的日常必需品。然而,外卖行业起伏不定,现在市场局势逐渐稳定,饿了么和美团成了寡头垄断市场的主导者。尽管寡头垄断市场在形成前因存在充分竞争而能使消费者获得更多实惠,但其在形成后则可能减少了消费者和社会的福利。因此,监管机构应强化市场监管,保障消费者权益,并促进市场公平竞争,以促进外卖市场的良性发展。本文将通过寡头理论对外卖市场进行理性分析。

一、寡头市场的形成

外卖行业起源于电话订餐服务,人们可以通过电话向餐厅订购外卖食品并进行送餐服务。随着互联网技术的发展,外卖行业开始向线上转型,即消费者通过手机 App 或网站在线下单并享受送餐服务。外卖行业因此迎来了快速增长,并成为一线城市居民和高校学生的日常必需品。

2009 年,"饿了么"由上海交通大学学生张旭豪创建,最初是一个专注于校园外卖服务的创业公司。2010 年,饿了么开始向全国市场拓展,成为一个覆盖全国的外卖平台。短短几年内,线上外卖市场在一线城市迅速发展,为工作繁忙、时间紧张、懒于出门吃饭的人提供了方便,并成为受人追捧的选择。

成功的"饿了么"也使外卖行业成为外界关注、投资和发展的重点。2013 年,美团正式上线,2014 年百度外卖也进入市场。2008—2016 年,外卖行业面临激烈竞争,各家企业为抢占市场份额不断推出补贴优惠,被称为"三国杀"。2014 年 9 月,美团外卖每月补贴高达 2 亿元人民币,"饿了么"D 轮融资 8 000 万美元的资金链几乎断裂,而百度外卖则投入大笔资金以获取市场份额。这场竞争实质上是一场激烈的资金竞争,三大巨头互不相让。

随后,百度外卖败下阵来,于 2017 年 8 月 24 日被饿了么收购并更名为"饿了么星选",成为其全资子公司。2018 年 4 月,"饿了么"被阿里巴巴联合蚂蚁金服以 95 亿美元完成全资收购。而早在 2015 年 11 月,美团就接受了腾讯追加的 10 亿美元投资,并于 2018 年进入了外卖行业的两强争霸局面。目前,外卖市场已经走向成熟,成为生活服务类重要的消费场景,除了餐饮配送,还覆盖了药店买药、电影购票、休闲娱乐等多种消费场景。外卖市场高度集中,流量被稳定把持在头部巨型平台中,"饿了么"和美团成为外卖行业的两大双寡头。

在外卖市场形成寡头竞争阶段,市场迅速发展,数字化转型加速,两家公司的竞争促进了互联网技术创新和服务升级,提供了便捷高效的外卖服务,极大地满足了消费者的需求。此外,订单自配送模式、社区团购模式等多种模式的推出也满足了消费者的多样化需求。在这个时期,消费者从竞争中得到了大量实惠。

二、双寡头格局下的垄断

然而,外卖市场的竞争仍在持续。根据 2019 年第二季度数据显示,美团外卖的营收额为 128 亿元,市场份额占有率提高至 65.1%,而"饿了么"和其他外卖品牌市占率分别仅为 32.8%、2.1%,阿里巴巴本地生活服务的总营收额也仅为 61.8 亿元。这种状况自 2018 年第二季度开始,已经持续了至少 5 个季度。由此可以得出结论,市场格局趋于稳定,美团外卖凭借原有到店业务积累的线下运营能力以及不断深耕的技术与运营优势,市场份额不断提升,领先地位非常明显。

美团的优势在于商家链接,通过多元化入口组成生活服务矩阵,并实现平台联动效应。美团的布局包括外卖、到店酒旅和餐厅管理系统等新业务,将餐饮类商家牢牢绑定在其体系上。自 2012 年推出电影票线上预订服务以来,不断扩大业务范围,涵盖打车、民宿、生鲜超市等服务。基于餐饮这一核心业务,辐射出多项生活服务,建立了以客户为中心的文化理念和良好的品牌效应,赢得了用户的依赖。

饿了么则背靠阿里生态体系,同时依托多年大量资金投入打造的蜂鸟配送物流体系,通过多渠道引流、拓展服务场景和完善生活服务平台,实现了快速发展。与此同时,融入阿里生态后,饿了么逐渐转变了过去的补贴策略,实施新零售策略,通过与阿里巴巴旗下产品打通会员体系,形成强联动效应,实现了流量、会员数据的互通,吸引和留住了更多高价值的用户。

目前,美团和饿了么已经基本形成了双寡头的垄断格局。在这种寡头垄断的市场格局下,消费者的选择余地进一步减少,议价能力也随之下降,之前充分竞争中提供的优惠和折扣也迅速减少。同时,餐饮商家不得不依赖这两家平台来提供订单和经营支持,但寡头垄断平台向商家收取高额佣金,增加商家的运营成本,并最终导致价格上涨。此外,寡头垄断还会导致服务质量下降。由于消费者选择较少,这些平台缺乏激烈的竞争压力,从而减少了对服务质量的重视。当出现问题时,消费者难以找到替代方案,消费者的麻烦和不便也迅速增加。

综上所述,饿了么和美团作为寡头市场的主导者,其形成的垄断格局可能会对消费者产生一定的负面影响,例如选择余地的减少、价格上涨和服务质量下降等。因此,监管机构需要密切关注这些平台的运营情况,促进市场公平竞争,保护消费者权益,以确保外卖行业的健康发展。

(案例作者：范纯增　成威松　章增妮)

参考文献

［1］　飞鱼. 外卖 App 竞品分析：饿了么 VS 美团外卖［EB/OL］. (2018－03－22)［2023－
　　　06－01］. http://www. woshipm. com/evaluating/966544. html.

［2］　陈晨. 美团市场份额甩开饿了么　餐饮外卖双寡头变一超多强［EB/OL］. (2018－
　　　09－13)［2023－05－02］. https://www. qianzhan. com/analyst/detail/220/
　　　180912-b787e879. html.

［3］　饿了么-百度百科［EB/OL］. https://baike. baidu. com/item/％E9％A5％BF％
　　　E4％BA％86％E4％B9％88.

［4］　韩肖. 百度外卖更名"饿了么星选"　百度外卖发展历程回顾［EB/OL］. (2018－
　　　10－15)［2023－06－07］. http://www. mnw. cn/news/consumer/2071594. html.

［5］　美团-百度百科［EB/OL］. https://baike. baidu. com/item/％E7％BE％8E％E5％
　　　9B％A2.

［6］　前瞻经济学人. 美团 VS 饿了么究竟谁才是中国的外卖之王［EB/OL］. (2019－10－
　　　17)［2023－06－09］. https://zhuanlan. zhihu. com/p/87137415.

相关材料

美团、饿了么被约谈

　　据杭州市场监管局网站 28 日消息，近日，美团外卖"拼好饭"入驻商家因食品安全问题被媒体曝光，相关话题在微博上的阅读量达到 1.5 亿次，一度冲上了微博同城热搜榜。该事件反映出外卖送餐平台对商家资质审核不严、对商家低价恶性竞争管理引导不够等问题。

　　7 月 21 日，杭州市市场监管局约谈了该市美团、饿了么等外卖送餐平台，要求相关平台落实食品安全管理责任，严禁餐饮商家低价恶性竞争，具体提出以下要求：一是食品安全问题与老百姓的生命健康安全息息相关，外卖平台要把食品安全问题放在重中之重，严格依法履行好平台责任；二是低价恶性竞争往往伴随着潜在的食品安全问题，餐饮行业要进一步规范经营秩序，严格禁止恶性竞争，更不允许低价倾销扰乱市场秩序；三是外卖送餐平台要引以为戒，认真开展自查自纠，并举一反三，确保食品安全、低价恶意竞争等相关问题不再发生。

(材料来源：https://m. thepaper. cn/newsDetail_forward_19226617)

影响留学生回国就业的因素分析

导读： 近年来,全球化使得中国出国留学人数增长迅速,而国内的经济高速发展吸引了越来越多的留学生回国就业,因此,海归人员在国内就业的问题日益重要。劳动要素市场与世界经济的景气程度息息相关,而留学生总数不断增加,各种社会经济因素给留学生回国就业带来了不确定性。因此,本文借助劳动要素市场理论,分析影响留学生回国就业的因素。

近年来,随着国际经济形势的变化,留学人员就业难度逐渐增加。主要原因有：世界经济的不景气导致一些留学生无法在国外找到合适的工作;留学回国人员总数的增加导致其在国内的就业面临更为激烈的竞争;一些归国人员因为专业学习和就业规划的不匹配,难以融入国内就业市场。本文关注留学生归国的影响因素。我们认为,影响因素可以从经济、科研、安全、医疗、就业状况和政策等方面来考虑。在分析过程中,我们从国际和国内两个角度对影响因素进行区分。

第一,经济层面。GDP 增长率反映了一个国家或地区的经济增长速度,某一地区的 GDP 增长率越高,意味着可供选择的岗位越多。国内 GDP 增长率越高,留学生回国就业人数和比例越高;反之,国外 GDP 增长率相对越高,留学生回国就业人数和比例就越低。

第二,研发层面。研发支出可以促进科学和技术的发展,提升社会和人们的知识水平。国家对科学技术的重视程度能够吸引留学生回国就业。留学生出国进修属于自身对人力资本的投资,在经过了人力资本投资后,留学生形成了对投资回报的期望。一国的研发支出占 GDP 比例越高,意味着该国对高技术人才更加重视,留学生获得的投资回报更高,因此更倾向于在研发支出占 GDP 比例高的地区就业。

第三,社会治安因素。社会治安也会影响留学生归国就业的决定。一般来说,人们更倾向于在社会治安良好的地区就业。

第四,医疗因素。医疗状况同样关系到人们在就业地的生活便利,人们倾向于在医疗资源更丰富的地区就业。所以,国家对于医疗的重视程度同样也会对留学生归国就业的决策带来影响。

第五,就业现状。国内外的就业状况会很大程度上影响留学生归国的决策。失业率反映了一个地区劳动力市场的健康状况,如是否景气、就业竞争是否激烈,留学生倾向于在容易找到就业机会的地区就业。国内失业率越高,留学生回国就业人数比例越低;国外失业率越高,留学生回国就业人数比例就越高。

第六,国家对留学归国政策的制定和实施也能够吸引很多留学生归国就业,为国家服务。留学政策是国家留学主管部门制定和发布的关于留学管理的基本规范和准则,包括出国留学政策与留学归国政策。

综合以上的分析,我们展望未来:首先,在经济层面,保持 GDP 的持续增长具有十分重要的意义;其次,中国对科技发展的重视,加大研发投入将会持续吸引高技术人才回国就业;再次,公共服务的提高(如医疗条件)也将显著吸引留学生回国就业;最后,劳动力市场的高质量发展,能够增强留学生回国就业的信心。

(案例作者:王春华　徐鉴达　Michael Hoffmann)

相关材料

中国海归就业创业的相关报道(有删节)

中国是世界上最大的留学生生源国,随着中国产业结构升级,人才红利优势凸显,国际化人才纷纷回流。《2020 中国海归就业创业调查报告》显示,2020 年留学生回国求职同比增长 67.3%。不过,海归回国求职用时拉长,约 30% 的人需要 4 个月以上。

据 2020 年底教育部统计,2019 年度我国出国留学人员总数为 70.35 万人,较上一年度增长 6.25%;各类留学回国人员总数为 58.03 万人,增速达到 11.73%。

数据显示,2020 年向国内岗位投递简历、即有意在国内发展的海归人才数量较 2019 年猛增 33.9%,增幅远高于 2019 年(5.3%)、2018 年(4.3%)的同比增幅。

海归人才质量优化,求职者呈现年轻化、高知化趋势。IT/通信/电子/互联网行业集中吸引了 22.1% 的海归求职者投递简历,占比最高,生产/加工/制造业(12.3%)、贸易/批发/零售/租赁业(10.5%)依次排在其后。与全平台所有求职者相比,海归有意向从事金融业、IT/通信/电子/互联网、政府/非营利机构、文体教育/工艺美术、文化/传媒/娱乐/体育、商业服务等行业的占比更高。其中,9.5% 的海归向金融业投递简历,比全平台求职者占比高出 4.8%。

海归期望就业的城市与其等级呈正相关。一线城市为海归回巢大本营,吸纳了 45.1% 的求职申请,全平台求职者中只有 20.6% 做出相同的选择。而全平台求职者期望就业热度最高的新一线城市是海归第二大回流地,占比均在 30% 左右。

具体来看,海归投递前十的城市吸纳了 64.2% 的海归就业需求,而其中排名前二的北京、上海两城合计占比超过 30%。

报告发现,2020 年向国内岗位投递简历、即着手回国就业的留学生人数较 2019 年猛增 67.3%,增幅是海归总体的 2 倍。2021 年第二季度,回国求职留学生人数同比增幅更是高达 195%。

影响留学生回国就业的因素分析

留学生在计划回国发展的过程中面临着多种挑战，获得最高共鸣的是"不了解国内当前对海归人才政策"，占61.7％；占比57.5％的"不了解国内当前就业市场"为第二大障碍。

留学生毕业回国后的规划集中向"求职就业"倾斜，占比87.5％。学习深造、自主创业、自由职业等选项占比分别为5％、2.5％、0.8％，还有4.2％的留学生没想好具体规划，先回国再做打算。

面对即将在国内展开的就业蓝图，71.4％的留学生表示求职时看重"薪酬福利"，其次是"企业文化"（41.9％）和"职位晋升"（41％）。同时，处于事业起步阶段的留学生们将"通勤时间""工作与生活的平衡"优先级后移，这两个选项占比分别为5.7％、8.6％。

聚焦已在国内就业的海归群体，跟踪其找到第一份工作的用时变化，发现2020年整体求职费时比2019年更长。2020年调研的已就业海归中，超过30％用4个月以上找到回国后的第一份工作。其中，"4～6个月"选项集中了21％的受访者，选择"7～12个月"与"1年以上"的海归分别为6％、4％，均高于2019年的调研结果。

海归回国就业后对薪资的满意程度较2019年有所提升，但仍与预期相差甚远。根据调研，57％的受访者的薪资不及预期，同比下降6个百分点；38％的受访者表示基本符合预期，较去年同期的34％有所上升；而表示实际收入超过理想情况的占比仅6％。

多数已就业海归认为，海外留学经历在求职过程中有加分作用，身份优势让他们离好工作更近一步，这一占比为58.1％。

（材料来源：https：//s. cyol. com/articles/2021-01/09/content_rop9aWFX. html？gid＝4LkvKv17）

经济学视角下看 996 工作制

导言：自 2019 年 3 月以来，996 话题不断引起社会反响，在"996. ICU"上曝光的企业里，华为、阿里巴巴、蚂蚁金服、京东、搜狗、58 同城等均上榜。996 ICU 在 GitHub 网站上的项目星数已超过 26.2 万个，并且还在不断增加。"996. ICU"被定义为"程序员的一次集体觉醒"。并且这个本来局限于 IT 程序员圈的海外事件不断在国内发酵，引发的争议也越来越多，涉及的领域也越来越广。996 工作制为何大行其道，背后又有哪些经济学原理呢？

一、996 工作制的定义

996 工作制通常指从早 9 点到晚 9 点、一周工作 6 天的工作制度，且狭义上的 996 工作制，加班公司不会给任何补偿。

996 工作制最早起源于 GitHub 上名为 996. ICU 的项目。2019 年 3 月 27 日，在这个项目指向的域名页面上，发起人这样写道："什么是 996. ICU？工作 996，生病 ICU"。他将 996 工作制下最低 72 个工时与《中华人民共和国劳动合同法》中的条文对比，并呼吁"程序员生命为重(developers' lives matter)"。

第一种情况，即从狭义的 996 来看，大多数企业似乎都认为这就是一笔稳赚不赔的买卖。由于狭义的 996，企业无须支付加班工资或者相应的补贴，这使得企业在边际成本几乎为 0 的情况下，让员工加班以获得边际收益。在这种情况下，因为无额外成本，企业可以说是无视员工加班的效率究竟有多高，只要还能有产出就可以鼓励员工加班。这也是为什么这类 996 的企业将之与所谓的奋斗联系在一起，通过精神文化的输出，或者是考核制度的"内卷"迫使员工多加班。

第二种情况，即发放加班工资或有相应补贴的 996，在我看来是一种完全不同的行为模式。由于边际产出递减，无论企业在措施上如何更好地为加班者提供支持，加班时段的边际产出还是减少的。那问题来了，为什么企业愿意为更少的边际收入投入更多的边际成本呢？这难道不与企业追求的利润最大化相矛盾吗？并非如此！我认为这种情况本质上是因为：在正常的工作时长下，边际收益 MR 仍然远大于 MC，位于均衡点的左侧，未达到利润最大化！现在，我们就可以理解企业支付高额加班工资的理由了，它们试图以一种员工可以接受的方式(更高工资)，来使得工作时长右移以趋近于 MC＝MR 的均衡点，来达到自身的利润最大化！在这种模式下的996，甚至很多人都会觉得是可以接受的，他们的额外付出获得了应有的更高回报，可谓"周瑜打黄盖——一个愿打一个愿挨"了！

二、从需求角度分析996工作制的成因

值得思考的是，为什么996工作制会得以盛行？或者说由于经济学原理"企业追求利润最大化"，那么为什么企业会认为996工作制会带来更多利润？

对比以上两种情况，无论哪一种企业所推行的996，其出发点客观上都是追逐自身的利润最大化。但是相比于第一种情况（狭义996），第二种企业愿意支付高额工资让员工加班的情况其实只可能是一种短期的996。由于需要对加班人员支付相较于正常工作时间更高的加班工资使得达到均衡点，这在短期无疑是十分正确的，但在长期来看是没有达到利润最大化。因为从长期来看，如果正常工作时长无法达到利润最大化均衡点，则说明该企业在用人方面存在缺口。相较于短期支付更多的工资提升每人的单位产量，企业在长期选择的应该是雇佣更多的员工。从长期进行分析，在劳动力市场充足的条件下，忽略人员沟通合作效率等问题，雇佣更多的员工支付正常工作时间的工资一般来说比支付加班工资的成本更低！因此，第二种情况下的996，是一种短期且相对符合个人与企业双方利益的996。倘若对加班时长和补贴加以法律的监督和调整，可认为是一种短期的正常现象，在长期则会经过市场的调整趋于正常的工作制度。

反观第一种情况下的狭义996，一方面，法律上不支付额外的加班工资或补贴，要求员工长时间进行加班本身就是一种违法行为；另一方面，再退一步，对其进行更为细致的经济学的分析，我们会发现零边际成本换边际收入的"空手套白狼"的把戏其实有诸多漏洞，极有可能得不偿失！

比如说，考虑经济学十大原理之二：某种东西的成本是为了得到他所放弃的东西，即机会成本。对于企业而言，长时间要求员工无条件加班，看似表面没什么成本，但实际上会有很多机会成本。例如，牺牲了员工的身体健康、工作热情、对上级的信任等，而这些从长期来看降低了员工的工作效率。而在低效率情况下，即使工作时长延长，也极有可能导致产出的下降。而这也是为什么继996之后，部分公司提供更为人性化的弹性管理措施，以及更高水平的工资。看似提升了显性成本，不利于企业利润最大化，实则降低了许多机会成本。

三、从供给角度分析996的成因

前面站在企业的层面对996进行了细致分析，不妨再回过头看看996制度下的员工，为什么宁愿饱受996折磨，也不轻易地辞职或跳槽呢？

对员工而言，辞职的机会成本太大。以互联网行业为例，一个年轻的程序员工作几年，就能达到年薪几十万元，而一些传统行业，朝九晚五，工作轻松，却很难有这个收入。

再加之对现在年轻人而言,初入社会,面对高昂的房价和生活成本,得到这份996却相对收入高的工作已经十分不易。所以大多也只能忍气吞声,偶尔发发牢骚,真正选择放弃的人少之又少。

可以看到,站在经济学视角下,短期有补贴的996工作制,对个人与企业来说是可以接受的,也可以在长期过程中得以调节。然而,倘若企业盲目地长期无补贴地推行996,则对双方而言都是一种损害,此种狭义996应当休矣!

(案例作者:郑育家　董宏基)

相关材料

对"996"说不! 整治超时加班,国家出手了!

中国多地正在对超时加班问题加大整治力度。3月份以来,已经至少有北京、山东、安徽、河南、广西、青海、湖南、湖北、江西等9个省份人社部门宣布,集中排查整治超时加班问题。

事实上,"996"工作制属于违法行为。根据劳动法规定,用人单位由于生产经营需要,经与工会和劳动者协商后可以延长工作时间,一般每日不得超过1小时,因特殊原因需要延长工作时间的,在保障劳动者身体健康的条件下延长工作时间每日不得超过3小时,但是每月不得超过36小时。

2021年,最高法、人社部联合发布超时加班典型案例,明确"工作时间为早9时至晚9时,每周工作6天"的内容,严重违反法律关于延长工作时间上限的规定,应认定为无效。明确"996"严重违法,2022年又开展超时加班整治,释放的信号十分清晰:纠偏当前的畸形加班文化,保障劳动者体面劳动、幸福生活。

国务院发展研究中心社会发展研究部研究室主任、研究员冯文猛对中新网"中国新观察"表示,最近一些企业员工由于过度加班出现事故,大家对于劳动条件、劳动权益保障更加关注,而且年轻人就业谋求更好劳动条件的意识日益强烈,诸多因素推动整个社会发展到一个新阶段:更加重视劳动者权益,更多考虑发展是为了更好地生活,努力实现生活和工作平衡,让工作更好地服务于生活质量提升和人的发展。

此外,冯文猛指出,一些调查显示,很多年轻人反映成天加班,没有时间谈恋爱、结婚、育儿,所以,需要改变过度强调工作而让生活"有名无实"的状态,让大家有时间和精力生育和养育。在鼓励生三孩的背景下,国家也在努力创造更好的育儿环境,让大家能够实现工作和生活的平衡,能够放心地谋划生育和进行养育,从而实现人口的长期可持续均衡发展。

(材料来源:https://baijiahao.baidu.com/s?id=1728595087307946298&wfr=spider&for=pc)

从劳动供需看明星的"天价片酬"

导言： 近年来，一些明星的"天价片酬"备受关注。他们的收入比普通劳动者高出许多倍，这引发了公众对于明星收入高涨的质疑。明星的收入为何这么高？他们的收入由什么因素决定？这些讨论愈演愈烈，已经演变成一个不可忽视的社会现象。本文将利用劳动力市场的基本理论来解释近年来明星"天价片酬"涌现的原因，简要分析其可能造成的潜在影响，并提出相应的解决方案，以期中国影视行业能健康长远发展。

一、明星的"天价片酬"从何而来？

早在 2014 年，中央电视台就推出过"明星片酬对中国影视行业影响"的专题报道，在当期节目中，知名导演陆川直言："当前很多演员的片酬已经超过片子预算的一半，高片酬所带来的直接后果就是大量制作费被占用从而降低制作质量。"2017 年，今日头条与界面新闻合作发布的"中国名人收入排行榜"中，榜首演员的年收入为 2.44 亿元。根据各地社保和统计部门公布的数据，2017 年，北京市全国平均薪资最高，但也只有 101 599 元。考虑到不同工作领域的薪酬水平差异，"一线演员"的年收入仍是惊人的。本文将从以下角度阐述明星"天价片酬"的来源。

根据供求定理，供给和需求达到平衡状态时价格达到均衡价格。中国经济快速发展，人们的生活水平和消费水平逐年提高，对文化产品的需求也迅速增加。国家电影局的数据显示，2019 年中国的票房达到 642.7 亿元，观影人次为 17.3 亿人，而电视剧受众规模为 12.81 亿人，全国家庭电视机拥有率为 95.7%。这巨大的市场需求带来了影视行业投资的迅速增长，各种媒体需要充足且优质的影视作品来保证自己在市场上的竞争力，广告商也看重明星的"粉丝效应"，不惜花重金请顶级明星代言以提升品牌知名度和扩大市场份额。从供给上看，成为明星需要诸多因素的天时、地利、人和：外形条件和演技是进入影视行业的第一道门槛，优质经纪团队的包装是良好观众缘的前提条件，"小火靠捧，大火靠命"更说明了运气也是成为"一线明星"不可或缺的因素。因此，背后的"天价片酬"反映了当前优质明星供给弹性差且供不应求的尴尬现状。这解释了为什么极少数的一线明星拿着上亿元的天价片酬，而所谓的"十八线明星"仍然挣扎在温饱线的边缘，只能靠跑龙套维持生计。

"明星"本质上是影视行业的供求市场中的生产要素，他们为大众提供了影视作品和服务(如带来视觉上的愉悦),这些是供求市场上的商品。明星的收入就是生产要素价值的体现。根据生产要素分配理论,生产要素的价格与商品的价格以及该生产要素对商品边际产出的贡献有关。因此,明星的薪酬即为生产要素的价格,应该与影视作品的价格和明星对影视作品边际产出的贡献成正比。从影视作品的价格来看,以影片《你好,李焕英》为例,截至 2021 年 5 月 9 日,《你好,李焕英》累计票房达到 54.13 亿元。此外,还有网络播放平台上的版权费用和广告收入,这说明一部热门影视作品的收入相当可观。从明星对影视作品边际产出的贡献度来看,研究表明,我国电影市场上明星具有"票房效应",即明星的演技直接体现在影视作品的最终呈现效果中,同时,明星又有被普通观众或粉丝喜爱的品格,这可以抓住人们的观影心理,从而提高电影票房收入。因此,尽管明星的"天价片酬"可能让一些导演和投资人望而生畏,但与明星带来的票房增量相比,所得仍大于所付的费用。因此,电影公司会通过起用明星来实现盈利目标。

综上,一线明星高于普通人的收入有其合理性,但明星片酬不断突破天花板,使后期制作费用被压缩,影视作品质量降低,也会导致普通民众产生不平衡心态,从而影响社会稳定。因此,限制明星片酬是必要的。接下来,本文将从供给和需求两个方面提出建议。

二、如何应对"天价片酬"

首先,进行供给侧改革。根据前瞻经济学人的数据,2020 年中国前八大院线的票房收入占全国电影票房收入的 61.83%,其中,万达院线占市场份额的 14%,中影数字、广东大地等院线所占市场份额差别不大,在 6%~11% 之间。实力雄厚的院线会利用自己掌握的排片权,率先将明星划分为不同的等级,对于有"一线明星"参演的电影采取多排片、多宣传的推广手段,而对其他电影采取少排片或将影片安排到深夜场放映,进一步导致市场不均衡。同样,电视剧行业也大致如此。因此,政府应该出台相应电影院线和电视剧播映的相关管理政策加强公平竞争,提高资源配置效率。

其次,还需要改进需求侧管理。政府可以设置明星接广告代言、参加综艺节目的费用上限,防止片酬过高带来不良影响。同时,加大监管力度,减少粉丝非理性消费的现象,防止"粉丝效应"带来危害。一些粉丝可能会为偶像疯狂消费,甚至将生活积蓄全部用于支持偶像,这会导致他们自己陷入贫困,同时也会对社会造成不利影响。因此,政府需要引导粉丝们理性消费,倡导健康的明星文化,从而实现更好的社会效益。

总之,为了解决明星"天价片酬"的问题,需要建立完善的监督机制,培育良好的影视业市场环境,将目前存在的唯流量论、唯片酬论转变为唯作品论。只有这样,才能从根本上解决收入差距和不公平的问题。同时,政府还要出台相应政策,引导观众对于明星"天价片酬"持理性态度,避免不合理消费现象的出现。只有通过这些措施,中国影视行业才能实现更好的发展,为中国人民奉献出更高质量的精神文化产品。

(案例作者:范纯增 成威松 和晓璇)

从劳动供需看明星的「天价片酬」

参考文献

[1] 刘焱.明星高片酬的经济学分析——从要素分配和垄断的角度[J].环球市场信息导报,2016(46):91-92.

[2] 王铮,许敏.电影票房的影响因素分析——基于 Logit 模型的研究[J].经济问题探索,2013(11):96-102.

相关材料

遏制明星片酬超标　北京市广播电视局出新招：

先审片酬再审内容！（有删节）

明星片酬疯涨,比房价还猛,成为近年来娱乐圈"久攻不下"的难题。对明星天价片酬实施管控,也成为公众的强烈愿望。

9 月 16 日晚间,北京市广播电视局官方微信发文,表示要加强电视剧行业管理,其中要先检查提交的演员成本配置比例和主要演员片酬合同等材料是否齐全,审核其片酬比例是否符合管理规定,不符合的不进入内容审查阶段。

一直以来,明星片酬问题都是行业关注的焦点。面对这一现象,自 2016 年以来,无论是国家相关监管部门还是行业监管都在不断努力,不断为"明星高片酬"问题开出明确"药方",以遏制天价片酬和明星炫富。

如今,限薪令之后高片酬问题再迎强监管,重拳之下,明星片酬能从根本上得到遏制吗?

9 月 16 日晚间,北京市广播电视局官方微信发布《北京市广播电视局多措并举加强电视剧行业管理》的推文,表示为严格贯彻落实中宣部、国家广电总局关于开展文娱领域综合治理工作的部署及北京市有关要求,进一步廓清行业风气,营造良好的从业环境,坚决有效治理天价片酬、"阴阳合同"、偷漏税等突出问题,北京市广播电视局多措并举,加强电视剧行业管理,推进电视剧产业高质量发展。

具体而言,管理共有四项,其中前两项直接关乎演员片酬。

一是压紧压实主体责任,严格落实告知承诺制度。其中,要对制作机构进行电视剧创作和拍摄制作阶段相关规定和风险告知,既包括备案立项、变更管理、制作拍摄、内容创作、成片审查和片酬管理等相关规定,也包括如果出现签订"阴阳合同"、偷逃税等违法违规行为所要承担的法律责任。目前,已对 80 部电视剧进行了告知。

二是落实演员成本配置比例要求,切实加强配置成本审核。首先,检查提交的演员成本配置比例和主要演员片酬合同等材料是否齐全;其次,审核其片酬比例是否符合管理规定,不符合的不进入内容审查阶段。目前,已经完成对 48 部内容审查阶段电视剧主要演员成本配置比例和主要演员片酬合同备案审核工作。

热钱来得快,去得也快。不少业内人士认为,高片酬背后其实是整个影视制作行业浮躁的表现。高片酬拍不出高水准作品,高颜值演不出打动人心的角色。

正如八一电影制片厂原厂长、中国电影界第一位女将军王晓棠曾在接受每日经济记者专访时所说:"我知道现在其实也有不少好演员、好编剧和导演,但是天价的问题把很多好的东西淹没了。一个演员在事业有成就、看似前途一片光明的时候,仍然需要很清醒地认识自己。"

（材料来源：https://www.nbd.com.cn/articles/2021-09-17/1916531.html）

从"大学扩招"到"高职扩招"

导读：从 1999 年开始,中国实行扩大普通高校本专科院校招生人数的教育改革政策,逐年扩大本科招生规模,这一政策在提高高等教育普及度、提高社会生产率的同时,也带来了本科生"就业难"等问题。因此,在 2012 年,教育部宣布本科招生规模将保持稳定,将重心转移到提高高等教育质量上。自 2019 年起,高职扩招开始实行,这是对大学扩招政策的延伸和丰富,也会为新一阶段的经济发展提供保障。对此,本文将主要对从"大学扩招"到"高职扩招"这一现象背后与劳动市场就业相关的经济学原理知识展开分析。

大学扩招,是指中华人民共和国境内自 1999 年开始的、基于解决经济和就业问题的、扩大普通高校本专科院校招生人数的教育改革政策。1999 年首次扩大高校招生规模,当年招生总数达 159.68 万人,增长速度达到史无前例的 47.4％,之后 2000 年的扩招幅度为 38.16％,2001 年为 21.61％,2002 年为 19.46％。自 2006 年开始,国家提出高等教育的发展要把重点放在提高质量上。大学扩招仍在进行,但扩招幅度开始放缓。进入 2008 年,全国普通高校本专科招生计划为 599 万人,增长幅度仅为 5％。

直到 2012 年 4 月,教育部发布《全面提高高等教育质量的若干意见》明确提出,今后公办普通高校本科招生规模将保持相对稳定,标志着持续了 10 余年的本科扩招正式停止。这一政策在 2019 年加入了新的内容。2019 年 3 月 5 日,时任总理李克强在政府工作报告中,首次提出要进行"高职扩招",人数为 100 万人,涉及 1 418 所高职院校。2020 年两会上,时任总理李克强明确提出 2020、2021 两年高职扩招 200 万人的任务。

从上述事实可以看出,大学扩招的政策经历了由"本科扩招"出发、停滞转向"高职扩招"再出发的过程,这一现象的背后蕴含着很多经济学原理。

首先,人们对于接受高等教育的需求正在逐年增加,这显示了经济学原理中的机会成本问题。在我国当前的形势下,学历高低与收入高低成正比已经成为大部分人的常识。根据之前的一份调查显示,在其选择的劳动市场里年龄为 18 至 60 岁,年收入为 2 000 元至 200 万元之间的 3 809 份统计样本中,学历为小学及以下、初中、普通高中、大学本科、研究生以上的人群中,平均年收入分别为 28 514 元、45 788 元、40 446 元、88 225 元和 102 883 元。[①] 可见,"学历越高,收入越高"在大多数情况下仍然是适用的。这就增加了

---

① 周洁,张俊.中等教育分流与收入差异——普通高中与中等职业学历教育收益率的比较研究[J].教育学术月刊 2019(12):94-100.

人们预期中高学历带来的收益,而与这些收益相比,接受高等教育所需要的成本,包括学费、住宿费、书本费等可见成本,以及用读大学的时间工作的收益这类机会成本,就会相应降低。在经济学的"理性人"假设下,人们应该选择收益最大的选项,因此,越来越多的人会选择花费时间接受高等教育,希望借此谋求未来更高的收益,高等教育成为一种新型的投资。

进行高等教育扩招的另一个原因是,教育可以增加一国的人力资本,进而提高一国的生产率。按照曼昆《经济学原理》(第七版)的定义,资本通常指经济中设备与建筑物的存量,但除了具体的物质资本外,对于人的投资和积累,即人力资本,也对经济中的生产十分重要。在之前的研究中 Uzawa 就发现[1],教育人力资本是促进国家经济增长的关键因素。利用生产函数进行分析也可以得到相同的结果:假设 Y 表示产量,L 表示劳动量,K 表示物质资本量,而 H 表示人力资本量,N 表示自然资源量,可以写出 $Y=AF(L, H, K, N)$,如果增加人力资本量的投入,即增加 H,可以使得产量有相对应的提高。

但加大人力资本投入的作用远不止于此。上式中,A 表示可得到的生产技术的变量,而这个变量的提升也与人力资本投入息息相关。高等教育不仅可以提高受教育者自身的才能和技术,更重要的是它所产生的正外部性,可以为国家储备更多的高新技术人才,进而推动科学技术的进步。在全世界日渐激烈的竞争背景下,人才培养是国家核心竞争力的集中体现,高新技术产业也成为一个国家引领世界科技发展的风向标。缺乏科研攻关能力,必然会在一些高精度产品生产过程中受到限制,这也是我国现阶段所面临的难题。通过"大学扩招"政策让更多人接受高等教育,以此提高高质量人力资本的产出水平,才能为国家科研水平突破瓶颈做出贡献,逐步提升国家科技竞争力水平,对未来生产率的提高也有巨大的推动作用。

但不可否认的是,10 余年的大学扩招,在促进经济发展的同时,也带来了一些问题,最明显的就是大学生就业难的困境。在劳动市场上,可供劳动者选择的机会发生改变会影响劳动力的供给。由于不同职业待遇存在差异,一些对学历和能力要求高的岗位,如技术部研发人员、金融分析人员、企业高级管理人员等,往往薪资较高,接受了高等教育的年轻人也更偏向于成为"白领",这直接导致这类职业的劳动市场上"供大于求",供给曲线右移,均衡工资下降,均衡就业量上升,但当每年高校毕业生增加的数量远超于增加的就业量时,就会有相当一部分大学生无法寻找到对口的工作岗位,一些成功入职的大学生也会因为工资低于预期值而产生不满的情绪。相对应的,一些更偏向于基层的体力劳动的岗位,则会因为薪资偏低以及传统观念中的"不体面"等原因,不被大学生选择,从而导致了较大的需求缺口。这样劳动力市场供给的不均衡,容易导致结构性失业的人数增多,会对经济的发展产生不利影响。

这正是由"本科扩招"转向"高职扩招"的原因所在。当发现本科生每年毕业人数过多使就业出现困难的时候,教育部发布《全面提高高等教育质量的若干意见》指出,公办普通高校本科招生规模将保持相对稳定，重心从数量扩大转移到质量提升上来，提高对于本科生毕业水平的要求，在高等教育进入普及化阶段后，逐步向"宽进严出"阶段过渡。同时，针对部分专业技术型人才缺乏的现状，开始面向应往届普通高中毕业生、中职毕业生、社会考生（农民工、下岗职工、退役军人、新型职业农民等）等招生，对其进行相关的职业培训，使这些劳动者的技能、经验、知识结构与可供的职位空缺相适应，充分激活含高职在内的职业教育，由高职学院输出更多的高技能人才，结构性增加就业供给，让更多人能通过一技之长实现人生价值，也进一步为社会经济的发展提供足够的人力资源支撑。

2019 年首次对高职院校实施扩招，人数是 100 万人；2020 年 5 月，时任总理李克强明确提出 2020、2021 两年高职扩招 200 万人的任务，2022 年扩招也仍会继续。但在扩招的同时，社会上仍然存在高职学生和技能岗位受歧视的现象，一些薪资方面的差距也需要扭转，还有其他相关的问题也亟待解决。国家社会企业只有"多管齐下"，才能解决现在劳动力市场上存在的问题，为经济发展注入新的活力。

（案例作者：潘小军　崔安琪）

相关材料

教育部等六部门关于印发《高职扩招专项工作实施方案》的通知（节选）
教职成〔2019〕12 号

主要任务

（一）扩大招生计划。加强中央统筹，综合考虑各地生源情况、办学条件、经济支撑等因素，合理确定 2019 年各省份高职扩招计划安排。各地要科学分配扩招计划，重点布局在优质高职院校、区域经济建设急需、社会民生领域紧缺和就业率高的专业，以及贫困地区特别是连片特困地区。引导各地加强区域协作，加大东部地区院校向中西部地区的招生计划投放力度。针对退役军人、下岗失业人员、农民工、新型职业农民等群体单列计划，一部分面向退役军人，一部分面向下岗失业人员、农民工和新型职业农民。高职院校要加强与现有独立设置的特殊教育机构合作，加大残疾学生培养力度，让更多残疾人接受适合的高等职业教育。在学前教育、护理、家政、养老、健康服务、现代服务业等领域，扩大中高职贯通培养招生规模。统筹普通教育、职业教育和继续教育，为各类群体提供灵活多样的升学和培养模式。

（二）做好高职扩招的补报名工作。在 2019 年高考前组织一次参加高职扩招专项考试的补报名工作，主要面向普通高中毕业生、中职（含中专、技工学校、职业高中）毕业生、退役军人、下岗失业人员、农民工和新型职业农民等报考高职院校的群体。于 10 月份面向 2019 年退役的军人再增加一次补报名。各省份原有高考报名条件保持不变，已经参加高考报名的考生,不再参加此次报名。联合开展补报名宣传动员和考生资格审核,教育部门负责高中、中职应届毕业生的宣传动员,会同公安部门审核考生户籍、学籍信息;退役军人事务部门负责退役军人宣传动员,审核退役军人身份;人力资源社会保障部门、农业农村部门分别负责下岗失业人员和农民工、新型职业农民宣传动员及身份界定工作。取消高职招收中职毕业生比例限制,允许符合高考报名条件的往届中职毕业生参加高职院校单独考试招生。

教育部　国家发展改革委　财政部
人力资源社会保障部　农业农村部　退役军人部
2019 年 5 月 6 日

(材料来源：https://www.gov.cn/zhengce/zhengceku/2019-10/23/content_5444015.htm)

对读研的冷思考

导读：研究生教育是培养高端人才的重要环节，是一个国家提升人均人力资本的重要途径，也是经济持续增长的重要基础。而考研对个人而言，可以提升综合素质和专业技能，提升在就业市场上的竞争力；对社会而言，则可以降低摩擦性失业率，为经济增长提供更为优质的人力保障。但理性人还要考虑其机会成本，权衡三年的时间与考研的收益对决策而言也至关重要。对此，本文主要从经济学中的机会成本角度出发，分析考研背后的隐性成本，希望给考研一族提个醒。

随着近年来的考研热，围绕读研的讨论也越来越热烈：考研人数逐年攀升，分数线也不断攀升，令众多考生感到考研的压力越来越大，考研甚至被不少人称为"小高考"。

对于考研的必要性，理解学生考研的目的与动机至关重要。纵观近几年的考研数据，我认为理由有以下四点：第一，考研对于高考发挥失常的同学来说是巨大的上升阶梯，所处院校等级的提升将会为自己创造更宽广的舞台；第二，考研带来的学历提升将为学生提供更多的就业机会，使应届毕业生有更多的选择；第三，读研究生是一个提升自己的过程，这种提升不仅指专业知识的深入学习，还包括素养与学习能力的提升，以便在将来的工作中获得更大的发展空间；第四，除了个人追求，研究生文凭对整个社会与国家的发展而言，将使得劳动者的技能与雇主的要求更加匹配，缩短了适应期，能在一定程度上减少摩擦性失业，推动生产力的发展与社会的稳定。由此，从提高人均人力资本与降低摩擦性失业这两个角度来看，或许就不难理解，社会大背景确有促使本科生考研的动机。

但在看到考研带来的明显收益的同时，其机会成本也是不可忽视的。除了学费等显性成本外，也存在着一些隐性成本，例如时间成本。读研的生活会占据研究生未来两到三年的时间。根据经济学原理中的理性人假设，如果收益低于机会成本，那么交易（这里是指考研）是无法进行的。当然，对机会成本的衡量则因人而异，具有一定的主观性，因此，关于考研的争论总是难以得出一个一致的结论。例如，假设一个理性人读研是为了获得收入更高的工作，以便尽快购置新房。从环境来看，如果这三年恰逢房价高速上涨的时期，那么三年读研带来的收入提高可能还不及房价的上涨。从专业来说，一些技术性、专业性比较强的专业，比如数据分析、法律等，读研会带来巨大的收益增幅，因为硕士学位几乎是找工作所必需的；但对专业技能要求不高的工作，比如企业运营、市场营销等，更重要的则是实际工作经验的积累，那么读研对薪资的显著提升似乎很难带来较大的帮助。尽管大多数考生的考研动机是为了自我提升,期望做到学有所长、学有所用,并致力于成为创新的学术拔尖人才或高层次应用型人才,但也不乏有些考生读研只是为了给学历镀金,以期待获得更好的工作,更有部分学生受到跟风影响,报考热门专业,而全无自己的主见。从这个角度来看,对于后两类人群而言,读研的性价比似乎并没有那么高,或者说研究生教育的价值并没有得到其真正的发挥。

关于考研动机,尽管会有客观因素的干扰,但考生也应三省吾身,严防从众心理作祟,结合自身实际情况来决定是否考研,正所谓"考研'热'需要'冷'思考"。在此,本文拟提出几点看法与建议:第一,以目标为导向,以职业发展和职业需求为根本出发点,来进行思考、分析和决策;第二,了解对应岗位的工作内容、性质以及对学历的要求;第三,考虑工作单位对学历的重视程度,例如大型国企、央企、科教文卫等组织对学历会更为重视;第四,匹配个人特质和兴趣专长到对应岗位,例如,霍兰德兴趣类型中的"研究型"是很适合考研的,而"实际型"与"企业型"的考生则似乎可以对考研有更加深入的考量;第五,兼顾家庭经济条件。

从社会角度来看,为了实现精确导向,避免研究生群体的大材小用,应当努力做到"双管齐下":一方面,增加高技术含量企业的数量,逐步淘汰劳动密集型产业,优化产业结构,创造更多的就业机会;另一方面,在中考、高考时就进行分流,因材施教,根据个人的特长划分,分别进入专科院校与本科院校。此外,全社会各领域和企业也要多方面考量人才,杜绝唯分数论、唯学历论。目前我国已经在逐步实施一些关键举措来实现经济结构的调整和人才的最大化利用,相信在不久的将来,人们能够更理性地看待考研,做出适合自己的决定。

(案例作者:潘小军　乐濠源)

参考文献

[1] 张思楠.考研"热"需要"冷"思考[N].中国财经报,2022-04-12(003).
[2] 李玉兰.考研热度攀升,折射就业市场新变化[N].光明日报,2022-04-12(014).

相关材料

考研热度攀升,折射就业市场新变化

近日,2022年全国硕士研究生复试工作陆续展开,围绕它的讨论也越来越激烈:分数线再次提高,令不少考生大呼考研越来越"卷",甚至被人称为"小高考"。考研为什么越来越难?在竞争激烈和分数升高的表象下,研究生考试有哪些值得关注的变化,又呈现出哪些新的趋势和特点?

1. "不就业也要考研"，执着背后的深层考量

记者在采访中了解到，很多学生考研的初衷是增加就业竞争力。但奇怪的是，一些备考学生哪怕有好的工作机会也不急于就业，动辄"二战"。"相当一部分'二战'现象出现在家庭经济条件较好的学生身上，他们没有解决温饱的压力。执着于考研背后的原因很多，其中之一是因为一些学生没有明确的人生目标，缺少职业规划。"中国石油大学（北京）就业指导中心主任黄磊认为："从考研动机来看，确实有很多同学是热爱专业，想进一步深造，未来从事科研工作。但也有相当一部分同学考研目标并不明确，并没有做好进入职场的充分准备，想通过考研暂缓就业。"

2. 从追求"更好的自己"到追求"上岸"

记者在调查中发现，曾经有一段时间，考研学生中普遍存在"名校情结"，许多本科非"名校"的学生渴望圆自己的名校梦，刻苦备战考名校。近几年，一些学生不再追求名校，而是追求"上岸"——通过任意一所大学的研究生考试。中国教育在线发布的《2022年全国研究生招生调查报告》显示，"双一流"院校的报考人数增速在放缓，而普通院校的报考人数大幅度增长。

社会需求是就业的指挥棒。当优质就业岗位都要求硕士学位的时候，考研就成为大多数人的选择。而同时，如果越来越多的人考研，也意味着优质岗位有足够的研究生可供挑选，那么要求标准也会不断提高，形成一个不断上升的"考研和就业螺旋"。这样的情况下，为争取一个普通的工作机会，很多人选择了更现实的硕士学位，而非较难考取的名校硕士学位。

3. 专业学位研究生教育和学生之间的"双向奔赴"

2020年，教育部、国家发展改革委、财政部发布《关于加快新时代研究生教育改革发展的意见》（以下简称《意见》），明确将优化研究生教育规模结构，硕士研究生招生规模稳步扩大，大力发展专业学位研究生教育。《专业学位研究生教育发展方案（2020—2025）》也提出："到2025年，以国家重大战略、关键领域和社会重大需求为重点，增设一批硕士、博士专业学位类别，将硕士专业学位研究生招生规模扩大到硕士研究生招生总规模的三分之二左右。"政策导向上，专硕（专业学位研究生，通常简称为"专硕"，学术学位研究生简称"学硕"）的招生规模不断扩大；现实中来看，相比学术型硕士，专硕也更受学生欢迎。扩大专硕招生规模和学生愿意报考二者"双向奔赴"的背后，是经济社会发展的需求和高等教育内涵式发展的变化。

4. 未来几年，考研热或将持续升温

追求"上岸"导致很多学生考研追求"好考"，从而出现了类似公务员考试中的情况，条

件要求越少的专业报考人数越多,反而变得"不好考"了。李景叶说:"近几年,受就业因素的影响,不少考生盲目追求热门专业或初试门槛相对较低的专业,使得部分经济类和管理类专业学位的报考人数激增,报录比居高不下。例如全日制的会计专业学位,从报考情况来看,全国大部分招生单位的第一志愿生源十分充足,考生一旦不能被第一志愿招生单位录取,基本不存在调剂的机会。"(有删节)

（材料来源：李玉兰,光明日报,2022 年 04 月 12 日第 14 版）

就业市场中的"35岁门槛"合理吗？

导读： 全国人大代表蒋胜男在两会上提出的"取消公务员35岁年龄限制"建议引发热议。一直以来我国职场中的年龄歧视，客观存在，不仅是报考公务员有35岁以下的硬性标准，部分企业、科研机构、高校也将35周岁作为招聘年龄"红线"。随着老龄化程度逐步加深，我国劳动力人口平均年龄已上升至38.8岁，"十四五"规划也将延迟退休政策提上日程。35岁的劳动者应正值壮年，然而，许多用工单位却更青睐35岁以下的求职者，使得年龄较大的求职者面临就业困境，社会面临人才浪费。本文基于歧视经济学的相关理论，分析职场"35岁门槛"的成因、后果及应对之策。

根据歧视经济学理论，职场中的年龄歧视大多属于雇主歧视，理论上，竞争市场能够对雇主歧视进行自发矫正，无须人为干预，因为随着时间的推移，没有歧视的企业就会自动取代存在歧视的企业。但现实中的变数更多，由于大部分企业并非处于完全竞争市场中，或多或少具有一定程度的垄断，所以这种矫正效果就不太明显。另外，从招聘成本的角度考虑，部分用工单位认为年轻的求职者可塑性强，懂得变通，工作效率更高，35岁以上的求职者则可能难以承受较高的工作强度，对薪酬的要求较高，且受到家庭因素的影响，难以全身心地投入工作。长此以往，就业市场上就形成了年龄歧视的风气。除此以外，还有我国产业结构变化的客观因素——对劳动力的数量需求减少、质量要求提高。一些新兴行业，尤其是互联网和电子通信行业的快速发展，对劳动力提出了更高的要求。其相关企业的风格常常是注重创新与变化，节奏快、压力大，以年轻化的团队为主，如阿里、华为、字节跳动等。这些企业技术革新迅速，人员流动快，给老员工造成了一定的冲击，这也是35岁以上员工失业及再就业难的原因之一。

那么，这种现象会带来哪些不良后果呢？首先，对35岁以上的求职者而言，年龄歧视增加了他们在劳动市场上搜寻工作机会的难度，换句话说，延长了摩擦性失业的时间。劳动权益得不到保障，中年群体在职场中的试错成本不断提高。35岁就业门槛就这样演变成了35岁职业危机，同时肩负着家庭开销与工作的压力，这对普通求职者和求职者家庭来讲都是不小的负担。更进一步，这群劳动者可能在低迷的情绪下失去拼搏的动力，在就业市场上的竞争力持续下降，形成恶性循环。

其次，对用人单位而言，年龄刻板印象造成的是人力资源的损失。不可否认，在制定35岁年龄限制上，用人单位一定有自己的考量，可能是担心年龄稍大的劳动者创造性思维不在巅峰状态,或是生理机能下降导致职业倦怠。为了追求利润最大化,这些顾虑不是完全没有道理,但是任何标准都不是一成不变的。随着我国医疗资源的不断完善和社会整体福利水平的提高,人均寿命逐年增长,人口健康水平提升,现在的 35 岁和 10 年、20 年前的 35 岁不能同日而语,可能正是年富力强的时候。35 岁以上的求职者积累了一定的工作经验与阅历,可能更有利于在职场上创造价值。除了个别职业,与年龄有较大关系,如运动员等,其他职业从生理角度来说不应该对年龄有硬性规定。以某个年龄为界"一刀切",忽视个体差异的做法,显然违背了唯才是举的用人原则。

将视野放大到整个社会,职场中的年龄歧视也有诸多不良影响。如果激化的中年焦虑、失业矛盾扩散为普遍性的恐慌,导致一连串的连锁反应,必将影响社会的长治久安。另外,35 岁就业门槛造成了劳动力资源的极大浪费,后果不容小觑。虽然目前我国的人口红利仍然存在,但老龄化、少子化的趋势也十分明显,《人力资源和社会保障事业发展"十四五"规划》显示,"十四五"期间,我国新增退休人口将超过 4 000 万人。所以,从长远来看,为了让更多高素质人才投身于祖国的建设,必须营造宽容的社会环境,解决中年群体的就业问题。

要恢复职场的平等竞争,不让年龄成为就业市场的痛点,这道门槛必须破除。当然纠正年龄歧视,尤其是有争议性的隐性年龄歧视,绝非易事,不能仅靠市场的调节,需要多方面的配合。首先应从法规、政策方面入手,完善与年龄歧视相关的立法和后续的监管,开放公益性岗位,开展社会层面的继续教育、职业技能培训等。其次,要通过正面宣传纠正企业的年龄刻板印象,鼓励其平等录用人才并完善人力资源管理,对在职员工进行长期的培训,完善晋升制度,肩负起企业的社会责任。最后,劳动者自身也应努力提升竞争力,适当降低求职的预期,与时偕行,养成终身学习的习惯。

(案例作者:罗守贵　何雨含　陆亦遥)

相关材料

打破职场"35岁门槛"成两会"热词"(节选)

全国两会开幕前,"取消公务员 35 岁年龄限制"的建议,冲上了热搜。

全国人大代表、温州大学研究员蒋胜男连续 2 年在全国两会上提出这一建议。"35 岁的隐性年龄歧视,在职场其实一直存在。"蒋胜男接受中青报·中青网记者采访时表示。

今年政府工作报告中明确提出:"坚决防止和纠正性别、年龄等就业歧视,着力解决侵害劳动者合法权益的突出问题。"蒋胜男认为,纠正性别、年龄歧视应首先从政府机关和国有企事业单位入手,对民营企业采取引导政策和措施。政府部门的招考要作出表率,逐步放开公务员考试 35 周岁限制。

"因为年龄限制无法进入职场,是人才的巨大浪费"

蒋胜男说,自己的读者中,有很大一部分处于 35 岁左右的年龄段,在跟他们交流的过程中,她了解到这个群体面临的困境。近几年,一些企业经营状况不善,部分员工需要再就业,35 岁门槛带来的困境更加明显。"这些人并不是因为知识水平跟不上才失去工作的。不少人经验、水平都不错,但找工作还是被 35 岁这道坎儿难住了。"

在蒋胜男看来,一个人到 35 岁时,经历了数年的职场磨炼,业务和待人都趋于成熟,正是年富力强、大展宏图之时,如果因为年龄限制无法回到职场,那真的太可惜了。

现在的年轻人,从学校毕业时大多 20 岁出头,工作两三年后稳定下来,结婚生子。很快面临父母退休、上有老下有小的阶段。她认为,如果因为年龄限制就把这群人排除在职场之外,不仅是对人才的巨大浪费,也会让很多人担心自己到了一定年龄被淘汰,继而影响结婚率、生育率、职场投入度、职业规划等,这会成为很大的社会问题。

全国人大代表、华南师范大学教授林勇也带来了关于放开公务员考试 35 周岁限制的建议。

他对中青报·中青网记者表示,"35 周岁限制"成了许多单位招聘人才时设置的门槛,这不适应人口长期均衡发展的需要。

林勇介绍说,1994 年 6 月,《国家公务员录用暂行规定》发布,报考国家公务员必须具备的基本条件是"年龄为 35 岁以下"。2019 年,中组部修订《公务员录用规定》,明确报考公务员的年龄要求为"18 周岁以上、35 周岁以下"。此后,这一标准被一些事业单位及企业在招聘时采用。

林勇指出,目前 90 后、00 后已成为婚育主体,受多重因素影响,婚育推迟现象十分突出。这意味着,如果女性在 25 岁以后生育一孩,那么其在生育二孩、三孩后,或将超过 30 岁甚至 35 岁。此时,女性如果想要重返职场,就会被"35 周岁限制"拒之门外。

"放开'35 周岁限制',有利于女性兼顾适龄生育与职业发展,是调整生育政策、促进人口增长、提高人口红利的重要配套举措。"林勇说。

(材料来源:王亦君、焦敏龙,中国青年报,2022 年 3 月 8 日第 5 版)

丁真走红背后的颜值歧视分析与颜值市场

导读：2020 年，一位藏族小伙丁真因为一条 10 秒视频爆火，他凭借着视频中清澈的大眼睛和独特的纯真长相，吸粉过万，仿佛又在证实"颜值即正义"的命题。为何没有学历的丁真能够迅速走红，凭借高颜值在劳动市场中获取高收入？本文以丁真走红为切入点，讨论颜值经济的发展以及其带来的问题，以此思考并探索颜值背后的经济效应与可发展性。

丁真，一个来自四川省甘孜藏族自治州理塘县小山村的藏族小伙，在 2020 年被摄影师"波哥"抓拍并在网络走红。不久之后，丁真与理塘县国资委下属的国有企业的下属博物馆——理塘仓央嘉措微型博物馆签约，成功成为理塘县的旅游大使，更有众多电视平台、媒体公司邀请丁真出镜。

丁真的走红是众多因颜值而走红人物中的典型代表。随着互联网时代直播平台的发展，许多高颜值的主播只要开启直播便能使成千上万的粉丝疯狂地刷礼物，难道颜值真的就是正义吗？与此同时，劳动力市场中的颜值歧视也不在少数，有求职者因为外貌不佳而在求职的过程中屡次碰壁，甚至有毕业生在已经与公司签订劳动合同的情况下，被单位以外貌形象不符合要求而拒绝履行劳动合同，更是有公司直接将外貌作为招聘的一个硬性指标。

经济学原理告诉我们，在均衡状态下，每个劳动者得到的收入是他（她）对物品与服务生产所贡献的边际价值。此外，收入也与个人的天赋、能力、努力程度及机遇等因素有关。虽然天生的因素很难衡量，但是它们在决定工资的过程中有着独一无二的作用。个人的长相在某种程度上正反映了这种差别，以丁真为例，独特的颜值便是他的天赋，而"波哥"的抓拍如同伯乐给他的机遇，由此看来，他的高收入也不难解释。教育的人力资本累积和信号理论解释了为什么平均意义上受教育多的人往往比受教育少的人赚得多，但是相貌等其他影响因素却往往被人们所忽视。

那么，颜值作为天生的能力究竟是怎么影响收入的呢？

首先，颜值作为一种天赋，可以影响劳动的生产率。与健康、教育相同，颜值也可能是人力资本的一部分。高颜值的人能够更好地与人交往，能够促进生产经营中合作效率的提升，获得更多的资源。Hamermesh ＆ Biddle(1994)就创造性地发现，外貌姣好者的收入比相貌平平者高 3％～5％，而外貌丑陋者的收入比相貌平平者低 5％～10％。高颜值就是高质量劳动中的一环，具有漂亮外貌的人的劳动供给本身就是稀缺的。

其次，劳动力市场可能存在颜值歧视，现实生活中不少人往往"以貌取人"。在劳动生产率相同的情况下，雇主为了满足公司所服务的顾客，往往会更青睐高颜值的群体。有研究发现，雇佣者和顾客都会对雇员的外貌进行评价，影响劳动者的收入。

最后，高颜值的人更容易获得信任。在人与人的合作中，外貌较好的个体能够得到更多人的信任，而信任本质上作为一种资本可以降低合作中的交易成本，大幅度为企业节约资金并且增加自己的绩效。在现实生活中，高颜值群体在与陌生人的交谈中更容易获得信赖，毕竟人本性爱美，也向往美，对于美的事物有着无条件的亲近感。

事实上，由于颜值在劳动力市场扮演起越来越重要的角色，颜值背后的经济效应已经不容忽视，"颜值经济""颜值效应"这些词也被提出。所谓"爱美之心人皆有之"，商家正是抓住这一需求，大力开拓颜值经济市场。对高颜值的需求带动了整个行业的繁荣，从琳琅满目的化妆品到美容仪，从夸大其词的医美企业到整形医院，不同背景的新企业源源不断地进入这个市场。

这种快速发展滋生了行业背后的种种乱象。由于准入门槛较低，许多美容医院不但卫生条件差，技术水平同样不敢恭维，反而给想变美的人们造成了不可逆转的伤害。市场监管部门也开始逐渐加强对相关行业的整治。2021年6月，国家八部委联合发布《打击非法医疗美容服务专项整治工作方案》。这场历时半年的专项整治，参与执法的部门多，执法力度大，被解读为"史上最严"医美整治行动。综合看来，颜值经济确实带来了新市场，但同时也需要加强引导，逐步回归理性。

与此同时，商品的颜值也开始备受消费者的关注，逐渐成为产品竞争力之一。比如，一些手机品牌并不是因其性能或价格优势而受欢迎，而是因为其设计响应了流行的高颜值样式。又比如，在网络游戏中，玩家会仅仅因为好看而充值购买游戏角色的服装和皮肤。由此可见，颜值不仅对劳动力市场有影响，在商品市场中也不例外。

颜值经济的发展给各类市场都带来了一定的机遇，也需要我们正确看待颜值的作用和价值。对于新出现的问题和挑战，政府也要及时应对和引导，用颜值赋予经济发展新动能。

（案例作者：王洋　邓言耀　赵艺然）

参考文献

［1］　Hamermesh D S, Biddle J E. Beauty and the labor market［J］. American Economic Review，1994，84(5)：1174-1194.

相关材料

打动世界的"中国流量"

眼里闪着清澈的光，脸上带着腼腆的笑，淳朴的藏族小伙儿丁真从四川甘孜这方净土走来,以一种工业化时代少见的纯真与自然攫住了人们的心。他的拥趸不仅是中国人,从日韩到欧美,全世界都注意到这位如高原山水般纯净的少年。

被日本网友称为"从动漫走出的美少年"的丁真如今已成为家乡的新名片。视频镜头所及之处,是牧牛、赛马、随心畅快的天堂,是仓央嘉措诗里的白月光,是脱贫之后的家乡,鲜活滚烫。这位藏族少年怀抱的转经筒,遮住他笑脸的神秘藏族面具,也让世界瞥见中国少数民族自由快意的生活。这名新晋的中国"网红",为外国人打开了又一扇看见美好中国的"窗口"。

美好中国,打动世界。不久前,被海外网友称为"东方美学生活家"的李子柒,已经在热门视频网站 YouTube 上坐拥千万订阅者,俨然成为传统文化全球圈粉的"中国现象"。一位韩国粉丝曾说:"李子柒的生活状态满足了我对美好生活的所有期待。"

而来自河北邢台的农家小伙儿刘世超分享的一段烤红薯视频,则串联起全球网友对各自儿时的温暖回忆:从乡村火烤的面包片到祖母的爆米花,从与朋友一起分享的龙虾到捡柴生火烤熟的热狗……

美食、美人、美景……美永远是最具普适性的世界通用语言。全世界对真善美的追求是相同的,现代人对鲜活人物、自然风光、纯净心灵的向往是共通的。从李子柒到丁真,带着浓郁"中国风"的乡土美食、城市生活图景、秀美田园风光以及蕴含其中的中式哲学与美学,丰富了当代中国风貌在海外传播的内容,也满足了世界了解一个东方大国的真切渴望。与此同时,"窗口"这边的中国,正以自信、开放、包容的姿态,迎接来自全球的关注和期待。

感知中国,了解中国。中国"网红"正以其独特的视角记录着祖国的日新月异,校正着少数人对中国的认知偏差,帮助他们摘下观察中国的有色眼镜。

在外国网友看来,被戏称为"史上最贵挖掘机"的嫦娥五号,俨然是中国新晋"网红"中的佼佼者。从落月成功到开始"挖土",这名"网红"承载着中华民族伟大的航天梦,也让中国古老而美好的奔月传说一步步照进现实。

在 5G 登场、万物互联的时代,我们需要更多能够守护真善美、传播正能量的中国"网红"。"网红"们可以是丁真、李子柒,可以是"玉兔""嫦娥五号",也可以是每一个平凡而不凡、努力创造美好生活的你我他……

随着越来越多的中国"网红"走向世界,古老而多元的中国形象必将越发生动鲜活。而在广袤的中国大地上,勤奋善良、自强不息的"中国气质"也将被镜头和历史一帧帧定格、铭记。

(材料资源:https://baijiahao.baidu.com/s?id=1685054092096175785)

小小螺蛳粉何以"链"动乡村振兴？

导读： 螺蛳粉，来自广西柳州，香辣酸臭，别具风味。2012 年，《舌尖上的中国》让螺蛳粉第一次走进大众的视野，2014 年，首次出现预包装螺蛳粉。如今，螺蛳粉已长居网红食品榜首，成为许多人欲罢不能的美食。小小一碗螺蛳粉，何以如此受欢迎，以致成长为一条成熟的产业链？本文运用经济学原理，从不同方面分析螺蛳粉"走红"的原因以及它所带动的产业链发展，特别是螺蛳粉全产业链对于乡村振兴所带来的帮助和启示。

"小米粉大产业，做到这么大很不容易。"这是习近平总书记在 2021 年考察柳州螺蛳粉生产聚集区时做出的评价①。小小一碗螺蛳粉，背后有着一整条产业链，一片生产聚集区的支持。同时，《打造螺蛳粉全产业链，夯实产业基础——广西柳州市螺蛳粉产业振兴新探索》也是入选《圆梦新时代　开启新征程——2021 年全国巩固脱贫成果和推进乡村振兴典型案例掠影》的 14 个典型案例之一。螺蛳粉为何能迅速走红，并且维持热度，盘踞在网红食品榜首？其背后的经济学原理值得探讨。

螺蛳粉市场具有完全竞争市场的特点，买家和卖家众多，信息近乎完全，商品也几乎同质。因此，螺蛳粉市场同样也不会出现大幅度的产品革新和高成本加成率的定价。目前，网购的螺蛳粉一袋均价在 10 多元，这样实惠的价格让螺蛳粉在不断推陈出新的网红食品中得以站稳脚跟。而如此低廉的价格是如何实现的？螺蛳粉这样一个竞争激烈的市场又为什么能吸引大量企业进入呢？这与螺蛳粉的生产运营销售方式——规模经济是分不开的。

从 2014 年至今，柳州市已经陆续成立了近 1 万家与螺蛳粉相关的企业。这些企业中有的负责螺蛳粉的包装、销售，有的负责螺蛳粉相关的运营和推广，有的负责螺蛳粉或是其中部分配菜的生产。目前，柳州更是已经建立起成熟的螺蛳粉生产聚集区，不同生产和销售环节的企业聚集在该区域生产、销售螺蛳粉所需要的原料和成品。因此，正是由于专业化的分工，使得螺蛳粉在各个环节的生产效率大大提升；此外，聚集效应让运输成本足够低廉，购买原材料足够便利；同时，随着相关企业的聚集，熟练工人不断增加和聚集，提高了生产效率：这无一不是规模经济在发挥作用。规模经济具有长期平均总成本随产量增加而减少的特性，因此，在柳州生产螺蛳粉的成本并不算高，这让螺蛳粉在市场上脱颖而出，在激烈的食品行业竞争和迭代中都有着不小的优势。

---

① 张晓松，朱基钗. 习近平：希望民营企业放心大胆发展[EB/OL]. (2021 - 04 - 27)[2023 - 09 - 21]. https://www.xinhuanet.com/politics/2021-04/27/c_1127380661.htm.

柳州螺蛳粉产业的发展与当地政府给予的相关政策支持也是密不可分的。早在2016年,柳州市人民政府就印发了《促进柳州螺蛳粉产业发展的实施方案》,以推进柳州螺蛳粉品牌化、标准化、规模化、产业化发展,此时距离第一个预包装螺蛳粉的诞生仅不到2年,及时出台的规范为螺蛳粉后来的一路走红打下了坚实的基础;在2018年又印发《柳州市全面推进螺蛳粉产业升级发展的若干政策措施》,推出多项措施落实螺蛳粉产业发展及升级;与此同时,柳州市人民政府成立了螺蛳粉产业发展领导小组,制定出台系列政策文件,从宏观层面对螺蛳粉文化系统进行规划,尤其在非物质文化遗产的挖掘与传承中不断赋予螺蛳粉文化新动能。2021年6月10日,国务院公布第五批国家级非物质文化遗产代表性项目名录共185项,柳州螺蛳粉制作技艺等上榜。没有相关政策的支持,螺蛳粉产业很难在相对较短的时间内发展成这样大的规模和体量,这条创业之路也将更加坎坷波折。

这一系列的政策与行业规范的出台也向消费者传递了一个质量的信号:螺蛳粉已然成为国家非遗,不再只是民间的小吃,是具有特定文化背景、能够保证质量的特色地方食品。这不仅向消费者发送了消费前的信号,也向相关企业提供了保持高质量的激励,而人们同样也会对激励做出反应。显而易见,消费者对于螺蛳粉的消费意愿提高了,而企业对于螺蛳粉的生产、销售和宣传等的积极性也提高了。

柳州螺蛳粉生产聚集区位于多个村落中间,是名副其实的乡村产业。原本附近的农民只能从事农业工作,但是囿于自然条件,不少年轻人只能选择进城务工。但在螺蛳粉产业的带动下,柳州市创造了20万农村人口增收、5 500多户共计2.8万脱贫人口巩固脱贫成果的优异成绩,走出了一条柳州特色产业转型升级、农民脱贫致富的新路。附近的农民找到了便利且收入可观的工作:有的种植豆角、木耳、花生等螺蛳粉的原材料,有的进入有关企业从事加工工作。而年轻人也纷纷回到家乡,加入螺蛳粉产业的。作为年轻的一代,他们利用网络直播等宣传销售方式,让螺蛳粉跟上时代的潮流,走向更广阔的市场,销量更上一个台阶。有了螺蛳粉生产聚集区之后的乡村展现出十足的活力,人们的生活有了奔头,在忙碌中享受着更富足、更幸福的生活。

各类因素的共同作用使螺蛳粉在如过江之鲫的网红食品市场上"长盛不衰"。逐渐发展的规模经济和及时规范的政策支持,使螺蛳粉产业链发展壮大,提供了工作机会,带动了乡村振兴,让乡村有了蓬勃生长的活力。只要坚定不移地走中国特色社会主义乡村振兴道路,可以预期,会有更多的特色产业在广阔的乡村大地上孕育而生,发展成熟后又将反哺这片生机勃勃的土地,实现真正的乡村振兴、共同富裕。

(案例作者:王洋　邓言耀　王馨怡)

相关材料

小小螺蛳粉,"链"动大产业

日前,国家乡村振兴局以视频形式发布了《圆梦新时代　开启新征程——2021年全国巩固脱贫成果和推进乡村振兴典型案例掠影》，其中，柳州市乡村振兴局推荐的《打造螺蛳粉全产业链，夯实产业基础——广西柳州市螺蛳粉产业振兴新探索》成功入选全国 14 个典型案例，是广西唯一入选的典型案例。

"螺蛳壳里做道场"，柳州用螺蛳粉做出了一篇大文章：借螺生财，鼓了农户钱袋子；以螺为媒，蹚出脱贫新路子；依螺发展，实现产业化发展。最大的亮点就是，用工业化思维推动螺蛳粉产业一、二、三次产业发展，带动了脱贫攻坚和乡村振兴。这一创新举措和先进做法，令人刮目相看，值得借鉴。

多年的探索证明，激活脱贫致富内生动力，关键是要发展好产业。没有产业，没有经济上后续稳定的来源，就没有真正意义上的脱贫。可以说，在中国的扶贫实践中，产业扶贫已经成为最具活力的扶贫模式之一。但产业扶贫需要综合推进，要选准产业，立足长远发展，而不能只是追求短平快。柳州市深谙其道，瞄准螺蛳粉，探索创新运作模式，培育新型经营主体，通过强链、补链，拓宽了贫困群众增收渠道。近年来，在螺蛳粉产业的带动下，柳州市共有 20 万农村人口增收，5 500 多户贫困户、2.8 万贫困人口实现脱贫，这为产业扶贫写下了鲜明注脚。

小小螺蛳粉，"链"动大产业。螺蛳粉原本是盛行于柳州市街头的地方小吃，2014 年袋装柳州螺蛳粉面世，借力互联网在国内外实力"圈粉"。从街边堂食到工业化生产，从袋装螺蛳粉热卖到实体店遍地开花，柳州可谓慧眼独具，匠心远谋，充分挖掘了螺蛳粉主导产业的带动效应，不仅成功打造了螺蛳粉全产业链，也让"一碗粉，带火了一座城"书写了特色产业振兴的奇迹。

一碗粉，不仅成了俏销各地的"网红"，还成了"农民脱贫致富的好帮手"。短短几年间，预包装的广西柳州螺蛳粉，已从名不见经传的地方美食成长为当地的大产业。螺蛳粉产业的高速发展，也带动了酸笋、螺蛳、酸豆角、木耳、腐竹等产业规模化、产业化、标准化、品牌化发展，孕育出带动农民奔小康的全产业链。柳州市围绕螺蛳粉全产业链，扶龙头、建基地、补短板、延链条、促产业、惠农民，还走出了一条"产业＋旅游＋就业"高度融合的扶贫之路。

一人难挑千斤担，众人能移万座山。当前，全国各地都在加快推进农业农村现代化，全面推进乡村振兴。我们必须深刻认识到，全面实施乡村振兴战略的深度、广度、难度都不亚于脱贫攻坚。对此，各地要持续用力、久久为功，采取更有力的举措，凝聚更强大的力量，共同投身推动区域协调发展、促进共同富裕这一伟大的实践中。

（材料来源：http://opinion. gxnews. com. cn/staticpages/20220318/newgx62343 ea9-20684488. shtml）

有待提升的国民幸福感

导读： 伴随着我国改革开放以来经济的快速增长和人口基数的持续增大，社会也在不断进步，同时也产生了不少问题。主要表现在当代人生活压力的大幅增加，从而对自身生活的幸福感评估产生了不利影响。本文分析了 GDP 与国民幸福感之间的关系，将近阶段影响我国国民幸福感的主要原因归结为内卷的加剧和贫富阶层的逐渐固化这两大因素。

一、GDP 的增长无法体现国民幸福感的增加

改革开放 44 年来，我国的 GDP 从 1978 年的 1 495.41 亿美元跃升至 2021 年的 17.73 万亿美元，增幅近 119 倍；人均 GDP 从 1978 年的 156 美元上升至 2021 年的 1.26 万美元，增幅达 80 倍。由于 GDP 是衡量一个国家经济发展的重要指标，也被称为衡量社会经济福利最好的指标，因此，GDP 和人均 GDP 的飞速增长表明中国经济在 40 余年间长期保持着快速增长的态势，人民的生活水平也得到了巨大的改善。但正如一部分人所批判的那样，GDP 在某种程度上是片面的，因为它无法衡量使我们的生活变得更有意义的东西。也就是说，人们对生活的幸福感和满意度无法从 GDP 的变化中体现出来。比如，著名的伊斯特林悖论就表明，当收入增长到一定程度，国民的快乐与幸福感不再随着收入的增长而增长。这一结论通常用于形容发达国家，但我认为在中国这样的发展中国家，类似的结论也同样适用。大致可以概括为：随着就业、住房、教育等市场逐渐趋于饱和，国民的快乐与幸福感无法从 GDP 的变化中体现。

二、制约国民幸福感增长的原因

当今社会，制约国民幸福感的因素我认为可以主要归结为内卷的加剧和贫富阶层的逐渐固定这两方面。

近两年来，在年轻人中，"内卷"一词热度空前，并有长期流行之势。"内卷"，顾名思义，就是向内部的原地打转式的发展，而不是健康的向上的发展。它本是一个用于农业领域的专有名词，用于描述在人口压力下，即使从事劳作的劳动力数量不断增加，总亩产不断增加，但人均亩产却没有增加，从而导致生活水平的停滞不前。这就是内卷最初的含义。在当今中国社会，由于人口不断增长，高等教育迅速发展，高学历人才数量大幅增加，

然而由于社会结构并无显著变化,各职业岗位对人才的需求远远赶不上人才的增长,无疑大大增加了求职人员间的竞争,使就业的竞争逐渐转向为学历的竞争,也为更大的结构性失业埋下了伏笔。以2022年考研为例,由于就业形势不容乐观,大量应届毕业生选择考研以增加自己未来的就业竞争力,导致2022年报考人数达到457万人,相比2021年的377万人,增加了整整80万人,这也直接导致大部分专业分数线暴涨,不少学生因此与心仪的学校失之交臂,只能从头再来或另寻出路。同时,由于内卷现象的严重,拥有研究生学历的人越来越多,根据边际效益递减理论,研究生文凭的含金量也会越来越低,于是,考研内卷的结果就是,考生付出了更多的时间与努力,得到的却是一张价值更低的证书。可以预见,为了应对内卷日益严重而收益日益降低的考研,不少学生会选择向其他方向发展,例如考公,而当效仿他们的人越来越多的时候,这条道路上又会形成新一轮的内卷,从而让内卷在这样一个市场饱和的社会中变得永无止境。

不只是考研,各个领域都是如此。因此,在这样竞争压力大、内卷严重的社会中生活,人们不仅常常要让自己的身体超负荷运转,同时,心理压力也会随之增加,从而大大影响生活的幸福感。

制约国民幸福感的另一个重要因素是贫富阶层的逐渐固定。在20世纪末,国内经济飞速发展,同时人们资本积累较少,相对来说个体间的差异不大,因此,只要抓住机遇或是比别人更努力地工作,都可以获得可观的收益,从而实现由贫到富的转变。但在现在的社会中,先富起来的人已经占据了大部分资源,让出身普通的人想要通过自己的努力实现贫富阶层的跨越几乎成为不可能的事。就像在短道速滑长距离的比赛中一样,想要从落后的位置完成超越,要在整体还没有起速的阶段,如果速度上来了,即使付出再多的努力,也很难完成理想的超越。这实际上也是边际效益递减理论的一种体现。

于是,在这样的情况下,付出与回报远不成比例,甚至完全看不到回报,人们便很容易对自己努力的意义产生怀疑,从而消解了人们内在的信心和锐气,大大降低了对自己生活的幸福感和满意度。

因此,虽然我国GDP仍然在合理区间内增长,国力不断增强,国民的生活水平持续提高,但国民的幸福度未必在等比增加,当今社会中普通人身上的压力是国家经济发展过程中一个不可忽视的因素。如何通过政府的宏观调控以及个人或企业层面的微观调整来减轻国民生活的压力,如何打破"内卷"怪圈和贫富壁垒,提升整体的国民幸福感,是全社会需要密切关注的问题。

(案例作者:郑育家　管俊茹)

相关材料

被玩坏的"内卷"与教育革命

中华人民共和国成立后,特别是改革开放以来,中国经济社会实现了跨越式的发展,社会容量有了极大扩展，人口亦呈急剧增长之势，70年来人口增长了近9亿人。总体上讲，社会容量和社会密度一直在同步增长，然而为什么我们近期才明显感觉到这种"内卷化"趋势呢？

在笔者看来，主要原因有以下两点。

一是中国高等教育领域实现了快速发展，高学历人口近年来迅速增加，使得学历"过密化"，直接造成了"内卷化"趋势。中国古代社会教育具有一定的阶层限制，民国时期高等教育虽有所发展，但占全国人口比例依然极低。相关研究显示，民国时期全国大学毕业生占总人口比例将近万分之七，略低于清代举人的比例。

中华人民共和国成立以来，中国高等教育发展取得了巨大成就，堪称"无声的革命"。从录取总人数来看，1977年恢复高考时，全国有570万人报名，录取27万人，录取率仅为4.74%；到2019年，高考报考人数为1031万，录取人数超过800万人，录取率近80%，高等教育已由精英教育转向大众教育。研究生教育扩展速度更是明显加快，从2009年到2019年这10年，硕士招生增加了362292人，增长率为44.7%，博士招生增加了43258人，增长率为69.9%，10年来累计招收硕士生648万人，博士生83.8万人。纵观近5年的考研招考数据，报名人数从2016年的177万人增长至2020年的341万人，人数5年翻了一番；招生人数从2016年的58万人猛增至2020年的111万人，增长幅度高达91%。

在既有的社会容量下，经济与社会结构没有显著变化，高学历人口增加的直接后果，就是工作岗位的学历竞争愈加激烈。高等教育领域尤其是研究生教育的快速发展，是我们近年来形成这种"内卷化"趋势的最直接原因。

二是近年来网络和信息技术的发展，改变了传统的教育格局与就业格局。广义上讲，信息流是指人们采用各种方式来实现信息交流。近5年来，随着智能手机的普及、通信技术的发展，中国社会已经进入了一个"高信息流社会"，信息传播呈现出即时性、海量性、透明性等特点。"高信息流社会"中教育场域正在发生巨大的变革：一方面，线上教育的发展使学习突破了传统时间、空间的束缚，优质教育资源得到了最大范围内的传播和推广；另一方面，技能学习正在变得"低门槛化"，获取知识变得极为容易，跨行业、跨专业变得不再那么难，大家可以自由、便捷地学习不同的专业技能。这使得专业间的壁垒逐步被打破，对职业的竞争更加公开化、扩大化，对从业人员的技能要求也自然水涨船高。

故在当前"高信息流社会"的背景下，随着近年来中国高等教育的快速发展，个体之间的竞争呈现"白热化"，这也就是"内卷"现象突出的主要原因。

在这种形势下"内卷化"问题的解决，一方面，需要国家在宏观层面通过创新发展将"蛋糕"做大，来解决之前发展不平衡、不充分的问题；另一方面，更需要个体自身不懈的奋斗，因为跨阶层的社会流动本身就具有极大难度，学历与能力竞争是必备条件。即使在相对贫穷、落后的非洲国家，亦是如此。且不说54个非洲国家的政府首脑，众多中高层干部也在欧美高校有着留学经历，拿下过硕博学位，见识、学识不比国内"清北复交"等名校优等生差,在赤贫人口常年占四成以上的非洲社会中,实属人中龙凤。可见无论在哪个社会,优质工作机会都是稀缺资源,若想要获得阶层跨越,就必须付出超过一般人的努力。

(有删节)

(材料来源:田牧野,社会科学报,2021年1月7日第8版)

GDP 和 GEP 双核算，助推高质量发展

导读：GDP 作为衡量经济发展水平的一个良好指标，同时也存在着一些局限性，例如并未体现生态环境、资源等自然因素对经济发展的影响。为了更好地顺应绿色发展、高质量发展的要求，填补 GDP 在评估生态环境对经济社会和人类福祉贡献方面的空白，GEP 的概念被提出，用于衡量生态系统为人类福祉所做的贡献。采用 GDP 和 GEP 双核算的方式，将生态效益纳入经济社会发展评价体系，有助于实现经济建设和生态环境保护的双赢。本案例使用 GDP 核算、经济发展相关的知识，对 GDP 和 GEP 进行介绍分析。

国内生产总值（gross domestic product，GDP）是一个被使用和谈及最广泛的经济学名词之一，代表一个国家的综合经济实力，在反映国民经济运行状况方面发挥着重要作用。GDP 虽然是衡量经济发展水平的一个良好指标，但仍存在一些局限性，这主要体现在它没有将市场之外活动的价值包括进来，例如家庭中生产的物品和劳务的价值、环境质量及收入和分配等，因而 GDP 指标不能全面反映经济发展。

为修正 GDP 存在的一系列缺陷，许多专业人士都进行了相关的研究和探索。20 世纪 80 年代，"人类社会与其赖以发展的生态环境构成经济—社会—自然复合生态系统"的观点被提出，为 GDP 修正提供了一种新的思路。该观点涵盖经济、社会和自然三个部分。针对经济系统，第二次世界大战以来一直以 GDP 作为评价的主要指标；对于社会系统，联合国也提出了人类发展指数（human development index，HDI）作为评价一个国家或地区平均预期寿命、受教育水平和居民生活水平等状况的指标；而对于自然系统，此前一直缺乏统一的指标以评估生态环境对经济社会发展和人类福祉的贡献。这种缺失容易造成人们在对生态环境的价值认识方面的不足，进而导致许多人环保意识薄弱。一些企业只注重自身发展的眼前利益而无视发展中对生态环境的破坏；部分地方政府为追求高 GDP，以破坏环境、挥霍资源为代价，对生态系统造成严重的负面影响。

随着中国经济逐渐步入高质量发展阶段，对于生态文明建设的要求也进一步提高。为顺应可持续发展的要求，填补 GDP 在评估生态环境价值方面的空白，GEP 的概念应运而生，其全称为"生态系统生产总值"（gross ecosystem product，GEP），指的是生态系统为人类福祉和经济社会可持续发展提供的各种最终物质产品与服务价值的总和，主要包括物质产品价值、调节服务价值和文化服务价值，定量地反映了生态效益供给方和受益方之间的关联，是用科学的方式将无价的生态环境和自然资源的各类功能"有价化"的有效

途径,可以帮助我们直观地认识环境破坏和资源浪费所带来的损失,作为高质量发展的晴雨表、度量衡。进一步解析其内涵,GEP 将生态系统的价值"有价化",主要是为了更科学、更直观地反映生态环境和自然资源的潜在价值,凸显其重要性,以增强人们的环境保护意识。侧重点并不在于将 GEP 转化为 GDP 以体现其市场价值,这是在应用 GEP 这一评价指标时需要特别注意的一点。

GEP 并不是一个新的概念,可以追溯到绿色 GDP。随着经济社会发展与资源环境约束的矛盾日益突出,社会各界对建立绿色核算体系的呼声越来越高。早在 2004 年,国家环保总局与国家统计局就从修正 GDP 核算体系不足的角度出发,联合启动了绿色 GDP 的研究项目。绿色 GDP,即以现行 GDP 为基础,从中扣除环境资源成本和对环境资源的保护服务费用后所得的剩余部分。但由于执行力度较小、环境资源和服务功能的价值无法有效量化以及部分地方政府积极性较低等原因,这一研究逐渐搁浅。但是,中国对于自然资源与生态环境的保护一直持高度重视的态度,在修正、完善 GDP 核算体系方面所进行的探索也从未停止。越来越多的人认识到,经济增长不等于经济发展。中国经济高速增长的同时,出现了一些不可回避的矛盾和问题,包括城乡和地区发展差距扩大,贫富差距拉大,以及资源环境与发展不协调等。2013 年,中国科学院生态环境研究中心主任欧阳志云在《生态学报》上发文提出 GEP 的概念,可以说是绿色 GDP 的进阶版。对比分析可知,虽然两者的理论基础都是可持续发展理论,但绿色 GDP 评估经济增长扣除环境成本后的净正效应,本质还是基于经济系统运行状况的传统思维,而 GEP 核算生态系统提供的生态产品的价值,是直接对生态系统的运行状况进行评估的新的核算方式,相较于绿色 GDP 更能凸显自然资源与生态环境的重要性。

2005 年 8 月 15 日,习近平总书记首次提出"两山论":绿水青山就是金山银山,GEP 准确描述了"两山论",为生态环境评估提供了一套综合性的考核体系,也为生态环境保护相关政策的制定提供了有益参考。有了这个指标,大众更直观地认识到生态环境的重要价值,增强了保护环境和合理利用资源的意识。

需要特别说明的是,GEP 的提出并不是为了取代现行的 GDP 核算体系,而是对它的有益补充。从概念出发,GDP 是单纯的经济增长概念,只反映国民经济产出的总量和国民收入水平,不能体现经济增长的可持续性;而 GEP 则反映了生态系统的生产总值,是与 GDP 并行的评估生态环境对人类社会发展贡献的指标,可以补充 GDP 中缺乏的关于自然带给人类福祉的核算。由此可见,对 GDP 和 GEP 进行双核算有助于更综合、科学地评价一国发展的真实状况。这可以简要地表示为:若 GDP 和 GEP 双增长,则可以认为人与自然和谐发展;若 GDP 增长而 GEP 下降,则表明经济发展以牺牲生态环境为代价。进行 GDP 和 GEP 的双核算,可以为实现经济建设和环境保护的协调发展提供正向的激励,构建人与自然的生命共同体。

GEP 核算体系虽然尚不完善,但也在不断发展和突破,这在国内外均有所体现。在国内,已有多个地区进行了 GEP 的相关实践应用,其中较具有典型性的即深圳市盐田区。该地发布了 GEP 核算的"1+3"制度体系,并提出了 GDP、GEP 双核算的考核机制,为全国其他地方 GEP 的应用提供了成功的范例。浙江省丽水市是我国首个生态产品价值实现机制试点市,于 2020 年 5 月率先发布了国内首个山区市《生态产品价值核算指南》,开展市县乡村四级生态系统生产总值(GEP)核算。2022 年丽水市生态环境状况指数连续19 年全省第一,空气、水环境质量均保持全国前十,全市 18 项 GDP 核算主要基础指标中有 10 项增速排名全省前三,其中 4 项全省第一,真正贯彻落实了"绿水青山就是金山银山"的理念。在国际上,2021 年 GEP 被纳入 SEEA-EA(全称为"国际统计标准环境经济核算体系")中,可以说为国际生态系统贡献了中国智慧和中国方案。

随着中国进入新发展阶段,生态文明建设也被放在了更突出的位置。GEP 作为"丈量绿水青山的价值尺度",可以将生态价值量化,评估生态环境对人类福祉的贡献。GDP和 GEP 双核算的体系,将助力高质量发展,实现经济建设和生态环境保护的双赢。

(案例作者:陆蓓　张咏　房佳仪)

相关材料

GEP,发掘丽水山区绿色宝藏

翻开浙江山区 26 县地图,连绵的绿水青山,是其明显的生态烙印:这是一座生态资源的宝库。今天,当清新的空气、清激的溪流也能"卖"上大价钱时,GEP(生态系统生产总值)正成为 26 县缩小与省内其他区域差距的一个突破口。

细看 26 县名单,丽水全域 9 县(市、区)均在名单上,也是山区县占比最多的城市。而全国首个生态产品价值实现机制试点城市,也正是丽水。自 2019 年遂昌县大田村发布全国首份村级 GEP 核算报告以来,丽水是如何用好 GEP 探寻新的致富之路的?

"大家对好生态只有感性认识,究竟哪些生态要素能成为发展要素,心里并没有底。"季铭说,GEP 核算报告,或许能让 26 县因地制宜,找到最适宜发展的产业。去年,缙云县大洋镇 800 亩山地的水土空气"卖"了百万元,轰动全县。国家电投集团投资 1.7 亿元,在大洋镇大平山建设光伏发电"农光互补"项目。双方签订的协议中,首次出现了"企业购买生态产品"条款——企业支付 279.28 万元,购买项目所在区域的调节服务类 GEP,用于奖农民、优环境、美生态。

截至 2020 年年底,丽水所有乡镇均组建了生态强村公司,负责生态环境保护与修复、自然资源管理与开发等工作,成为公共生态产品的供给主体和市场化交易主体。金融市场闻风而动,"两山贷""GEP 贷"应运而生。

(材料来源:郑亚丽,朱承,黄舒妍,杨竞超,黄谦,浙江日报,2021 年 7 月 6 日第 1 版)

GDP 和 GEP 双核算,助推高质量发展

中国猪肉指数：从猪肉价格看 CPI

导读： 消费物价指数(CPI)是用来衡量整体生活费用的指标,但它还有一个幽默的名字:"中国猪肉指数(China Pig Index)"。本文用 CPI 相关理论和其他经济学相关原理,分析 CPI 与猪肉价格的关系和形成原因,并对猪肉价格的变动进行展望。

一、猪肉价格是影响 CPI 的重要因素

CPI 是一个衡量整体生活费用的经济学指标。它可以监测随着时间的推移,生活费用所发生的变动,一定程度上可以直观反映普通消费者维持正常生活的所需要的钱。不过,有趣的是,在我国,CPI 还有一个幽默的名字——中国猪肉指数(China Pig Index)。这是为什么呢?

我们需要知道 CPI 的计算方式:首先,固定篮子,找出一篮子物品的价格;其次,计算一篮子物品总的费用;最后,选择基年并计算指数。其中,固定篮子是一个至关重要的步骤,它需要将普通消费者购买的所有物品与服务包括进来,并进行合理加权。每个国家都具有自己不同的"篮子","篮子"里的物品与服务占比能够在某种程度上体现该国的平均生活水平。

对于中国来说,根据最新公布的 CPI 权重调整,食品类占了最大比例,高达 31.79%;而在食品类中,猪肉的权重又最大,将近占到食品类的 1/3。可以说,猪肉是 CPI 篮子里最"重量级"的物品之一,猪肉价格变动是引起 CPI 变动的最大因素,甚至能主导 CPI 的变化趋势。这似乎就是在中国 CPI 又被称为"中国猪肉指数"的原因。我们可以从近年数据中窥见一二:根据测算,2016 年 1 月至 2020 年 7 月,猪肉价格和 CPI 的相关系数非常高,达到了 0.84,几乎可以说是"荣辱与共",其他 CPI 篮子基本分类商品相关系数都比不上猪肉。同样,据 2019 年 3 月至 2020 年 7 月的数据,CPI 变动中,猪肉价格引起的变动占 49.2%,达到"半壁江山"。

猪肉何以成为中国 CPI 变动的最大推手? 我们可以从三方面溯源。

其一便是我们已经提到的,猪肉在 CPI 篮子商品中的价格权重较高。在肉类中,猪肉的价格十分亲民,它是老百姓餐桌上最常见的荤菜。中国每年几乎消耗了全球一半的猪肉,足见居民们对猪肉情有独钟。

其二,相对其他篮子商品,猪肉价格的波动较大。猪肉价格存在一个"猪周期",即"猪

肉价格高—吸引更多人养猪,导致市场里猪肉增多—供给增加造成肉价下跌—肉价跳水,许多人退出养猪市场,导致市场里猪肉减少—供给短缺又使得肉价上涨"的周期性循环。这是一个相当常见的供需关系,但由于生猪生产周期长,且不易保存,根据市场变化及时调整供应量难度较大;市场供应出现周期性波动时,如果遇到病害疫情影响加深波动,市场需求又相对刚性,就会导致猪肉价格出现较大变化。以本次猪周期为例,全国猪肉价格最低时(2018年5月)为19元/千克,而最高时(2020年2月)猪肉价格达到58元/千克,较2018年5月上涨201.7%。

其三,猪肉对替代品价格的传导效应较强。CPI篮子食品类中,与猪肉构成相互替代关系的有其他畜肉(如牛肉)、禽肉(如鸡肉)以及水产品(如鱼肉)。猪肉价格上涨后,人们会倾向于选择购买替代品,从而带动这些商品价格上涨。根据数据测算,近年猪肉与牛肉、水产品、羊肉的价格相关性分别为0.83、0.76、0.46,传导幅度分别为16.4%、3.5%、11.9%。"民以食为天",人们肉蛋奶的需求相对刚性,不仅是猪肉,畜禽产品在CPI中的权重也很高,因此,猪肉价格上涨也会引起次生效应,进一步波及CPI。

二、猪肉价格存在固定的周期

猪肉价格对于CPI有至关重要的影响,那么如今猪肉价格情况如何? 根据统计规律与测算,一个猪周期持续的时间大概为3~4年。上一个猪周期从2018年开始,直到2020年在一系列因素的作用下猪肉价格达到高峰,之后又迅速下降。目前2022年正处于猪周期的又一个开端,从3月中旬以来,猪肉价格正在不断上升。近两次猪周期猪肉价格变化,一个特殊影响因素便是2018年暴发的非洲猪瘟。猪瘟导致了一批猪的死亡,同时国家为了预防猪瘟,规定上调了养殖户养猪棚的环境标准,导致一些养猪散户退出了市场竞争。国内猪肉的供应出现了较大缺口,导致猪肉价格飙升。于是,2020年,猪肉的高额利润又吸引许多农户开始养猪。直到2021年,生猪大量出栏,猪肉产能过高,结果猪肉价格又开始下降,之后便陷入长期低迷。我国近4年的CPI,也像猪肉价格一样,经历了2018—2020年的大幅上涨—下跌和2020—2022年的大幅下跌—上涨,其振幅在近10年CPI变化中冠绝群雄。

猪肉价格不仅影响着老百姓的餐桌,更影响着CPI及各行各业。CPI除了衡量整体生活费用外,也是常用的通货膨胀指标。猪肉的涨价,牵动着CPI的攀升,往往预示着一轮快速通货膨胀期的来临,在中国,它是当之无愧的通货膨胀"晴雨表"。如何控制好猪肉价格,将是中国长久的议题,"中国猪肉指数"的故事也将继续下去。

(案例作者:郑育家 谢成伊)

相关材料

猪价预计未来温和上涨 6 月 CPI 或进一步回升(有删节)

近来猪肉价格快速上涨,引发市场对通胀风险的担忧。

国家统计局即将于 7 月 9 日发布 6 月份全国 CPI(居民消费价格指数)和 PPI(工业生产者出厂价格指数)数据。多家机构预计,由于猪周期上行和服务消费复苏,6 月 CPI 同比可能进一步回升至 2.3% 左右,连续 3 个月运行在 2% 以上。

猪肉在中国 CPI 篮子食品类别中权重最大,猪肉价格保持在合理区间对于生猪生产和消费都十分重要。国家发展改革委 4 日召开了生猪市场保供稳价专题会议,5 日又研究启动投放中央猪肉储备,并与大连商品交易所商讨加强现货期货市场联动监管。

业内分析,当前或已进入新一轮猪周期的筑底上行期,但不具备快速大幅上行的条件。随着保供稳价措施落地见效,预计未来价格温和上涨,不会超过上一轮"猪周期"的价格高点。

我国是全球最大的猪肉生产国和消费国,猪肉价格变化直接关系着群众的消费支出,保持生猪和猪肉市场平稳运行、价格水平在合理区间,对于稳定群众猪肉消费支出、促进行业长期健康发展,以及保持物价总水平基本稳定都具有重要意义。

猪肉价格在中国 CPI 篮子中权重较高,今年一季度在猪肉产能过高、猪肉价格低迷的背景下,CPI 也在低位运行。但 4 月下旬以来,生猪价格持续回升。5 月 CPI 同比增长 2.1%,连续 2 个月处于 2% 以上。

6 月中下旬以来,猪价出现了一波明显上涨。据中国养猪网养猪数据中心数据,7 月 4 日,外三元生猪价格为每千克 21.48 元,相较 3 月低点已上涨超过 70%。

针对近期生猪价格出现过快上涨的情况,7 月 4 日国家发展改革委价格司组织行业协会、部分养殖企业及屠宰企业召开会议,深入分析生猪市场供需和价格形势,研判后期价格走势,研究做好生猪市场保供稳价工作。

7 月 5 日上午发改委发布消息称,针对近期生猪市场出现盲目压栏惜售等非理性行为,国家发展改革委价格司正研究启动投放中央猪肉储备,并指导地方适时联动投放储备,形成调控合力,防范生猪价格过快上涨。

5 日下午发改委又发布消息表示,国家发展改革委价格司与大连商品交易所召开座谈会,会同有关方面进一步完善工作机制,形成工作合力,加强现货期货市场联动监管,及时排查异常交易,强化穿透式监管,依法严厉打击捏造散布涨价信息、囤积居奇、哄抬价格以及资本恶意炒作等违法违规行为,切实保障生猪市场平稳运行。

关于 6 月份 CPI 走势,机构普遍预计 CPI 同比增速将进一步回升。猪肉价格是食品项的重要支撑,但蔬菜、水果价格受益于物流改善,价格环比均低于季节性。此外,6 月消费整体仍然较弱,核心 CPI 继续走弱。

植信投资首席经济学家连平预计,CPI下半年将继续保持温和上行走势。翘尾因素和"猪油共振"推升CPI同比上涨。需求供给错位释放导致CPI同比阶段性波动,以微涨为主。在市场供求平衡下,PPI向CPI传导作用较小。

PPI方面,6月份国际大宗商品价格呈现分化,地缘政治紧张局势继续推高国际油气能源价格,但全球经济减速导致金属类价格走低,国际粮食价格冲高回落。

民生银行首席经济学家温彬分析,6月PMI出厂价格指数为46.3%,连续第二个月低于50%临界线,预示PPI环比有望转为小幅下降。预计6月PPI环比下降0.1%,出于去年高基数的原因,同比涨幅走低至6%。

(材料来源:祝嫣然,第一财经日报,2022年7月7日,第2版)

托育行业利好政策或有助于改善人口结构

导读：随着社会经济的高速发展，城市化进程不断加快，我国已经出现了相对比较严重的人口问题。我国目前的人口结构失调严重影响了中国的经济和社会发展。而"低生育率陷阱"与经济形势密不可分。在国家实施二孩、三孩政策后，如何优化政策，提高家庭生育意愿，解决女性工作问题以及妥善解决生育成本问题，已经成为生育政策实施过程中面临的重要问题。在国家出台众多托育行业利好政策后，随着托育行业逐渐成熟，信誉和认可度逐渐提高，托育机构或许能成为解决这些问题的有效途径。

我们在2020年曾经做过一份关于二孩生育意愿和养育办法的调研报告，回收了大约1 500份有效问卷。在分析数据时，发现"不愿生""不敢生"队伍中的人一部分是认为自己拥有的物质财富不足以很好地养育一个孩子，给不了孩子好的资源；同时有64.2%的人称他们不会将孩子送到托育机构，这表明当时社会对托育机构的信任程度不够，对托育机构不放心、不了解，在这种情况下，生育孩子就意味着需要付出大量的时间成本。对于女性来讲，生育更是意味着可能面临职业发展的巨大阻碍。

由于教育体系的进步，成为生育主力的80、90后的观念已经和父母大不相同。他们既没有传宗接代的执念或者养儿防老的观念，又在现实生活中面临着身心的紧张和经济的压力，因此，很多人接受调查时表示，自己的生活都还没过好，无法保证孩子的生活质量，将在能够过好自己的生活的条件下才开始考虑是否生育。

此外，年轻人大都受过良好的教育，希望自己有一番作为，女性的社会地位也越来越高，学术能力和工作能力都在日益增长。而由于人面临权衡取舍，当大家选择奋斗事业、提升能力时，生育的意愿必然会下降。

然而在社会经济高速发展、城市化进程不断加快的今天，我国的人口问题愈发严重。我国目前人口结构的失调问题主要是老龄化加速，这种失调严重影响了中国的经济和社会发展。"低生育率陷阱"与经济形势密不可分。在国家实施二孩、三孩政策后，如何优化政策，提高家庭生育意愿，解决女性工作问题，以及妥善解决生育成本问题，成为生育政策实施过程中面临的重要问题。而托育机构或许能成为解决这些问题的有效途径。

作为给家长提供代为收托养育宝宝的服务，托育是将0～3岁婴幼儿以小团体机构式的集体科学养育模式，而此类型的机构，经有关部门登记、卫生健康部门备案，为3岁以下婴幼儿提供全日托、半日托、计时托、临时托等托育服务的机构谓之为婴幼儿托育中心。①从理论上来说,托育机构的出现可以在很大程度上减轻有3岁前幼儿的家庭中父母的压力,他们可以将孩子送到托育机构里并继续上班,只需要在下班的时候接回孩子即可。托育机构以此可以起到激励生育的作用,改善人口结构,减缓老龄化程度。

为了达到这种激励作用,国家在近几年出台了一系列对托育行业有利的政策。首先是全国政协十三届四次会议提出《关于完善生育支持政策体系促进人口长期均衡发展的提案》,意在激发适龄夫妻生育的意愿,解决有孩家庭育儿难题,减轻多孩家庭养育负担,在提高幼儿成长质量的同时解放妇女的生产力。其次是2021年年底,各省市政府陆续出台鼓励0~3岁婴幼儿托育的政策,如托位补贴等。2022年,北京市发改委在《北京市"十四五"时期社会公共服务发展规划》中,也支持公办和民办普惠托育机构建设,鼓励和支持有条件的幼儿园开设托儿班,招收2~3岁幼儿,计划到2025年年底每千人常住人口拥有托位4.5个。2022年,人力资源社会保障部办公厅颁布了婴幼儿发展引导员、保育师等职业技能标准。标准中明确规定了婴幼儿发展引导员是从事0~3岁婴幼儿身心健康发展引导,并为婴幼儿看护人提供辅助咨询服务工作的人员,该职业涉及的基础知识包括孕期引导知识,以及婴幼儿身心发育、发展引导、照护、安全等知识;而保育师是从事婴幼儿生活照料、安全看护、营养喂养和早期发展工作的人员,要求涉及婴幼儿生理和心理、营养、喂养、安全照护、常见病和传染病及相关环境等知识。

这些政策给了托育相关行业以正向的激励,使得托育行业敢于加大投资,加大培训的力度并扩张招聘,使得越来越多的人成为高水平、高质量的托育行业从业者。由于政策的扶持,这些托育机构和托育相关行业得以被更多人看到,很多机构也成功做成了品牌,拥有了越来越多的客户和更高的名声、信誉。

政府对托育机构和托育相关行业的利好政策除了使得托育行业能够得到更好的发展和更高的利润,也使第三方获得了利益,即产生了正外部性。一方面,托育行业的信誉提高使人们看到了在"自己带孩子""让父母带孩子""找不知道靠不靠谱的家政公司带孩子"之外的更多选择,生育问题带来的部分焦虑被缓解。同时,托育行业的发展在激励生育的同时可以减少生育后花费的时间成本,减小生育对年轻人职业发展的影响,两者都起到了激励生育的作用。一方面,生育率提升了,老龄化程度就会减轻,老龄化带来的人口结构失调问题好转,经济形势就能好转;另一方面,托育行业的兴起拓展了就业的方向,给劳动力提供了更多选择,失业问题也会得到缓解。此外,针对婴幼儿托育行业的利好政策也让托育行业的发展速度有了增长,而托育行业的发展也能够减轻年轻夫妇的身心和经济压力,激励了生育。

---

① 巧多狮IB素质早期教育.什么是托育? 托育重要吗? 你要的答案都在这[EB/OL].(2021-2-23)[2023-12-28].https://www.sohu.com/a/448471551_120708948.

为了使社会资源最优化,使托育行业更好地发展,使人口结构进一步优化,政府需要继续对正外部性进行补贴,期待政府出台更多有利于托育行业的政策。

（案例作者：胥莉　郭力　于青卉）

相关材料

中国婴幼儿托育服务行业现状：政策推动下相关机构建设步伐加快

但仍面临人才匮乏问题（有删节）

根据观研报告网发布的《2021年中国婴幼儿托育服务行业分析报告——市场竞争现状与未来商机预测》显示,婴幼儿托育服务主要是针对3岁以下婴幼儿提供的社会化育幼服务。随着新时代社会主要矛盾的转化,人们对"幼有所育""学有所教""弱有所扶"等方面的需要日益增长。尤其是自全面两孩政策实施以来,家庭养育矛盾日益凸显,群众关于生养经济成本高、无人照看、影响职业发展等方面的后顾之忧,日益成为社会关注的热点问题。

当前我国托育服务市场面临很大的供给和需求缺口。虽然近几年来人口出生率、新生人口数量总体呈下滑态势,但由于人口基数较大,我国0～3岁婴幼儿群体数量依然处于较高水平,预计为4 188万人。预计随着"三胎"政策的不断落实,婴幼儿群体数量将有所扩大。根据数据显示,2020年我国人口出生率、新生人口数量分别为8.5%、1 200万人。据调查,其中1/3有较强烈的托育服务需求,但相应的供给仅为5.5%左右。

发展普惠托育服务体系,解决"幼有所育"问题,有利于释放生育潜能。同时加强托育服务体系建设是实施积极应对人口老龄化国家战略的重要举措。推动婴幼儿照护服务发展,满足群众日益迫切的托育服务需求,成为重大民生事项。自2019年以来,从政策、资金支持到地方行动,我国托育服务工作正在积极展开。

资金方面,国家发展改革委2020—2021年下达中央预算内投资16亿元,支持建设16万个示范性托位。其中,下达2021年中央预算内投资70亿元,支持养老和托育服务体系建设,包括新增的6万个示范性婴幼儿托位等。

政策方面,2019年10月份,国家发展改革委发布《支持社会力量发展普惠托育服务专项行动实施方案（试行）》,在全国开展专项行动,增加3岁以下婴幼儿普惠性托育服务的有效供给。其中,四川省成都市是我国率先开展"支持社会力量发展普惠托育服务"专项行动的试点城市。近年来,成都的40个普惠托育试点项目共获得中央预算内资金支持2 736万元,撬动社会投资近3亿元,带动提供普惠托位1万个,平均收费约每月3 000元,远低于当地城镇居民月度人均可支配收入。

《中华人民共和国国民经济和社会发展第十四个五年规划和2035年远景目标纲要》

指出,发展托育服务体系,到 2025 年每千人口拥有 3 岁以下婴幼儿托位数由目前的 1.8 个提高到 4.5 个,支持企事业单位和社会组织等社会力量提供托育服务。

(材料来源:https://market.chinabaogao.com/gonggongfuwu/11555Y362021.html)

直播电商助力乡村振兴

导读：近年来，随着网络技术的快速发展，电商直播也借助着网络技术蓬勃发展，给人们的生活带来了极大的便利；与此同时，电商直播的发展也大力推动着我国乡村经济的增长，乡村经济的发展招来了投资等，进而影响了乡村的人均物质资本、人均人力资本以及技术知识，从而促进了乡村生产率的提高，助力了乡村振兴。基于此，本文将从经济学的角度对直播对乡村振兴的具体影响和存在的问题进行探究。

近年来，乡村的发展越来越受到人们的关注。为了促进乡村发展，推进农业农村现代化，缩小农村与城市之间的差距，实现第二个百年奋斗目标，我国实施了乡村振兴战略。近年来，随着网络技术的发展，电商直播行业也是如雨后春笋般发展壮大，当电商直播遇上乡村振兴，便会促进乡村生产率的提高，进而促进乡村经济的快速发展，一定会给乡村的发展带来重大影响。

生产率是指每单位劳动投入所生产的物品和服务的数量。乡村生产率的影响因素有乡村的人均人力资本、人均物质资本、自然资源、技术知识等，电商直播则会通过影响乡村的人均物质资本、人均人力资本以及乡村劳动者的技术知识水平来促进乡村生产率的提高，从而推动乡村经济的快速发展，提高当地人民的生活水平，增加人们的幸福感以及满意度。

首先，电商直播会扩大消费者对特色农产品的消费，进而增多乡村的人均物质资本，促进其生产率的提高。自从直播带货兴起，在直播间网购商品的消费者数量不断增多。一方面，主播较高的推荐能力和带货水平让屏幕前的消费者能更好、更全面地了解商品，进而激发消费者的购买欲望；另一方面，在直播间网购商品十分便利，减少了线下购物的烦琐。之前发生乡村特色农产品滞销以及农民收入不高的问题，一个重要原因就是乡村之外的消费者对乡村的特色农产品不够了解，而电商直播就恰好有助于解决这一问题。借助电商直播来推销特色农产品，让消费者更加全面地了解了农产品的特点，再加上主播的热情带货，便能够激起屏幕前众多消费者的购买欲望，从而有效地促进了农产品的销售。这样一来，农产品销售量增加，当地农民的人均收入就会增多。更重要的是，众多的投资者会看到乡村经济巨大的发展潜力与良好的市场前景，便会对乡村经济进行投资。吸引来的投资则会增加乡村的人均物质资本，有助于完善乡村生产以及经济发展所需要的设备，或是将资金用于农产品的种植与研发，可以促进农产品质量的提升和产量的增加,进而有效促进乡村生产率的提高。

其次,电商直播也会增加乡村的人均人力资本,进而促进乡村生产率的提高,促进乡村经济的发展。之前由于乡村发展落后,教育水平较低,导致很难培养出能够推动乡村经济发展的人才。再加上乡村经济发展水平与城市相差较大,缺少就业机会,很大一部分青壮年劳动力会选择离开乡村,外出务工,这就会导致乡村的劳动力与人才流失,不利于乡村经济的发展。但是如今借助电商直播,增加了农产品的销售量与需求量,乡村生产者就需要扩大农产品的生产,甚至还需要进一步提升农产品的质量并进行创新,这样就大大增加了乡村对于劳动力的需求,也就意味着乡村的就业机会增多,乡村发展需要更多的人才。这样就会促进一大批人才返乡,甚至还会吸引其他人才投身到乡村经济发展中,从而增多了乡村的人均人力资本。另外,电商直播促进农产品销售会增加当地农民的收入,当地收入增加便能够将一部分资金投入当地的教育,促进当地教育水平的提高以及当地教育的普及,从而进一步提高乡村人民的知识水平,培养出更多有助于乡村发展的人才,提高当地劳动力的知识水平和技术能力,从而增加乡村的人均人力资本,提高乡村的生产率,促进乡村经济的快速发展。

最后,电商直播助力乡村振兴也有助于增加乡村的技术知识,从而促进乡村生产率的提高,推动乡村经济的发展。正如刚刚提到的电商直播会吸引人才返乡,投身乡村发展以及带动乡村收入增加,从而有助于提高当地人民的知识水平与技术能力;除此之外,电商直播也会促进农产品的销售,增加当地居民的收入,为乡村吸引投资,这会对当地居民产生较大的激励作用。在这种激励之下,人们的创新积极性就会提高。为此,生产者会请来高技术人才指导产品的生产,向具有高知识水平的高技术人才学习,并且还会将部分资金投入技术创新与产品研发,这无疑会大大提高乡村生产的效率以及增加乡村特色产品的竞争力。此外,当乡村农产品生产规模发展壮大之后,乡村也会改善自身这方面的管理模式,提高管理水平,使管理模式能够适应乡村生产的发展。因此,电商直播助力乡村振兴有助于提高乡村生产的技术知识水平,进而有效促进乡村生产率的提高,推动乡村经济良好健康发展。

如今,在电商直播的帮助下,乡村经济已经取得了较大的发展,2022年一季度,农业(种植业)增加值同比增长4.8%;2022年一季度,乡村消费品零售额为14 367亿元,增长3.5%;一季度,农村居民收入稳定增长,城乡居民人均收入比缩小,城镇居民人均可支配收入13 832元,同比名义增长5.4%,实际增长6.3%;农村居民人均可支配收入5 778元,同比名义增长7.0%,实际增长6.3%;2021年,淘宝直播在直播助农"村播计划"上线3年后,通过直播带动农产品销售已超过50亿元;2021年"双十一"期间,抖音上线了18.3万款时令农货,生鲜类农特产品销量同比增长327%。以上数据均可表明,我国乡村经济在稳步发展,农村居民收入在不断增加,农民的生活水平在不断提升,乡村人民的幸福感和满足感也在不断提升,其中,电商直播绝对发挥了不可忽视的作用。

电商直播给乡村生产率的提高、乡村经济的发展带来了巨大的帮助,但是,我们也应该看到,在电商直播帮乡村带货的过程中也出现了一些问题。其中,十分常见普遍的一类问题就是带货的主播进行虚假宣传,对原本质量并不好的商品进行夸赞与大力推销,导致购买商品的消费者收到商品后发现与宣传时的产品差距过大;又或是农产品自身品控不稳定、质量较差……这些问题都会导致农产品销售量的减少,不利于乡村经济的长远稳定发展。

总体来看,虽然借助电商直播会带来一些负面影响,比如假货、产品质量不稳定等,但总体来讲,电商直播能够有力地促进乡村生产率的提高,推动乡村经济的持续健康发展。政府也应当更加重视这方面的问题,采取一些措施,比如加强对网上销售农产品的监管,管束网上直播带货过程中出现的一些不良甚至是违法行为,以此来减少通过电商直播销售农产品过程中出现的问题;除此之外,政府也可以采取一些激励措施,比如采取减税降费来激励农产品生产者扩大特色农产品的生产,或是对其进行补贴;农产品生产者则应当保证自身农产品的质量,也可以适当进行创新研发,增强自身产品的市场竞争力;消费者应当加强对于特色农产品的关注,当然,若是在购买过程中遇到问题则要积极与商家沟通维护自身权益。整个社会的各个方面应当共同努力,做好自己的那一环节,如此,才可以使电商直播更好地促进乡村生产率的有效提高,进而推动乡村经济持续健康发展,乡村人民生活水平上升,助力乡村振兴。

（案例作者：潘小军　褚若婷）

相关材料

"乡"约"浙"里乡村振兴传播计划助农直播浙江专场火热将启

美不胜收的乡村美景、琳琅满目的土货鲜食、各式各样的生活用品……4月28日,《人民日报》新媒体推出"乡"约"浙"里乡村振兴传播计划助农直播浙江专场,主播瑜大公子现场助阵,为浙江乡村农副产品"代言"。

传播计划开展期间,将大量挖掘、培育县(市、区)原生优质内容创作者,做活做新农村电商,开展创意传播,提升县(市、区)知名度,开展正能量创作者孵化行动,邀请演艺人士为家乡代言带货。

此次直播带货活动,便是乡村振兴传播计划的亮点活动之一,浙江省内报名乡村振兴传播计划的县(市、区)也将带来当地的特色产品。活动由《人民日报》新媒体与遥望网络合作推出,此次助农直播浙江专场将带来定向非标农土特产品、浙江土货鲜食等多款农副产品、日用品,有浓缩了时令精华的春鲜美味,还有想象不到的春游装备……

4月28日中午12时,走进《人民日报》直播间,一同领略美好的乡村风貌,共同开启美好生活!"乡"约"浙"里,让我们共同探索美丽乡村的魅力,助力乡村振兴!

(材料来源:https://www.peopleapp.com/column/30039059832-500000647261)

中国的高储蓄率和经济发展

导读：一直以来，中国长期居高不下的储蓄率备受国内外学界的关注。自从改革开放之后，中国靠高储蓄、高投资、高出口拉动经济迅速增长，相对而言不重视消费。这种发展模式在西方经济学家看来并不健康，但是中国却依靠这种发展模式实现了经济腾飞，成为世界第二大经济体，被国际社会称为"中国之谜"。在此之后，中国积极进行经济转型，克服粗放发展的弊端，重视消费，走出了一条高质量的发展路径。本案例从使用经济学原理所学的储蓄、投资和经济增长相关的知识对中国的高储蓄率和经济发展进行分析。

2021年6月，中国人民银行前行长周小川在第12届陆家嘴论坛上表示，中国是个高储蓄的国家，历年总储蓄占GDP比重超过40%。从全球来看，中国也是储蓄率最高的国家之一。针对储蓄率的高低一直存在许多争议：一些人认为中国储蓄率明显偏高，应该采取有效措施降低居民储蓄，提高居民消费；而另一些人认为高储蓄率是支持中国经济高速增长的重要因素，这一数据不高，国民储蓄率在2008年曾达到52.3%。中国的储蓄率是过高还是正常？中国的储蓄存款对经济发展到底有什么样的影响和作用？本案例从"中国储蓄之谜"入手进行分析。

改革开放40余年以来，中国的经济发展展现出一系列令世人瞩目的鲜明特色，其中高储蓄、高投资、高增长共存数十年，给中国经济腾飞带来了巨大动力。中国的消费和储蓄状况表现为"消费偏低、储蓄偏高"，每年实现经济增长6%～8%，而居民消费却没有实现同步增长，这一问题在学术界被称为"中国储蓄之谜"。高储蓄率意味着充足的可贷资金供给，高额的国民储蓄为投资提供了大量资金来源，储蓄的增加使可贷资金供给曲线向右平移，市场投资规模大幅增加。这样，消费资金转化成积累资金，推动经济的快速增长。同时，高储蓄率使得大量资金留在金融机构中，通过借短贷长的资产转换机制，能够满足企业长期贷款的需要，保证了金融系统的流动性和稳定性。

中国是一个发展中大国，在这样的基本国情下，改革开放初期困扰中国经济发展的一个主要因素就是资金短缺。因此，中国采取了动员储蓄、有效分配的思路。1993年在党的十四届三中全会通过的《关于建设社会主义市场经济体制的若干问题的决定》中，明确提出投资主体从以国有经济单位为主向多元化主体转变，以及国企建立现代企业制度。这不仅极大地刺激了投资的上升，提高了对可贷资金的利用率，经济实现了较快增长，企业盈利能力改善,居民收入增长明显加快,也大大激发了广大微观经济主体的储蓄积极性,推动了国民储蓄率的提升。

从更深入的层次看,市场化改革使得就业人口在传统计划经济体制下享受到的各种福利待遇逐步减少,与计划经济体制下的就业、养老一体化的体制相比,市场化改革所带来的不确定因素大大增加,因此,中国居民对于未来的不确定性的预期会提高,这种预期的提高无疑会直接提升其存款意愿。与此同时,日益健全的金融体系也配合着中国人民投资意愿的上升不断完善,一大批与市场经济相适应的新型金融机构也如雨后春笋般出现,为储蓄和投资搭建了一座稳固的桥梁。中国成功的金融市场改革从供给与需求两侧同时刺激经济发展,提高金融资源配置和服务实体经济的效率,有利于储蓄向投资的有效转化。

但是中国长期以来的高储蓄率也反映出一些社会问题。第一,高储蓄率反映出中国居民收入多用于储蓄,意味着消费增速不如收入增速。消费代表的是居民的生活水平,消费增加才意味着居民不仅收入增加,而且确确实实落实到了生活之中,生活水平得到提高。中国的高储蓄率意味着中国居民实际生活水平的提高空间仍需要进一步释放。第二,高储蓄率反映出中国社会保障体系贫弱。在许多发达国家,居民即便没有准备任何存款,甚至偶尔会透支消费,完善的社会保障体系也能让他们从容应对失业等突发事件。然而在中国,日益攀升的城市房价、高昂的教育成本等问题使得储蓄对于大部分居民而言成为"刚需",无论是刚步入社会的年轻人,或者是已经退休的老年人,都不得不选择增加储蓄。因此,相比众多低储蓄率的发达国家,中国的社会保障体系仍需要进一步完善提高。第三,高储蓄与高投资并存的发展模式造成产业结构失衡,未来难以为继。由于高储蓄和高投资的发展模式是粗放的,过于依赖投资的高速增长来拉动经济,其结果是容易出现部分行业产能过剩并出现结构失衡的现象,国内消费不振,如果海外需求出现下滑,则会造成中国出口下滑,对经济带来的冲击较大。

为解决高储蓄率带来的问题,要从消费层面来考虑。中国的消费政策经历了一个由"重积累、轻消费"到"扩大内需、刺激消费"的过程。近年来,中国在多个方面不断做出努力,如控制房价,出台各种限购政策;不断完善医疗、教育等社会保障体系,只有居民的基本生活得到了稳定保障,居民的存款欲望与储蓄需求才会降低,消费倾向才有上升的可能,进而促进经济发展,带来收入水平的增加,形成一个新的正向循环,走出一个高质量的、高生活水平的新经济发展模式。

经过回顾和分析,可以看出中国在资源、资金匮乏的发展初期,高储蓄、高投资的发展策略确实能快速刺激经济增长,但经过40余年的发展,中国经济进入了另一个阶段,粗放型发展的弊端展现。在这种情况下,中国应及时转变发展策略,进行经济转型,增加消费,引领经济向更稳健、更高效的轨道发展。

(案例作者:陆蓓 张咏 程卓)

相关材料

周小川：中国储蓄率仍有 45%，为全球最高(节选)

11 月 12 日，主题为"预测与战略"的财经年会于 2020 年在北京召开。博鳌亚洲论坛副理事长、第十二届全国政协副主席、中国人民银行原行长周小川出席并演讲。

周小川表示，中国 10 年前储蓄率达 50%，现在是 45%，仍是全球最高。

金融业占 GDP 的比重在很大程度上跟一个国家的储蓄率有关，储蓄率越高，需要金融服务就越多；没有储蓄，或者是储蓄率很低的国家，既然没什么存款，大概也就做不了多少贷款。所以，中国的金融业发展在一定程度上是会和储蓄率相关的。

金融业应该说还是和实体经济处于共生的关系，金融业占 GDP 的比重提高到 10%，是不是就意味着泡沫化，意味着自我循环，需要做深入的分析，不能太简单化地看待。

(材料来源：https://baijiahao.baidu.com/s? id＝16499869972577994444&wfr＝spider&for＝pc)

建立个人储蓄养老金制度的意义

导读：2022年4月21日，国务院办公厅发布了相关意见，推动"个人养老金"发展，标志着我国养老金的第三支柱，即个人储蓄养老金制度的最终落地。大力发展个人储蓄养老金制度有利于调整我国养老金体系结构，使之趋于更加均衡的三角形、金字塔结构。本文将从经济学原理出发，探究建立个人储蓄养老金制度的意义。

为了调整我国现有的养老金体系结构，满足人们对养老保险多样性需求的快速增长，国务院办公厅在2022年4月出台了相关意见，积极促进各地方领导加快个人储蓄养老金制度的落地。这意味着符合相关标准的劳动者都可以免费申请一个个人养老金账户。劳动者可以自主选择是否从工资中提取每年至多为12 000元的收入存入此账户中，存入个人养老金账户的收入享受税收优惠政策。劳动者可用账户中的储蓄购买经过国家筛选的金融产品。在参加人达到领取基本养老金条件后，个人便能申请从个人养老金账户中提现。

此外，与个人储蓄养老金制度共同构成我国养老体系三大支柱的还有：基本养老金制度和企业补充养老金制度。但就目前来看，这三大支柱的发展极其不平衡，第一支柱在三大支柱中占比约62%，而第三支柱的占比几乎为0。与之相比，在美国已经发展成熟的养老体系中，第二、第三支柱才是中流砥柱，总和占比已经超过了90%。这也从侧面反映了这次个人储蓄养老金制度的落地对改善我国养老结构是十分必要的。

那有哪些与个人储蓄养老金制度相关的经济学问题需要我们思考呢？经济学十大原理的第四条告诉我们："人类会对激励做出反应。"我想我们需要明确有哪些"激励"能够让劳动者愿意拿出一部分钱存入个人储蓄养老金账户中。

第一个激励是国家为个人养老金储户制定的税收优惠政策。虽然具体的税收优惠力度尚未公布，但我们可以参考2018年国家试行的税收递延政策进行简单测算。如实行养老金递延税收，劳动者可以将一部分税前收入存入个人养老金储蓄账户中进行投资，等到退休领取时再补缴税费。在下例中假设：① 税率始终为15%不变；② 20年后退休；③ 个人养老储蓄账户和普通储蓄账户年收益固定均为5%。我们可以看到这一个月所得的工资在退休后领取时，存入个人储蓄养老账户的劳动者获得的收入更多。这是因为存入个人储蓄养老账户的一部分钱没有扣除税费，这部分未扣除的税费参与了年复利的计算。而"复利的威力"是巨大的，能为退休后的劳动者带来巨大的收益和利息（见表1）。

表1 简单的推算 单位：元

项 目	工资不存入个人储蓄养老账户	工资存入个人储蓄养老账户
当月应纳税所得额	10 000	10 000－1 000＝9 000
当月扣税额度	1 500	1 350
实际存款金额	8 500	8 650
提款时价值	22 553	22 951
提款时纳税额	0	1 000×15％＝150
退休后实际价值	22 553	22 801

第二个激励则是存入个人储蓄养老账户中的钱面临的亏损和不确定性风险更小。这是因为在个人储蓄养老账户中的钱只能购买国家规定的银行理财、商业养老保险和一些公募基金产品，这些产品都是经由国家监管部门层层筛选后的产品，面临亏损的风险较小。而我们每个人都是"风险厌恶者"，养老金作为我们退休后幸福生活的保障，我们更加不希望其存在任何不确定性的风险。因此，个人养老储蓄账户的安全性和稳定性是另一大"激励"。

然而也需要意识到，将一部分收入存入个人储蓄养老金账户并不是没有"机会成本"的。除了"机会成本"，即放弃了自己拿这笔钱到股市中进行投资能获得更高收益率的可能性，另一个成本则需要考虑到从个人储蓄养老金账户中取出存款的条件：在达到基本养老金年龄或完全丧失劳动能力或出国(境)定居时劳动者才能享受到他们存款带来的收益。在此之前，从本质上来说，劳动者是不能享受到本文中"激励"所带来的好处的。而在劳动者到达退休年龄之前，还有很长的工作时间，越长的时间则代表越大的不确定性：自己的身体的健康是否能维持到退休后？若是劳动者本身没有享受到这笔存款，则对他们来说其实是一笔较大的"亏损"。因此，"个人养老金储蓄账户不能随时取用"带来了较大的风险和潜在成本，作为理性人的劳动者需要权衡是选择当期取出工资即可享受消费的权利，还是积累储蓄到退休后再享受。

但站在国家的层面，个人储蓄养老金制度带来的收益是非常大的。首先，若是大家都将自己收入的一部分拿出来进行个人养老账户的投资，那么社会中的"私人储蓄"量将会大大增加，意味着社会中便会有更多的"货币供给"，这促使利率—可贷资金图像中供给曲线右移，社会面的可贷资金量增加，利率下降。此时金融机构就能利用更好的货币流动性创造财富，从而有利于长期经济的发展。其次，可以从"生产函数"中的资本、技术和人力资本等几个角度出发思考。劳动者的个人养老储蓄增加，增加了可贷资金量，企业就能以低利率进行贷款与投资一些厂房设备、物质资本 K 更为丰富。从技术 A 中的管理效率维度去看,由于个人养老这第三支柱的崛起,我国养老体系的第一支柱——基本养老金制度的压力就会小很多,届时国家就不需要再斥巨资对社保和养老基金进行补贴,这些钱可以用来以另一种方式服务公众,减轻了政府对财政的管理压力。未来我国养老体系第三支柱的崛起将使得企业负担的员工养老支出下降,由此会有更多的资本进行技术升级和管理效率提升。考察一下人力资本 H 维度,从全社会的角度去看,这次个人储蓄养老金账户的建立实际上是一次全民的财商教育。现在很多年轻人都对养老储蓄投资不那么关注;大多数投资者也不是专业投资者,投资理念不成熟。相比之下,国家筛选后的投资产品相比个人投资的选择更加稳健,有利于引导投资者建立合理化的资产"组合",个人养老储蓄不能即时取出的特性也能够促使投资者戒除浮躁的投资心态,建立起长期价值投资的理念,可以认为是提升了社会人力资本 H。

总的来说,建立起个人养老金储蓄制度这个我国养老体系的第三支柱对我们国家意义重大,它的落地让我国的养老体系终于变成了稳定的"三角形",促进了我国养老保险结构的优化。此外,个人养老金储蓄制度为我国人民的民生和福祉提供了有力的保障,能够满足人民日益增长的对养老保险多样性的需求。未来,希望我国能够不断结合我国实际国情,在养老方面的相关政策方面继续发力。

(案例作者:潘小军　迟略桐)

相关材料

建立个人养老金制度(有删节)

2020 年 12 月,中央经济工作会议首次提出要"规范发展第三支柱养老保险",2021 年政府工作报告再次重申了这一点,人力资源和社会保障部也表示作为第三层次的个人养老金推出在即,显示出发展养老金第三支柱的紧迫性。

我国实行的是由基本养老保险、企业(职业)年金和个人养老金组成的"三支柱"或"三层次"养老保险体系。作为我国第一支柱的基本养老保险,采取的是现收现付制和基金积累制相结合的模式,集再分配、储蓄和保险三个功能于一身,与世界银行养老金分类方法中通过税收融资、强调规模适中和有限度地缓解老年贫困即以保险和再分配功能为主的第一支柱存在明显不同,其实施依据是《中华人民共和国社会保险法》,属于专门立法。作为第二支柱的企业年金,属于企业及其职工在依法参加基本养老保险的基础上自主建立的补充养老保险,与世界银行分类法中的雇主主导的强制储蓄的第二支柱也有较大不同,其实施依据是由人力资源和社会保障部、财政部制定的《企业年金办法》,属于行政规章。第三支柱作为个人养老保障的补充养老保险,长期以来都没有得到足够的重视,既没有明确的概念界定,也没有相关的法律法规在制度上予以保障,只是银保监会、财政部和税务等部门通过协调针对产品予以一定的税收优惠。此次推出在即的个人养老金制度已明确了发展思路为以账户制为基础、个人自愿参加、国家从税收上给予支持和资金进行市场化投资运营,应该有助于第三支柱真正在制度安排上成为养老保障体系的一部分,增强养老金的积累和保障能力,真正实现规范发展。在功能定位和制度安排上的不同,导致了我国"三支柱"的发展呈现极不平衡的局面,第一支柱在整个养老体系中承担了主要的养老保障责任。截至2020年年底,第一支柱已覆盖9.99亿人,第二支柱已覆盖约5 800万人,第三支柱覆盖范围非常有限,2018年5月1日试点推出的个人税收递延型商业养老保险,参保人数只有不足5人。从养老资产结构看,第一支柱约占82.9%,第二支柱约占17.1%,第三支柱的比例则基本可以忽略不计,与美国养老金资产中第一支柱占10%、第二和第三支柱占90%的比例结构形成了鲜明对比。因此,与美国相比,不论是在扩大覆盖面还是养老金规模上,我国的第三支柱都存在着很大的发展空间。

养老保险体系是一个多维的综合性系统,"三层次"的说法其实具有递进的意味,即个人养老金是基本养老保险的补充,其发展应以第一支柱和第二支柱的适当发展为基础。一般认为,强制性养老储蓄与自愿性养老储蓄之间存在负相关关系。我国第二支柱和第三支柱的发展空间也明显受到规模过于庞大和缴费率偏高的第一支柱的挤压。第一支柱自身发展也存在一些复杂的结构性问题。其中一点便是在基本养老保险的缴费端,由于社会统筹账户的比例远远大于个人账户,且个人账户"空账"运行,这就使得当前缴费和未来收益之间关联性不强,造成个人特别是灵活就业人员缴费积极性不高。此外,灵活就业人员享有的基本养老金水平偏低,也是造成该群体"断保"现象普遍的重要原因。由此,发展第三支柱的个人养老金制度,或许可以通过提供更多的个人养老金积累途径,解决灵活就业人员参保难题,健全灵活就业人员社保制度,切实将其纳入社会保障体系。

(材料来源:郭金龙,中国金融,2021年第10期,67-68页)

就业与失业新思考

导读：就业是最大的民生，对整个社会具有重要意义。它不仅是个人价值实现的渠道，为个人和家庭生活提供保障，同时也是社会安定的压舱石，对总体民生和全面发展起到关键作用。与之对应的失业问题则是个人与政府需要解决的一大重点和难题。改革开放以来，我国就业工作取得了一系列成就，逐步探索出一条经济发展与促进就业良性互动的有效路径。在产业结构深刻变革、经济增长方式转变的当下，特别是受突发性公共卫生事件、国际局势动荡等影响，如何有效解决失业问题，促就业、促发展成为关键。本文基于失业与失业率相关知识，从对失业问题的基本认识、失业原因的分析和相应建议三方面出发，结合中国现有国情，阐述时代变局下有关就业与失业的新思考。

首先需要明确的是失业是一种正常现象。自然失业率衡量了经济中自然存在的失业，即在长期内也难以自行消除的失业。长期的失业率围绕自然失业率波动，而根据经济情况出现不同程度的背离。大多数人的失业是短期的，存在因地区、工作部门转换等引起的摩擦性失业；而在任何一个时间观察到的失业是长期的。解决长期失业者的问题能在很大程度上改善失业状况，同时也有助于中国在新时代朝着共同富裕目标迈进。

我国现行的城镇失业率有两套统计指标：一是按照领取失业保险的人数计算，常年在 4% 左右，更多反映的是最困难的城市失业者状况，而不反映整体就业压力；二是城镇调查失业率，它通过国际劳工组织 ILO 的方法和定义来抽样调查并估计，更为全面客观。按照该指标，2020 年以来，失业率均升至正常水平之上。事实上，由于城镇失业率并不把农村居民包括在失业统计中，因此，官方数据低估了劳动市场的整体压力。

自 1995 年中共中央提出"经济增长方式从粗放型向集约型转变"的国民经济和社会发展的指导方针以来，出现了"高增长低就业"现象。原因在于，经济增长方式的转变造成了就业弹性的下降。从产业结构分析，第一产业科技水平、自动化水平进一步提升，不少劳动力得以释放而涌向第二、第三产业；第二产业经历的资本深化没有有效扩大劳动力的需求，同时，一些企业成本上升，不少工厂暂缓生产以减少损失；第三产业发展尚未完善，没有完全发挥出吸纳劳动力的潜力。

比较有代表性的两大"就业难"人群是大学生和农民工。大学生群体存在着结构性失业问题，在供需总量上，存在大规模扩招和就业岗位数量之间的矛盾。同时，因目前教育体制改革与市场化发展进程之间的相对滞后性，大学生专业与市场需求间存在一定的错位,常常体现在高考填报志愿时的"热门"专业和"劝退"专业上。农民工群体的失业很大一部分是摩擦性失业,农民工的就业需求与企业的劳动需求之间存在信息不对称问题。就业服务市场的通畅性不足,一些城乡分割的户籍就业制度仍然存在,阻碍了劳动力的正常流动。对农民工岗位总量、职业工种的限制等则反映了职业歧视,进一步加剧了失业问题。

在此情况下,有效解决这些由产业结构变化、地区转换、信息不对称等原因造成的失业问题,进一步释放发展潜力,对新形势下实现更高质量和更充分的就业具有重要意义。对此,我们有如下建议:

首先,在宏观层面上,要进一步优化产业结构,充分利用我国劳动力资源丰富的比较优势,考虑如何在高质量、高精尖产业发展的同时,避免劳动力资源被资本、技术等稀缺资源代替。一方面,工业自动化、人工智能的发展将会在许多领域替代工人,从而减少甚至消灭大量的工作岗位;但另一方面,我国幅员辽阔,各地区经济发展水平差异很大,大量中小城市和农村丰富的资源开发和多样化的文化发展孕育了虽然比较分散但总量可观的劳动需求。后者这种就业岗位的长尾现象将是未来解决我国劳动就业的巨大潜力所在,国家应采取有力措施鼓励和引导这类就业。

其次,要进一步完善劳动力市场体系,强化职业教育和职业技能培训,更好地发挥政府的支持作用。可以通过加强劳动力市场中介服务体系建设,建立起高效率、社会化的就业信息网络,解决信息不对称问题。在职业技能培训上,国内传统的培训主体为企业,受利润最大化目标影响可能存在投入不足的问题,同时,目前的培训较多集中于基础性培训,在针对性和系统性培训上存在不足。因此要加大职业教育的改革力度,通过企业培训补贴和建立完善的职业培训制度等,形成以市场为导向、服务就业的全方位教育和培训体系。尤其重要的是,要重点扶持、打造一批具有鲜明特色的、与当地产业密切结合的高等和中等职业院校,在全社会形成尊重技能人才的良好氛围。

最后,重视区域之间的均衡发展。目前中西部地区与沿海发达地区之间的发展水平还有很大差距,过去主要是通过劳动力的跨区域流动来解决内地过剩劳动力的就业问题,但这增加了因劳动力异地求职或在地区之间转换带来的摩擦性失业。要解决这一问题,最根本的还是要发挥广大内陆地区丰富的自然资源和民族文化资源,发展有特色的地方产业,吸引更多的本地劳动力就业。

新时代,新挑战,新征程。就业是个人问题、家庭问题,但更是社会问题、国家问题。我国正在加快产业结构的转型和升级,在这一过程中,一定数量的摩擦性失业和结构性失业不可避免,但只要系统地从产业布局、人才培养、就业公共产品供给等方面多管齐下,就一定能够实现劳动就业和产业发展之间的相互协调,实现国民经济的健康发展。

(案例作者:罗守贵 何雨含 盛嘉雯)

相关材料

新中国成立70周年就业工作取得举世瞩目成就（有删节）

2019年,我们站在了关键的历史节点上。新中国成立70年来,中国创造了波澜壮阔的改革发展历史,开辟了中国特色社会主义道路。就业是最大的民生,就业稳则心定、家宁、国安。风雨兼程70年,党中央、国务院高度重视就业工作,始终把稳定和扩大就业作为经济社会和谐发展的重要目标,逐步探索出经济发展与促进就业良性互动的有效路径,稳就业、促就业已成为民生工作的重中之重。70年来,我国就业工作取得了历史性成就,发生了历史性变革,就业总量持续增长,就业结构不断优化,就业质量显著提升,就业局势长期稳定,探索出一条具有中国特色的就业发展道路。

就业增长安民心,就业优先利社会

新中国成立之初,各级政府采取多种措施,解决了旧中国遗留下来的400万名失业人员的就业问题,为稳定社会发展、稳定新生政权奠定了坚实的基础。

20世纪80年代初,国家实行介绍就业、自愿组织起来就业和自谋职业相结合的"三结合"就业方针,在统包统配就业制度之外打开了一个缺口,安置了1 700万名回城知识青年就业,解决了历史遗留的社会问题,为改革开放的启航铺就了平坦的道路。

1992年,党的十四大明确提出:"建立社会主义市场经济体制,培育和发展劳动力市场。"这是我国发展进入新阶段的重要标志。此后,我国先后出台了一系列配套的政策法规,确立了市场导向的就业机制。

就业是构建社会和谐的"稳定器"。从2002年开始确立积极就业政策体系的基本框架,到2005年积极就业政策进一步延续扩展;从2008年应对国际金融危机形成更加积极的就业政策,演进到党的十八大以来更加突出创业和就业紧密结合,支持发展新就业形态,拓展就业新空间,积极就业政策迭代升级,每一次实践的步伐都紧跟经济发展大局。

多年来,党中央、国务院坚持深入实施就业优先战略,把稳增长、保就业作为经济运行合理区间的下限。2018年7月,中央政治局会议将稳就业摆在"六稳"之首,2018年12月召开的中央经济工作会议提出实施就业优先政策,2019年的政府工作报告首次将就业优先政策置于宏观政策层面,充分体现了以人民为中心的发展思想。

据统计,我国就业总量从1949年的1.8亿人增加到2018年的7.8亿人,其中城镇就业达到4.3亿人,比1949年增加了27.3倍;2018年,我国城镇非私营单位就业人员平均工资达到82461元,是1978年的134倍;1949年,全国城镇失业率高达23.6%,2018年全国城镇登记失业率为3.8%,处于近年来的低位水平;党的十八大以来,城镇新增就业连续6年保持在1 300万人以上。

充分就业启新程，增强群众获得感

从统分统配到双向选择，从千军万马挤"独木桥"到选择扎根基层，从追求"铁饭碗"到奔跑在创业的广阔天地，多年来，高校毕业生的就业路径呈现出从单一化到多元化、从"被选择"到"去选择"的变化。党的十九大明确提出要实现更高质量和更充分就业的新目标。高校毕业生、退役军人、农民工等重点群体就业持续推进，新就业形态、就业新机会不断涌现。当大众创业、万众创新浪潮在神州大地上奔涌，创业成为带动就业的新动力；当脱贫攻坚进入攻城拔寨的关键时期，就业扶贫成为上千万建档立卡贫困劳动力实现增收的新希望；当人工智能、"互联网＋"不断催生新的就业形态，人社部门着眼未来，完善适应新就业形态的劳动用工和社保政策，努力实现更高质量和更充分就业。

（材料来源：https://www.mohrss.gov.cn/SYrlzyhshbzb/gzdt/201909/t20190930_335844.html）

人口老龄化背景下延迟退休的利弊分析

导读：随着生活水平和医疗技术水平的提升，我国人口平均寿命大幅提高，人口老龄化问题日益严峻。延迟退休是目前应对人口老龄化的对策之一，但如何实施仍在讨论。本文应用经济学原理对延迟退休的利弊进行分析，在此基础上就如何实施延迟退休、应对人口老龄化问题进行思考。

据国家统计局 2021 年度人口年龄结构和抚养比指标数据显示，2020 年全国 65 岁及以上人口为 20 056 万人，约占全国总人口的 14.2%，远远高于 1956 年联合国《人口老龄化及其社会经济后果》确定的 7% 的划分标准。从长远看，人口老龄化既不利于社会的健康运转，也不利于人口可持续发展。如何应对老龄化带来的一系列问题是我国目前比较紧迫的任务。2021 年"十四五"规划和 2035 年远景目标纲要明确提出要实施渐进式延迟法定退休年龄。为促进政策的顺利推行，国务院确定了"小步调整、弹性实施、分类推进、统筹兼顾"的实施原则。本文将对延迟退休的利弊展开分析，并对如何完善延迟退休政策进行思考。

一、延迟退休的利弊分析

延迟退休政策具体表现为退休年龄的提高，而退休年龄的提高本质上是对劳动力资源及社会抚养负担的调整，这种人口结构的变动会进一步作用于我国的经济增长。延迟退休有效地增加了劳动力参工率。从总体来看，劳动人口的增加若能被劳动力市场完全吸收，将降低劳动密集型企业的生产成本，促进其发展。

而针对个人而言，延迟退休强制性地增加了劳动供给，根据劳动供给—需求图形，供给曲线右移会对工人工资产生向下的压力，而工资的下降又使企业多雇佣工人有利可图，从而降低工资和劳动的边际产量值。因此，该政策可能会加剧就业市场的竞争，年轻就业者在就业市场中可能会处于更加不利的地位。

延迟退休政策也会对个人及家庭的消费—储蓄决策产生影响。人们的消费受到收入的约束，根据收入效应，当人们收入的购买力增加时，会增加消费。一方面，延迟退休所增加的这一段工作时间使得人们的收入增加，可能会表现出更多的消费；另一方面，延迟退休这一政策的出台将影响人们的预期，即消费增多不只是表现在老年人口中，在青年、中年阶段，可能也会受对于退休时间预期的影响而调整自己的消费行为。青年、中年消费者可以预见工作时间延长所导致的收入增加,可能在前期就会表现出更高的消费需求。在我国,家庭的主要支出集中于孩子的教育投入及老人的养老保障。而退休年龄的延迟会导致需要赡养老年人口的时间推迟,降低了人口抚养比。劳动人口比重的增加使得总收入整体提高,加之养老时间缩短,有望释放居民的整体消费潜力,扩大内需,从而促进经济增长。

而从消费者偏好角度考虑,劳动者在退休后有了更充裕的闲暇时间,文化和休闲娱乐性的消费需求上升,会增加对旅游等娱乐活动及娱乐产品的消费支出。而延迟退休则在一定程度上缩短了人们的闲暇时间,从而减少这类支出。此外,退休年龄的推迟也会影响人们用于健康保障的医疗支出。工作时间的延长会引起人们对于身体健康的关注与重视,长期工作的劳累对人体健康的影响可能导致这类支出增多。

与此同时,家庭储蓄率可能会因为延迟退休政策的宣告而有所下降。而基于家庭原有储蓄率水平的不同,该政策所表现出的影响强弱也不同。对于低储蓄率的家庭,考虑到他们具有更高的边际消费倾向,即当他们的可支配收入增加时,会更多地将其用于消费支出,因此,延迟退休政策对于这类家庭的储蓄率影响将会更大,可能会表现出更明显的增加消费和减少储蓄行为。而对于原本储蓄率较高的家庭,他们本身的消费水平较高且已经得到较好的满足,边际消费倾向较低,受该政策的影响较小,储蓄率不会表现出明显的变化。

二、完善延迟退休措施的思考

男女退休年龄的差异也是值得关注与讨论的一点。我们应该注意到,在当代社会,女性的能力体现早已不局限于家庭,其受教育程度及专业能力都能达到与男性同等的水平。提高女性法定退休年龄,缩短男女退休时间的差距对于社会是有利的,能够更加充分有效地使用人力资源,增加社会产出。同时,这一举措还具有正外部性,体现出对女性能力的认同和对妇女合法权益及地位的保障,会对女性工作者起到激励作用。

延迟退休这一政策在总体上会对我国的经济增长产生促进作用,但其有效落实需要配套政策的完善。在国际上,有一些国家已形成相对成熟的延迟退休发展模式。有的国家采取弹性退休制度,即只要满足相应的养老金领取条件,老年劳动者便能依据自身状况选择在该年龄范围内任何年龄节点退休并领取养老金,但领取的额度则会依照不同的领取年龄增减,如选择延迟退休会较大幅度增加养老金额度。另外,也有相关举措保障高龄劳动者能够拥有多元化的就业机会。这对于我国有借鉴意义。例如,可以考虑在当前的福利保障基础上,加大福利保障力度,根据延迟退休的年限,适当增加相应养老金额度,鼓励养老金向自愿延迟退休的职工倾斜。此外,也可依据不同行业,为延迟退休的职工家庭提供一定的优惠政策,发挥社会福利保障功能,及时跟进教育、养老、健康等配套公共服务政策。而针对就业市场,应尽可能将就业岗位在老年职工和年轻人间进行精准配置,从而达到提高工作效率和保障年轻就业者职业发展的双赢局面。

（案例作者：潘小军　张文顿）

相关材料

延迟退休要来了，你准备好了吗？（有删节）

2022年2月21日，国务院发布《国务院关于印发"十四五"国家老龄事业发展和养老服务体系规划的通知》，这份18 000多字的通知，对我国"十四五"期间的养老事业和养老服务作出了全面的规划，其中大家最为关注的是"实施渐进式延迟法定退休年龄"。这句话有两个关键词：延迟退休、渐进式。

延迟退休，很重要一个原因是，中国面临着从轻度老龄化进入中度老龄化阶段发展的态势。第七次人口普查数据显示，我国60岁及以上人口约有2.64亿人，占总人口的18.7%；65岁以上人口约有1.9亿人，占总人口的13.5%；"十四五"期间，我国老年人口将超过3亿人。联合国曾预测照此趋势，2050年中国社会的人口年龄中位数将达到49.6岁，即一半人口都将在50岁以上，老龄化社会已成为迫在眉睫的问题。延迟退休，很显然是应对人口老龄化的一项重要举措。

此外，我国现行法定退休年龄相对偏低。中国现行法定退休年龄是男职工60周岁，女干部55周岁，女工人50周岁。这一规定颁布于20世纪50年代，当时我国人均预期寿命也只有50岁左右。这一退休年龄标准是根据新中国成立初期人均预期寿命、劳动条件、用工方式等诸多因素确定的，到现在近70多年没有调整过。改革开放以后，我国人均预期寿命大幅提高，从新中国成立初期的40多岁提高到了"十三五"期间的77.3岁。"十四五"期间，我国人均预期寿命将达78.3岁。与此同时，我国的经济社会发生了巨大变化，退休年龄总体偏低的问题就显得十分突出，延迟退休年龄是自然而然的事。

延迟退休究竟应该是"一刀切"还是"小步快走"，目前学界讨论较多的主要有两种方案：一种是先统一男女退休年龄到60岁，把女性多档退休年龄统一到一档，再同时延长男女退休年龄；另一种方案是男女各自延长，女性延长步伐比男性快，最终统一男女退休年龄。这里就要说到第二个关键词：渐进式。渐进式可以有两种理解：一是推行延迟退休的时间"渐进"，即经过一段过渡时间达到新的法定退休年龄，之后大家按新规定执行；一种是延迟退休的方式"渐进"，比如女性退休年龄每3年延迟1岁，男性退休年龄每6年延迟1岁，直到2045年同时达到65岁。

郑秉文建议，延迟退休方案首先要征求社会意见，结合我国现实国情和文化传统进行制定；其次一定要实施渐进式延迟退休，让不同年龄人群逐渐接受。据了解，目前人社部正在会同相关部门制定延迟退休具体实施方案。关于方案的具体内容，2021年2月人社部副部长游钧表示,方案会借鉴国际上通行的做法和经验,更要充分考虑我国的现实国情、文化传统和历史沿革等。从这句话来看,我国男性退休年龄很可能与世界接轨,提高到 65 岁,女性退休年龄也会相应提高。

(材料来源：https：//baijiahao. baidu. com/s? id＝17255101642778919748cwfr＝spider8cfor＝pc)

数字货币能否撬动美元霸权

导读： 自从中本聪创造了比特币以来，各种各样的加密货币和虚拟货币层出不穷，虽说其在多国政府看来皆是眼中钉一样的存在，但不得不承认虚拟货币因其流动性和安全性将长期活跃于国际贸易中，于是有不少人乐观地估计，比特币及其他虚拟货币有一天可能取代美元作为新的全球储备货币，这无疑会使美国失去金融方面的全球主导地位。本文将分析虚拟货币是否有能力撬动美元霸权。

近年来，虚拟货币的产生对国际金融体系产生了深远的影响，越来越多的国际贸易开始采用虚拟货币，尤其是其中的佼佼者———比特币结算。这无疑给之前美元称霸世界货币的局面带来了一些变数，于是我们不禁会思考：这是否能成为我们撬动甚至结束美元霸权体系的一个机会？虽然在很多国家，虚拟货币的交易被认定为非法，但我们已经推出了自己的数字货币，即数字人民币，其他很多国家也都有了自己的法定数字货币，那么在这个数字货币横行的时代，美元霸权是否会结束呢？

一、美元霸权从何而来

两次世界大战和经济大萧条使得国际贸易和货币兑换黄金变得十分困难，造成了金本位的崩溃。为了加强国际经济合作，重建国际货币体系，1944 年，44 个国家代表齐聚美国新罕布什尔州的布雷顿森林参加联合国货币金融会议，确立了黄金与美元之间的固定汇率，成立了国际货币基金组织和世界银行。作为当时世界第一大黄金储备国，美国在这个体系之下有责任保证美元按照官价兑换黄金，维持成员国对美元的信心，也有义务提供足够的美元作为国际清偿手段。当然，布雷顿森林体系的建立结束了当时战后混乱的国际金融体系，为经济增长创造了有利条件。然而随着时间的推移，这个体系的缺点也愈发明显，最为突出的便是著名的特里芬两难——若美元供给不足则不能满足大量国际清偿的需要，若美元供给过多则会使得美国的黄金储量不足以保证全部美元都能兑换成黄金，从而导致对美元的信心不足。不仅如此，美国还实行了"廉价货币"的政策，大量美元在马歇尔计划中涌入欧洲，加上美国财政收支的恶化，动摇了人们对美元与黄金固定比价兑换的信心，从而导致了多次美元危机。在这样的背景下，1971 年尼克松宣布停止 35 美元兑换 1 盎司黄金，宣告了布雷顿森林体系的崩溃。在这之后，1976 年《牙买加协定》的签署标志着浮动汇率制代替了美元与黄金的汇率平价，然而美元仍然是世界货币体系的基准，虽然法、德等国家大力批判美元独占鳌头的不合理货币地位,但仍然难以找到合适的替代方案,所以,以美元为基准的货币体系一直沿用至今。

美元在国际货币体系中的地位也给美国带来了巨大利益。首先,布雷顿森林体系以及其延续使得美国可以几乎毫无成本地举借外债,由于国际清算使用的正是美元,美国便可以通过大量加印美元来使其贬值,从而缓解自己的外债负担。其次,美国是世界上最富有的国家之一,但同时也是全世界最大的债务国。为什么会出现这种"既富又穷(GDP 和国债均为全球最高)"的情况呢? 首先,在现有的国际贸易规则下,国与国之间的贸易和债务应当用美元进行清算,这就造成了对美元的巨大需求,于是各国利用自己生产的各种商品货物来兑换美元,拿到美元的各国又用手中的美元来购买美国的国债,这就又导致了资金回流至美国,在这种操作下,美国只需要不断地发行美元,便可以几乎无成本地享受各国人民辛苦劳动生产出的商品,并用其来发展经济。通过这一系列操作,美国便维持了在货币体系中的霸权,并将其延伸至政治、军事等领域。

二、加密货币是否能取代美元

长期以来,人类社会的货币可大致分为两种:一种是实物货币,上至贵金属金银,下至监狱里的香烟,它们自身都存在着使用价值,并且这些货币数量是有限的,无法人为篡改其数量,人们对其价值产生了共识,因此不需要任何权威机构来保障它们的认可度;另一种则是信用货币,即我们使用的硬币和纸币,准确来说,纸币甚至只能算货币符号,因为其本身并不具有任何使用价值。信用货币由一个国家政权的中央银行强制发行和控制,且由国家政权为其流通性进行担保,即我们所说的货币以国家信用为背书,但信用货币既然由国家的中央银行控制,其数量肯定不是恒定不变的,必然会出现超发或短缺的情况。而近年出现的加密货币,以比特币为例,很难界定它是哪一种,因为其本身兼备贵金属和信用货币的特点:比特币本身只是一行代码,并无使用价值,这点与信用货币类似,但其产生依赖于哈希函数,这导致比特币的总量是不变的,不会出现通货膨胀,"挖矿"只会越挖越少。

加密货币的产生部分来自人们对银行金融系统的不信任,其相较于传统的货币交换模式有许多优势,其中最重要的便是"去中心化",在加密货币的交易中,不再由银行等大型金融机构承担记账的功能,而是将记账的权利和义务分散到每一个人身上,通过区块链技术使得世界上所有人共同监督同一个账本,这使得私自篡改账本变得不可能,因此,加密货币的一大优点便是安全。其次便是刚才所讲,加密货币不会产生通胀,比特币最开始被创造出来的动机便是人们对国家主权货币大量超发、物价飞涨的憎恶。最后是加密货币的接受度广,流动性高,在全世界各个领域都有流动,虽然世界上大多数国家政府并不支持比特币的存在,但也采取了默许的态度,并没有制定法律来取缔比特币,甚至还有一些国家将比特币纳入国家法定货币中,这使得各种民间团体以及个人之间的交易可以用加密货币来进行清算。

然而，加密货币的缺点也是明显的。首先，因为比特币如同黄金，其总量是固定的，因此，其稀缺性导致其无法完成大宗交易，即至少以亿美元为单位的交易，在能源、军火、粮食等方面的交易它都无法胜任，其规模最多能够支持一个富翁购买一辆游艇。其次，虽说比特币不会因为货币的供给量而产生通货膨胀，但其实际购买力不仅取决于供给量，也取决于加密货币与法定货币之间的"汇率"，当人们对某种加密货币并不看好时，其对于法定货币的汇率便会大幅降低，导致投资人血本无归。最后，比特币的使用群体和用途也令人担忧，其经常被用于非法交易、电子诈骗、勒索以及洗钱中，这使得加密货币必然不会被世界上大多数政府完全采纳。而没有政府的保护，加密货币拥有者们更容易因为密钥丢失、矿场倒闭、账号被封等原因彻底失去财富，政府和中央银行只有义务保护人民一定的银行存款，却并没有义务对一种本身就是非法的货币进行保护。

三、数字人民币能否取代美元

2020年，中国人民银行开始发行数字人民币，数字人民币虽然也是虚拟货币，但是与比特币等加密货币有着本质上的区别，后者为非国家银行开发，缺乏法偿性，而数字人民币由人民银行进行担保，效力完全等同于一般流通现金。也就是说，目前人民币无法撼动美元地位，与人民币等效的数字人民币无非是换了一种物理表现形式，仍然无法改变美元一家独大的局面。尽管如此，数字人民币的发行对中国的金融环境有着积极的作用，能够监控所有的交易转账，使得交易更加透明，有效防范违法行为的发生，保障了公民的财产安全。

四、数字货币未来如何撼动美元地位

数字货币因为其本身的缺点显然难以改变目前的国际货币体系，但我们也不能接受美国一直利用美元霸权薅各国羊毛的行为，因此，我国也一直在采取一些手段来不断削弱美元的影响力。目前，人民币在国际市场上的占有率不足美元的1/20，硬碰硬显然不会有什么效果，于是我国采取了另一种做法，即支持国际市场上的第二大货币——欧元作为各国清算的手段，在中国与欧盟各国的贸易往来中，中国支持使用欧元，等到欧元能够与美元势均力敌的时候，我们就能够看到一丝改变国际货币体系的希望，从而结束美元霸权。此外，我国在与其他国家的贸易中采用人民币或其他货币结算，如俄罗斯在与中国进行石油和天然气交易时便使用卢布和人民币结算，这样便能减少一些对美元的需求。

总而言之，终结美元霸权的道路任重而道远，要想让人民币真正的国际化，就需要国际社会对人民币有足够的信心，而这一切的基础是让各国对中国中央银行和中国经济有信心。因此，发展才是硬道理，在采取多种货币手段来提升人民币影响力的同时必须坚持

发展经济,才能在未来彻底结束美元一家独大的局面。

（案例作者：郑育家　王梓尧）

相关材料

Coinbase CEO：比特币可能取代美元成为新的全球储备货币(节选)

据 daily hodl 报道,Coinbase 首席执行官 Brian Armstrong 乐观地认为,比特币有朝一日可能取代美元成为新的全球储备货币。Armstrong 在接受采访时表示："我认为世界上大多数人都会认为这是一件很疯狂的事情,或者是一种逆向观点或其他什么,但我认为比特币有可能成为新的全球储备货币。"他预计比特币将获得全球金本位的地位,有可能成为新的全球储备货币。他进一步补充道,美元全球主导地位的潜在丧失并非独一无二,因为一旦法定货币不再受到黄金等商品的支持,它们的寿命往往就会有限。

（材料来源：https://baijiahao.baidu.com/s?id=17415580523362206859&wfr=spider&for=pc）

"碳中和"背景之下的加密货币还能走多远？

导读：加密货币自从诞生以来，便引发了诸多争议，各方观点不一。2021年，加密货币经历了巨大的起伏跌宕，特斯拉CEO马斯克公开站队比特币、狗狗币此类加密货币，后来又以能源消耗为名暂停比特币购车。同时期在中国，国务院金融稳定发展委员会出台打击比特币挖矿和交易行为的相关政策，引发加密货币市场一波又一波的动荡。当遇上政策管制，并且碰撞"碳中和"，加密货币在中国还能走多远？本案例使用经济学原理阐述加密货币的基本特性，分析其未来成为货币的可能性以及发展前景。

　　近年来，加密货币掀起了一股狂热的投资热潮，甚至许多毫无相关知识和经验的新手也在时时观望着币圈动态，随时准备进入币圈市场。大多数加密货币都是基于区块链技术的去中心化网络。区块链技术是开源的，这意味着任何软件开发人员都可以使用原始源代码并用它创建新的东西。目前市场上的加密货币已超过10 000种，全球比较流行的几种加密货币有比特币、莱特币、福源币、狗狗币、瑞波币等。以比特币为例，其诞生于2008年，源于中本聪对电子货币的设想——人人参与记账而不是依赖银行，把记的账每10分钟打包成1个区块，每个区块自带比特币，最初1个区块奖励50个比特币，每4年奖励减半，最终上限为2 100万枚。比特币最初只是技术爱好者的玩具，直到2010年，美国的一位程序员用10 000个比特币购买了1份价值25美元的比萨，这笔交易使得比特币第一次具有了相对美元的汇率，即0.003美元。此后，比特币凭借其独特的价值定位和交易机制吸引了大量的投资者。2021年3月24日，特斯拉CEO马斯克在推特上喊话"You can buy a Tesla with Bitcoin"，并在比特币上投资了15亿美元，一时间市场上加密货币价格飙升了近20%。5月13日，马斯克又以能源消耗为名宣布暂停使用比特币购车。话音刚落，比特币价格持续走低，跌幅高达14%以上。加密货币的特点是无政府信用背书，不具有法偿性，去中心化，价格基于购买社群的价值认知。因此，加密货币面临的最大风险就是在共同认可层面被价值抛弃，价格暴涨暴跌就成为一种司空见惯的现象。

　　没有政府信用支撑的加密货币已成为投机性工具，存在威胁金融安全和社会稳定的潜在风险。2013年中国人民银行联合四部委出台《关于防范比特币风险的通知》，否定了比特币的货币属性，指出"比特币是一种特定的虚拟商品，不具有与货币等同的法律地位，不能且不应作为货币在市场上流通使用"。判断加密货币是不是一种货币的标准，是看其是否同时具备货币的三种职能——交换媒介、计价单位和价值贮藏手段。第一,加密货币在一定程度上具有交换媒介的作用。目前有极少数国家支持加密货币用于交易。但随着国家经济总量不断增大,对于货币的需求量必然随之增大。而比特币的数量存在上限,比特币的币价越来越高,不能与经济发展水平相适应,最终可能引发通货紧缩。此现象可以参考黄金的发展历史,黄金由于稀缺性及物理性状的稳定使得它天然适合作为货币,历史上很多国家实施过金本位制,但最终黄金黯然退出货币的舞台,主要原因之一便是黄金的数量约束。第二,能够被用作计价单位,而满足这一条件的前提是稳定。即使商家愿意接受比特币支付,也很少使用比特币计价。加密货币价格波动程度大,不适合作为计价单位。第三,加密货币价值贮藏具有极高的风险,主要根源同样是加密货币价格的不稳定。我们从未担心黄金价格会直接跌到零,因为全世界央行和个人都认可黄金的价值;我们也不担心手中的人民币会缩水至零,因为人民币是由中国人民银行发行、由政府信用背书的。但加密货币没有政府信用背书,目前只有少数群体认可,而且价格持续剧烈波动,意味着未来有一天加密货币可能被抛弃、被禁止。

加密货币不仅给金融市场稳定带来了威胁,而且因其在开采和交易过程中存在高能耗和高碳排放量的问题,导致巨大的环境和健康成本,影响了全球"碳中和"进程。2021年5月,国务院金融稳定发展委员会在第五十一次会议上,明确提出了要"打击比特币挖矿和交易行为,坚决防范个体风险向社会领域传递"。比特币的产生基于计算机算法持续计算,俗称"挖矿",过程中会大量消耗能源。以1台中型功率比特币矿机运行的耗能进行计算,正常运行情况下1天需要耗费大约24度电,挖1枚比特币的耗电量约为18.5万度电。剑桥大学替代金融研究中心的研究结果显示,全球比特币挖矿的年耗电量大约是149.37太瓦时(1太瓦时为10亿度电)。如果把比特币看成1个国家,比特币每年挖矿的能源消耗将排在第23位,超过埃及、马来西亚等国家。挖矿消耗的电力主要依靠煤炭、石油等资源,这些不可再生资源在发电过程中,会产生大量温室气体,不仅如此,硫化物、氮化物的排放还会导致其他诸如酸雨、光化学烟雾等严重的环境问题,危害自然环境和人体健康。随着挖矿难度不断上升,对矿机和显卡等硬件设备的性能要求也越来越高,计算机设备不断更新换代,又会产生许多电子垃圾。加密货币能源消耗巨大,在未来加密货币的发展中,应该限制其过度发展。

总体来说,加密货币成为真正流通货币的可能性极小。但是加密货币有其自身特点,其未来如果符合低耗能的绿色环保理念,在更加全面规范的政策约束下,加密货币或许可以在适合的领域发挥独特的作用。

(案例作者:陆蓓　张咏　董芷伊)

相关材料

金融委明确打击比特币挖矿和交易，投资者坦陈：
炒币不是投资而是投机（节选）

"虽然赚了一点点钱，但回头想想还是觉得自己太冒险了，而且没亏钱还是由于自己抽身早。"5月18日将持有的全部加密数字货币全部抛出的马阳（化名）近日对《证券日报》记者如是说。

近年来，以比特币为代表的加密数字货币成为一些投资者热捧的对象。即便是投资风格一向保守的马阳也经不住朋友的鼓动，在今年4月底购入了"狗狗币"（Dogecoin），5月初又调仓购入了"屎币"（SHIB）。"毕竟没有炒币经验，所以一共就投入了2000元，就当'试试水'，亏了不算太心疼。"马阳说，令她感到意外的是，5月7日其账户资产增至8000元。短时间内资产（账面值）增长数倍，让马阳理解了为何部分投资者会对炒币如此狂热。

"5月8日，马斯克主持脱口秀，大家对此预期都很高，我也理所当然地认为加密数字货币的价格还会继续上涨。"马阳说，但加密数字币的行情并没有如预期般上行：在5月8日一早，价格就开始急转直下。"毕竟尝过甜头，虽然下跌了，但是我觉得还能再等等"。直到5月18日，马阳的账户资产变成5000元，她觉得不能再等了，便将所持有的所有加密数字币全部抛出。"虽然赚了3000元，但是这期间我一直都提心吊胆的，心情像在坐过山车。"对于这次的炒币经历，马阳总结说："我不认为这是投资，这应该是投机。"

时隔3日的5月21日，国务院金融稳定发展委员会召开第五十一次会议，再次点名了加密数字货币。会议明确提出，"打击比特币挖矿和交易行为，坚决防范个体风险向社会领域传递"。

（材料来源：http://epaper.zqrb.cn/html/2021-05/25/content_734058.htm）

「碳中和」背景之下的加密货币还能走多远？

拜登的菜单与购买力平价悖论[①]

导读：政治家要懂一点经济学，经济学家也要懂一点政治。本案例中的购买力平价理论是宏观经济学开放经济里面有关 GDP 的内容。拜登是一个善于作秀的政客，他还是美国副总统的时候就到过中国访问。2011 年 8 月 18 日，拜登利用在中国访问谈判的间隙在北京鼓楼附近的一家小店吃了一顿炸酱面，一行 5 个人只花了 79 元人民币。这件在当时被媒体广为报道的事并不简单，经济学专业的学生如果留心的话，一定能一眼看穿拜登在中国吃炸酱面的政治意图。

2011 年 8 月 18 日，时任美国副总统拜登在北京吃炸酱面，此事被媒体热炒，各大网络论坛中的讨论也热火朝天。当时在百度上搜一下，可以找到相关文本 552 万条，用 google 搜索纯英语文本，也有 27 400 条。

关于此事，评论或解读有许多种；笔者以一名经济学者的眼光看，这是一个目的明确的"政治秀"，试图证明人民币币值"被低估"。尤其将此事与拜登此次访华的两大主题——人民币升值和美国国债问题联系起来看，就更能洞悉其吃炸酱面的目的。

5 个人吃顿饭只花了 79 元。在对相关背景不作任何说明（比如"吃面"在中国算是怎样"规格"的"吃饭"，又比如同是"吃面"，不少中国人如今也吃三四十元一碗的面）的情况下，这条新闻足以让全世界没有中国生活经历的人惊异于中国物价的低廉，换句话说，就是人民币"太值钱"了！按照联合国千年发展目标确定的标准，日均消费低于 1 美元属"绝对贫困"，以此对照，中国这样的物价，即使在最贫穷的非洲国家也够低了。

根据笔者的经验，一般外国人不像中国人这样善于算术，在国外的超市或小卖部，不时可见他们掰着手指头费劲地算账。因此，拜登在北京的饭账能向他们传达一个有"说服力"的事实：人民币和美元的汇率应当是一比一。这有着经济学理论依据——购买力平价理论。

购买力平价理论（purchasing power parity，PPP），即所谓的单一价格规律，是指同样的物品同一时间在不同地方不能以不同的价格出售，或者说任何一单位通货在世界任何地方都有相同的购买力（"一物一价"法则）。如果 5 个人在世界任何国家花 79 美元吃一

[①] 此案例是在本文作者发表在 2011 年 8 月 23 日《文汇报》的中国新闻名栏目"文汇时评"上的《炸酱面证明不了购买力平价理论》和《中国经济发展案例分析》（上海交通大学出版社，2018）上的同名案例基础上改写的，新增了部分内容。

顿饭,恐怕也很少有人会说贵,所以,根据拜登在北京的饭账,再笨的外国人也能得出结论:中国的人民币至少和美元一样值钱。

不过,购买力平价理论并非像拜登用炸酱面"证明"的那样简单。根据世界各国实际情况观察,不仅中国,越是收入水平低的国家,其本国汇率越是低于购买力平价。这是因为,即使"一物一价"的法则在工业制品等贸易产品上基本成立,但在非贸易产品和很多服务上,却反映着工资水平的差距,反映着越是低收入国家其服务价格越便宜的"巴拉-萨缪尔逊(Balassa-Samuelson)法则"。道理非常简单,虽然美国理一次发 20～30 美元,中国理一次发 20～30 元人民币,但美国人没法不远万里到中国理发。由此,经济发展水平越高,汇率与购买力平价的理论数值间偏离幅度越小,当接近发达国家水平时,汇率就会下降到与购买力平价大体相当的水平;反之,与购买力平价差别就较大。中国是发展中国家,2011 年的人均收入水平位于世界后列,购买力平价理论并不适用。

中国人显然不屑于驳斥拜登这顿炸酱面所能"证明"的所谓购买力平价理论。因为 5 个人花 79 元吃一顿饭,即使在中国也不是"典型"的下馆子价格。如果非要证明中国物价和国外物价的比例关系不可,我们能举出的例子比拜登多得多,而结论肯定是相反的。如此说来,拜登颇费心思安排的这场秀的效果可能让他失望了。稍有经济学常识的人都知道,购买力平价理论有其固有的缺陷和适用条件,这个由瑞典经济学家卡塞尔在 1922 年提出的理论并不能帮助美国政客。不过,拜登确实善于作政治秀,用人均消费 15.8 元(约 2.5 美元)吃炸酱面,来说明"中国物价便宜",注定能引起媒体的大量报道和公众的广泛关注。

笔者对此很是遗憾,人家吃一顿饭就轻而易举表达了自己的意图,而中国的实际情况和利益诉求却因此被屏蔽,加上外媒有意无意地渲染,恐怕没几个美国人能知道真相。更遗憾的是,我们的媒体也太帮美国人忙了。国内许多媒体的报道非常仔细,报出了每一道菜及其价格,看来中国物价便宜真是言之凿凿!拜登吃饭的那家姚记炒肝店,我好像也在那里吃过炸酱面,并非那么便宜。5 个人之所以只花了 79 元,拜登确实是要了滑头。这些人并没有吃店内特色的炒肝、卤煮火烧。请看他们的菜单:5 碗炸酱面,一碗 9 元,共 45 元;10 个包子,一个 1 元,共 10 元;拌黄瓜,6 元;糖拌山药,8 元;凉拌土豆丝,6 元;两瓶玻璃瓶可乐,4 元,共计 79 元。这也太抠门了吧?难道这 5 个人都是素食主义者?

或许有人怀疑本文的观察,认为拜登并没有政治意图,是笔者小心眼了。但要是与另一件事联系起来,大概你就会相信这份曝光的菜单显然不是偶然的。拜登的这顿炸酱面是时任美国驻中国大使骆家辉安排的,而这顿饭之后的 4 天,即 2011 年 8 月 22 日,骆家辉率领一帮美国人在成都故伎重演,再次曝光了他们一行的一顿饭钱:15 个人,17 道菜,只花费 180 元,人均 12 元。请问拜登和骆家辉在美国吃饭会把菜单给美国媒体报道,并和他们高调合影吗?

如果还不相信这是政治秀的话,我要曝光他们的第三份菜单了。事实上,在上面两顿饭之间还有一顿没有被大肆报道而鲜为人知的饭局。2011 年 8 月 20 日，拜登去了成都，骆家辉精心为他安排了一顿晚餐，订在了成都宽窄巷子的喻家厨房。为了这顿饭，饭店老板和厨师，甚至整个饭店的人忙活了大半天。但到了 20 日晚上，拜登因年龄原因不想过于劳累而留在酒店用餐，骆家辉一行 10 人则到喻家厨房享用了这顿大餐。喻家厨房可不一般，据食客达人说该饭店是和北京的 HH（代号，笔者注）一起在全国仅有 2 家能称得上私房菜的菜馆之一。它的最低消费是人均 300 元，稍微贵一些的是人均 600～800 元，但美领馆打电话给老板要求按人均 300 元的标准准备接待拜登，这当然是揩饭店的油，因为老板把最好的包间 GX（代号，笔者注）给了拜登，菜品全部用古瓷器盛装，最后骆家辉等人一共吃了 2 个多小时。这顿饭要是一般人去吃估计最少要花 1 万元。

请注意 8 月 20 日喻家厨房这顿饭并没有被大肆曝光，仅在成都的一家地方报纸有报道。菜品包括毛笔酥、蚕豆鳕鱼汤、凉粉鲍鱼、吊片樟茶鸭、剁椒银鳕鱼、桂圆藏香猪、牛油果熏鱼……全部菜单包括 16 道冷菜、15 道热菜、5 样小吃、4 样甜品。

请注意，上述三顿饭中，前两顿饭的菜单被权威官方媒体和几乎所有门户网站广为报道，并且配有拜登和骆家辉与食客或老板的合影。而最后一顿饭仅出现在一张地方小报上，以至于这份菜单鲜为人知。想想这是什么原因吧！

笔者在这里一厢情愿地想，如果中国媒体对拜登那顿 79 元的饭换个角度报道该多好，比如中华美食的文化内涵、养生价值等，就是不提价格。果真如此，拜登也会佩服我们媒体的水平吧？

（案例作者：罗守贵）

相关材料

拜登到北京鼓楼吃炸酱面 5 人共花费 79 元（有删节）

要想吃炒肝，鼓楼一拐弯。鼓楼东侧的姚记炒肝店，竟然把访华的美国副总统拜登都吸引来了。不过，拜登一行并没有入乡随俗地吃店内特色的炒肝、卤煮火烧，而是点了 5 碗炸酱面。直到拜登走了，"姚记"一家子也没明白，美国副总统为何对他们情有独钟。

昨天下午 1 时 25 分，鼓楼前的马路上，美国大使馆的车队快速驶来，停在了鼓楼东侧。连路边的市民都知道，访华的美国副总统拜登来了。大家都以为拜登的目的地是鼓楼，但眼尖的市民发现，车队的目的地是鼓楼东侧的姚记炒肝店。

大约半个小时后，车队离开，记者随后进入店内，此时的顾客并不多。在里侧的一个包间里，姚记炒肝店第二代传人之一的姚燕，向记者讲述了拜登来店内吃午饭的前前后后。

姚燕说，前天中午，美国大使馆就派了两个人到店内调查，出示了名片，拍摄了店内的情况，但也没说拜登要来，他们也没在意。昨天上午 10 时左右，他们得知拜登要来店里吃午饭。"没接待过这么高级别的贵宾,我们都不知道该怎么准备好了。"姚燕说,这个消息让他们既惊喜又紧张,家里人全都赶到店里做准备。收拾了一个包间,还准备了崭新的餐具。"就是这个包间。"姚燕指着记者所在的包间说,拜登来了以后,表示要坐在大堂,餐具也和其他食客的一样。

1时30分,拜登带着孙女,在新上任的美国驻华大使骆家辉的陪同下,走进店里。姚燕说,有人告诉她,按照美国的习惯,店主要到门口迎接,当她刚走到门口,拜登已经进来了。"他很友善,亲切而不失诙谐。"姚燕说,拜登进来后,和其他客人热情地打招呼。由于语言不通,拜登较多地采用肢体动作,拍拍肩膀,握握手,客人则报以掌声。

席间,拜登还向其他客人道歉说:"对不起,打扰大家吃饭的时间了。"在翻译的同声传译后,食客回应"没关系"。拜登还故意坐到另一桌食客旁边,让大家误以为他要一同就餐时,拜登笑着又坐回自己的位子。

对于客人拍照的要求,拜登没有拒绝,还和姚燕等人亲切交谈。姚燕说,她家有个亲戚在美国定居,拜登听说后,询问住在哪个城市,并邀请姚家今后到美国时,可以去找他玩。姚家9岁的姚忆茗给拜登等人送了餐巾纸,拜登高兴地说了"谢谢",并搂着她合影。

临别之际,拜登和姚家的10余口人以及伙计一起合影,姚燕对拜登的临别赠言是:祝两国更加繁荣富强,两国人民幸福安康。姚燕说,拜登回应"你就是一个很好的外交家"后乘车离开,整个就餐时间只有20多分钟。

拜登去姚记炒肝店,吃没吃北京特色的炒肝、卤煮?拜登一行点了炸酱面、凉菜等。姚燕表示,西方人普遍不喜欢食用下水,以前光顾店里的外国人也不知道卤煮、炒肝,爱吃春卷、炸酱面,因此,对拜登没点炒肝并不感到意外。

"他们吃得很香,炸酱面吃得干干净净,包子剩了几个。"姚燕说,最初的菜谱本是拜登同行的人定的,但是在点菜时,拜登亲自点的最终的菜品。一顿饭花了79元,拜登掏出了一张百元纸币结账,明确表示结余的21元当作小费。结账的姚龙连连推辞,但最终拗不过拜登,还是收下了。

(材料来源:王彬,北京晨报,2011年8月19日)

美元霸权下人民币国际化的意义

导言：2022年2月17日，环球银行金融电信协会（SWIFT）发布的最新数据显示，人民币在国际支付金额中的占比提升至3.2%，创历史新高。人民币在国际支付领域地位的提高，对美元霸权体系下美国的资本输入模式产生了初步影响，巩固了国内资金流以促进产业转型升级；遏制了美元过度发行，有效提高了人民币币值稳定性，保障了我国金融安全；并且对美国的全球金融主导地位起到了制衡作用，推动世界多极化深入发展。人民币国际化之路行稳致远，对中国、对世界，意义重大。

1948年12月1日，为适应解放战争形势的发展，中国人民银行在河北省石家庄成立，同日，第一套人民币开始发行。在人民币发行之初，世界货币支付模式正处于布雷顿森林体系的高压下，美元与黄金挂钩、各国货币与美元挂钩的双挂钩模式保障了美元币值的稳定。然而，这个较稳定的货币体系在1971年8月15日尼克松总统宣布实行"新经济政策"后轰然崩塌。35美元兑1盎司黄金成为历史，美元成了没有内在价值的法定货币，世界货币进入了信用本位的时代，之后建立的牙买加体系更为美元霸权的建立铺平了道路。

自牙买加体系建立至今，美元在国际货币储备占比和国际贸易结算占比中稳居首位。根据SWIFT数据，中国2022年全球外汇占比为2.79%，而美国的全球外汇占比达惊人的58.81%。同为世界前两大经济体，"货币地位"差距却如此悬殊，美元霸权格局可见一斑。

人民币国际化，正是对这一霸权格局的有力冲击。在美元霸权体系下，美国逐渐完成了从"资本输出"到"资本输入"的角色转变。美国的这一角色转变，部分依靠新兴经济体不断提升的储蓄率。作为新兴经济体的一员，中国的储蓄率一直位居世界前列，近10年一直维持在44%（数据来源于CEIC Data）以上的高位。以中国为代表的新兴经济体的高位储蓄弥补了美国储蓄和投资之间的差额，使美国拥有了充足的借贷资本供应。由供求定理可得，供给增加，借贷资本"价格"下降，这个"价格"就是利率。低利率促进了美国的投资，而中国的一系列外资优惠政策吸引了大量来自美国的外资，使中国一度成为美国的"加工厂"。中国的制造业长期徘徊于微笑曲线底端，而处于微笑曲线底端意味着中国制造业较低的利润水平，使中国企业缺乏转型升级的资金动力，进而处于"原地停滞"的状态。近年来，外国对华经济政策的不稳定波动让芯片问题、航天发动机问题等一系列中国制造业"卡脖子"问题浮现于水面,限制了我国新一轮产业布局。

推动人民币国际化,形成人民币、美元、欧元、日元四大国际货币相制衡的国际货币体系新格局,将改变美元在世界货币支付体系中"独行天下"的局面,从而降低中国的合理外汇储备水平。同时,应开拓其他国家的人民币储备市场,激活壮大中国内需的资金流,通过充足的资金供应促进国内产业升级转型,使中国制造业摆脱低技术、低利润、低附加值的"三低"泥潭,从"世界的代加工厂"转变为"世界先进制造业基地"。

此外,人民币国际化也有助于维护人民币币值稳定。在牙买加体系下,支撑美元币值的是美国政府的信用,这使美国政府具备了无限扩大货币供应的能力。历史已经证明了这一点:2008 年全球金融危机爆发后,美国在当年的最后 3 个月内增发了约 1.33 万亿美元;2020 年 3 月新冠疫情全球暴发后,美国又在 3 周的时间内向市场注入了 1.5 万亿美元。扩大美元供应,对于美国而言是一个收益与风险并存的举措。扩大货币供应带来了通货膨胀税、货币强权、缓解经济危机等收益,但也埋下了货币危机的祸端。美国选择增加货币供应,其他国家选择增加美元储备,其实是二者博弈后的结果,以下是简化分析。

当美国选择扩大货币供应时,若其他国家选择增加美元储备,则美国和其他国家(以中国为例)获得的收益为:

$$R_{美} = R_0 - C_1$$

$$R_{中} = V_0 + I_1 - C_0$$

若其他国家选择减少美元储备,则美国和其他国家(以中国为例)获得的收益为:

$$R_{美} = R_0 - C_2$$

$$R_{中} = V_0$$

其中,R_0、C_1、V_0、I_1、C_2、C_0 分别代表美国的基准获利、其他国家增加美元储备后美国产生货币危机的损失期望、中国的基准获利、中国增加美元储备获得的风险防范收益期望、其他国家减少美元储备后美国产生货币危机的损失期望和中国增加美元储备的机会成本,其中 $C_2 \gg C_1$。

当美国选择控制货币供应时,若其他国家(以中国为例)选择增加美元储备,则美国和其他国家(以中国为例)获得的收益为:

$$R_{美} = R_0 - R_1$$

$$R_{中} = V_0 - C_0$$

当美国选择控制货币供应时,若其他国家(以中国为例)选择减少美元储备,则美国和其他国家(以中国为例)获得的收益为:

$$R_{美} = R_0 - R_1$$

$$R_{中}=V_0$$

其中，R_1 为美国增加货币供应获得的通货膨胀税、货币强权、缓解经济危机等其他收益。通过上述公式可得，由于在美元霸权格局下，美国长期吸收其他国家的资本输入，货币危机发生的风险很小，$R_1 \gg C_2 \gg C_1$，为使本国利益最大化，美国选择增发货币。当其他国家得知美国增发货币时，由于 $I_1 > C_0$，为使本国利益最大化，其他国家的占优策略是增加美元储备，博弈结果符合现实状况。

实行人民币国际化后，美元在世界货币体系中的主导地位将会弱化，美国的角色相当于从一个接近垄断者的寡头转变为一个接近竞争市场的"卖家"，美元是它手中的商品。此时，若美国仍选择过度发行美元，美元的供给增加，需求变动不明显，则美元的币值会大幅下降，其他国家会争相"抛出"储备的美元并转向储备更多的人民币、欧元、日元等。因此，C_2 大幅增加，使 $C_2 > R_1$，美国将会倾向于控制美元的发行。新的纳什均衡有力规避了美元增发可能引发的中国金融风险，促进了人民币币值的稳定。

冷战结束后，世界多极化深入发展，与之不相匹配的是牙买加体系下美国不变的经济霸主地位。美元从世界货币体系的稳定基石转变为剥削外围国家的"收割机"，"世界印钞机"的权力让美国即使债台高筑也能维持对其他国家"资本输入"式的经济压迫。2021 年中国 GDP 接近 18 万亿美元，美国 GDP 约为 23 万亿美元，如此接近的 GDP 总量与如此悬殊的国际货币地位形成了鲜明对比。实行人民币国际化，制衡美元的"霸主"地位，使人民币在国际货币支付体系和外汇储备体系中具备和中国综合国力与经济规模相匹配的实力地位，有利于中国和其他新兴经济体摆脱美元霸权阴影下国内制造业和金融业遭受美国资本压迫的局面，有利于推动全球经济平等、稳定、多极化发展，为中国经济国内国际双循环的发展格局构建和谐稳定的国际金融环境。

在美元霸权的阻碍下，为维护我国金融安全，促进产业创新布局，改变国际货币体系的不平等局面，人民币国际化道阻且长，也势在必行。

（案例作者：罗守贵　潘辰阳）

相关材料

CIPS 为人民币国际化铺设"高速公路"

通过人民币国际化，可以减少一些不公正待遇

近日市场传闻沙特正在推进对华石油销售的人民币结算。

"这种可能性挺大的。"中央财经大学金融学院金融工程系主任、证券期货研究所研究员商有光教授向《中国经济周刊》记者表示，伴随中国经济的稳健增长，中国对原油的需求日益加大，沙特采取对华石油贸易用人民币结算措施，有助于扩大对华石油贸易规模。

我国是世界上第二大石油消费国，也是世界上第一大原油净进口国。根据国家统计局数据，2021年我国共进口原油51 298万吨。

而沙特是中国第一大原油供应国。2021年，我国共花费2 838亿元人民币，从沙特阿拉伯进口原油共8 757万吨。这个数量占我国去年原油进口总额的17%。

"我国向沙特所购买的石油数量较大，未来如果中国与沙特的谈判达成，沙特在对中国的石油销售交易中真正使用人民币结算，这将对全球货币体系带来很大的影响。"商有光表示。

事实上，随着欧元、日元、英镑、人民币等货币的兴起，美元的国际地位受到削弱，甚至面临多重替代方案的挑战。美元一家独大的局面，正在慢慢地被打破。

"世界货币多极化正在形成，而人民币是很重要的币种之一。"商有光向《中国经济周刊》记者强调说，我国推动的人民币国际化战略并非要取代美元，只是让人民币在国际储备当中，能与我国的经济实力相匹配。

商务部国际贸易经济合作研究院研究员徐德顺向《中国经济周刊》记者表示："人民币国际化，并不是去取代美元或者取代欧元。目前全球的国际货币依然是主权货币，这是不公平的。我们一时难以改变这种不公平的现状，但是通过人民币国际化，可以减少一些不公正的待遇。"

CIPS为人民币国际化铺设"高速公路"，人民币全球支付占比排名第四

近年来，人民币国际化的步伐一直没有停歇，尤其是作为我国重要金融市场基础设施的CIPS，自2015年上线运行以来，在助力人民币国际化等方面发挥着重要作用。

据了解，我国的CIPS分两期建设：一期主要采用实时全额结算方式，为跨境贸易、跨境投融资和其他跨境人民币业务提供清算、结算服务；二期采用更为节约流动性的混合结算方式，提高人民币跨境和离岸资金的清算、结算效率。

2015年10月8日，CIPS（一期）成功上线运行，为境内外金融机构人民币跨境和离岸业务提供资金清算、结算服务。

首批参与者共有19家，分别为工商银行、农业银行、中国银行、建设银行、交通银行……

这19家参与者是人民银行根据商业银行的参与意愿，结合境内各银行跨境和离岸人民币业务量、技术开发能力和外资银行国别地域分布情况等，经过技术检验统筹确定的。

在CIPS（一期）成功试运行的基础上，2018年5月2日，人民币跨境支付系统（二期）全面投产。

相比较CIPS（一期），CIPS（二期）在功能特点上进行了改进和完善，比如，运行时间延长，实现对全球各时区金融市场的全覆盖；在实时全额结算模式的基础上引入定时净额结算机制，满足参与者的差异化需求，便利跨境电子商务等。

徐德顺对此给予积极评价,他告诉《中国经济周刊》记者,CIPS 的建成运行是我国金融市场基础设施建设的里程碑事件,标志着人民币国内支付和国际支付统筹兼顾的现代化支付体系建设取得重要进展。

"作为符合国际标准的重要金融基础设施,CIPS 向境内外参与者的跨境人民币业务提供资金清算结算服务,为人民币国际化铺设了'高速公路',对促进人民币国际化进程起到了重要支撑作用。"徐德顺说。

中国人民银行发布的《2021 年人民币国际化报告》显示,2020 年,人民币跨境收付金额较快增长,银行代客人民币跨境收付金额合计为 28.39 万亿元,同比增长 44.3%,收付金额创历史新高。

不仅如此,人民币在全球主要货币中的支付金额排名也有所提升。数据显示,2022 年 1 月,人民币以 3.2% 的全球支付占比,排名全球第四位。美元、欧元、英镑分别以 39.92%、36.56%、6.3% 的占比位居前三位。

可喜的是,这一名次相比 2021 年 6 月又上升了一位。2021 年 6 月,我国人民币支付金额占所有货币支付金额的 2.5%,排名第五位。从比例来看,2022 年 1 月份人民币全球支付占比 3.2%,创下了有记录以来的新高。

在学者看来,人民币在国际上的支付比例依然较低。

"从全球支付来看,使用人民币支付在 5% 以下,说明目前国际上的主要贸易还是通过 SWIFT 结算,全球支付系统还是以 SWIFT 系统为主。但是,从趋势来说,我国的 CIPS 空间还很大。"商有光说。(有删节)

(材料来源:王红茹,中国经济周刊,2022 年第 7 期,68 - 71 页)

经济衰退背景下的"口红效应"

导读："口红效应"是一种经济现象，也被称为"廉价商品偏好倾向"。第一个"口红效应"是在美国经济衰退的时候发生的。怎么会这样？因为美国人把唇膏当成了一种比较便宜的奢侈品。在经济低迷的时候，人们依然有很大的购买欲，因此他们会转向更便宜的产品。而口红这种"便宜又不必要"的东西，能给消费者带来"安稳"的效果。那么，现在我们是否也正在经历着"口红效应"呢？

一、何为"口红效应"？

"口红效应"是经济衰退萧条的背景下，出现的口红热卖的一种有趣的经济现象，也被称为"低价产品偏爱趋势"。"口红效应"最早出现在美国"9·11"事件后，因为各种消费品的销售额都在下滑，而口红的销量却在不断增长，这就让人产生了浓厚的兴趣。最终，雅诗兰黛的前任总裁莱昂纳德·劳德（Leonard Lauder）提出了"口红效应"这一名词。

在美国，若是处于经济衰退的时期，口红的销售都会大幅增长。原因在于，美国人把口红视为一种较为便宜的"奢侈品"。在经济低迷时期，人们依然会有很大的消费欲望与需求，因此他们会选择更为便宜的"奢侈品"。而且，随着经济的下滑，人们的购买力也会下降，到时候手里反而会多出一笔"小闲钱"，可以用来购买这种"便宜的、不必要的东西"。于是，在各行各业都步入寒冬之时，唯独口红的销量逆势上扬，极受欢迎。

"口红效应"的出现有以下几个假设：一是在经济不景气的时候，消费者的购买欲依然很强；二是消费者的购物欲望可以用便宜的不必要的东西来满足。

基于上述假设，我们可以很容易地了解"口红效应"。当经济危机来临时，人们的收入和对未来的收入期望都会下降，所以他们不会去买真正的高消费产品，例如投资性的房地产、非刚需汽车、出国旅行等。但是，人们的购买欲也要通过消费来缓解，仅仅通过必需品的日常消费是难以满足他们的需求的。在这种情况下，口红、电影票等非必要的低价产品，可以安抚那些在经济萧条中挣扎的人。

二、口红效应在宏观经济中的表现

案例一：1996 年日本经济危机

一个经典的"口红效应"的例子出现于 20 世纪 90 年代日本经济危机背景之下。广场协议后,日元大幅升值,出口减少,日本政府降低利率,增加货币量,大量货币流入房地产和股市,导致泡沫经济。一方面,由于经济仍在复苏,日本政府提高了税收,削减了公共投资,并大幅提高了社会保险费。于是,日本经济崩溃了。其影响体现在两个方面:① 收入的减少,GDP 与人均 GDP 下降;② 消费的减少,家庭实际消费支出明显下降。

而在 1996 年,木村拓哉成为日本经济衰退期间第一位代言口红的男性名人,其嘉宝莉公司的口红广告一经播出,便轰动了整个广告界。这款口红卖到脱销,高中女生,甚至许多上班族,都纷纷把地铁车厢里的海报偷走。嘉宝莉公司也这样描述:"投资性资产价格泡沫的破灭导致日本经济的衰退,同时也改变了消费的重点与时尚。在这个时期,反映个人需求和品位的商品代替了炫耀性格的高端商品。"

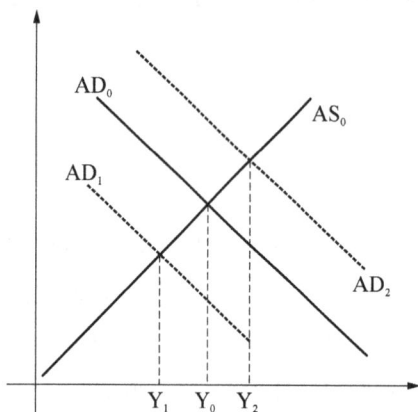

图 1　美国"9·11"事件后的总需求曲线

案例二:"9·11"事件后的美国经济衰退

根据定义,总需求曲线表示在一系列价格总水平下经济社会的均衡的总支出水平。"9·11"事件之后,消费者和投资者的信心受到很大打击,从而引起消费和投资支出减少,总需求曲线向下移动(见图1),失业率上升,带来的后果就是严重的经济衰退。其影响也体现在两个方面:① 收入的减少,GDP 与个人可支配收入下降;② 消费的减少,个人消费下降。

正如前文所述,"口红效应"的出现,是因为美国"9·11"事件后,所有的商品销售都出现了下滑,但是口红销量却增长高达 121%,这就让人产生了好奇心,最终,雅诗兰黛的前任总裁莱昂纳德·劳德称:"令人惊讶的是,在美国'9·11'事件之后,所有商品的销售额都下降了,但口红的销售额却增加了。我决定称之为'口红效应'"。这也是"口红效应"一词的来源。

案例三:2008 年美国经济衰退

美国经济大衰退(The Great Recession)从 2007 年 12 月持续到 2009 年 6 月,是自大萧条以来持续时间最长的一次经济收缩。2007 年,次贷危机引发了一场全球银行信贷危机。到 2008 年,危机通过衍生品的广泛使用蔓延到整个经济。2008 年,GDP 连续 3 个季度萎缩,其中第四季度下降了 8.5%。失业率在 2009 年 10 月上升到 10%,滞后于经济衰退。得益于美国复苏和再投资法案,经济衰退于 2009 年第三季度结束(GDP 转为正数)。

在此背景下,人们的收入与消费的下降,失业率上升,劳动参与率下降。然而与此同时,电影票房却收获了反向攀升:总票房与电影发布数量都有着明显的上升,严峻的经济环境反而有效促进了票房的走高。在经济低迷的时候,那些既能满足消费者的心理安慰,又能以低廉的价格买得起的商品,在市场上的地位也会水涨船高。电影院可以使人们在精神上得到暂时的安慰。而票房高的电影,也有一定的"功效",可以安抚人心。这是一种

"廉价商品偏好倾向"的现象,也是"口红效应"的表现之一。

实际上,美国电影一直以来都是"口红效应"的受益者之一,经历了20世纪30年代的大萧条和70年代的"石油危机",这两场金融危机让好莱坞的各个行业都陷入了停滞状态,经济严重下行。人们在面对残酷的现实生活时,往往会选择优秀的影视作品来宣泄心中的郁闷,进而带动了影视等相关行业的繁荣,这也导致了好莱坞电影业的迅速发展。因此,2008年的经济衰退伴随着电影票房的攀升也是理所当然的。

三、"口红效应"的经济学解释

如果我们只关注"口红产品"本身,我们会观察到"口红产品"基本都具有以下特性:一是可以带来心理安慰,即商品除实用价值以外还具有其他意义(如精神慰藉),受到某个特殊消费群体的喜爱;二是商品价格相对低廉。下面从微观经济学角度进行分析与解释:

1. 消费者效用

在经济衰退期间,消费者因消费心态的改变而倾向于选择具有舒缓效果的口红,因为消费者往往把口红的满意度和收入的降低与失落之感相比较。因此,在特殊的经济衰退时期,口红的总效用会高于经济正常时期。

2. 消费者的选择——替代效应与收入效应变化

在经济下行时期,口红的效用增加,但在短期内口红的价格没有发生改变。此时口红在相同价格下的商品效用增加,尽管收入降低导致口红需求量下降,可最终结果仍然是替代效应大于或等于收入效应。总的来说,在此期间,口红的相对效用增加——基于效用的相对价格下降,人们倾向于购买更多的口红。

当经济危机来临时,人们的收入和对未来收入的期望都会下降,所以他们不会去买昂贵的、高价值的消费产品,例如投资性的房地产、豪华汽车、出国旅行等。但是,人们的购买欲也要通过消费来缓解,仅仅通过必需品的日常消费是难以满足他们的需求的。在这种情况下,口红、电影票等非必要的、廉价的"奢侈品",可以给那些在经济萧条中挣扎的人带来慰藉。

在经济不景气时期,一些行业不再受"口红经济"影响而衰落。然而同时,另一些行业也在吃着"口红经济"的红利飞速发展。按照"口红效应"的原理,只要符合这三个条件的产品,就能充分发挥"口红效应"的作用:第一,产品自身不仅具有实用价值,而且具有附加含义;第二,产品的绝对价格是低廉的;第三,要充分运用情景引导消费者,激发消费者的消费欲望。例如彩票行业,其拥有上面这些要求并满足实现"口红效应"的条件:满足人们的精神追求、投机心理与消费需求,由此决定了彩票业很可能会变为站在经济复苏风口上的那支"口红";又比如以可乐为例的碳酸饮料,2021年,可口可乐全年净营收为386.55亿美元,同比增长17%,经典可口可乐单箱销量增长7%,全面赶超2019年,无糖可口可乐在2021年的单箱销量也实现了两位数的增长。毫无疑问,在当时,可乐已不再只是一瓶碳酸饮料,还被赋予了情感价值,这折射出心理、情绪和社交问题对消费的刺激作用。一瓶小小的碳酸饮料,包含了休闲、社交、放松、刺激等相关的功效,可以在一定程度上减轻精神上的紧张与孤独。从这一点上来说,汽水就是一种典型的"口红",它符合之前提到的三个定律。

四、结语

"口红效应"作为一种有趣的宏观经济学现象,不仅出现在美妆行业,也同样出现于其他行业,例如电影、动漫游戏衍生品等;即使满足"口红经济"要求的前置条件也不会适用于全部行业,而是要结合宏观经济大背景来针对每个行业进行分析。认识到口红效应,可助力消费者更为理性地进行消费决策,也可助力公司企业对消费需求以及消费场景的洞察。

(案例作者:郑育家　罗芷茗)

参考文献

[1] 网易新闻. 财经冷知识|口红效应[EB/OL]. (2021 - 08 - 30)[2023 - 12 - 05] https://c. m. 163. com/news/a/GIJQQHRN0536SB76. html.

[2] 时光. 疫情蔓延下"口红效应"显现[J]. 中国石油企业,2020(04):100 - 102+110.

[3] 新浪财经. 美国历次经济大衰退:原因与持续时间(1893—2022)[EB/OL]. (2022 - 05 - 13)[2023 - 06 - 30]. http://finance. sina. cn/. 2022-05-13.

[4] 徐雅玲. 白酒业如何借"口红效应"逆风飞扬[N]. 华夏酒报,2020 - 07 - 14(A01).

[5] 张利梅. 彩票业将获益于"口红效应"[J]. 纳税,2020,14(06):184.

[6] 沈家琦. 从效用层面浅析口红效应[J]. 现代经济信息,2020(08):55 - 56+59.

[7] 王君晖. 消费领域显现"口红效应"提升居民可支配收入是关键[N]. 消费时报,2018 - 08 - 21(A01).

相关材料

消费领域显现"口红效应"提升居民可支配收入是关键

"口红效应"是经济生活中一种有趣的消费现象,一旦经济不景气,口红就会畅销。这是因为在经济不景气的情况下,人们仍会有强烈的消费欲望,所以会转而购买比较廉价的奢侈品。口红作为一种"廉价的非必要之物",可以对消费者起到一种"安慰"的作用。此后,这一提法被广泛接受,被用来描述各个行业在经济萧条时却逆势上升的现象。随着近期统计数据的公布,居民消费增速回落,消费结构也在悄然改变,汽车、家电等耐用消费品即可选消费增速正在下滑,食品、服装、日用品等必需消费增速则在大幅上升,从中可以看出"口红效应"正在消费领域显现。

与之相关的是当下流行的两个彼此对立的说法：消费升级和消费降级。过去在收入增速上升的时代，人人都在追求消费升级，买房买车。而现在由于收入增速下滑，低价的消费品也开始引发关注，提供榨菜、酱油、面包这些看似不起眼的低价消费品的上市公司股票，在今年低迷的 A 股市场表现抢眼，拼多多的上市更是引发了人们对消费降级的热烈讨论。

耐用消费品销售增速下滑有诸多原因，与当前的几项经济指标密切相关。其中最显而易见的影响因素是经济下行压力加大背景下居民收入增速的下滑。2018 年上半年，全国居民人均可支配收入增速为 8.7%，为 2001 年以后的次低增速；商品零售增速持续高于人均可支配收入的增速。居民收入增速预期放缓会进一步影响居民消费能力和预期，转而消费价格相对低廉并能带来较强满足感的商品。

居民对耐用型商品的消费意愿降低，转向"口红型"消费的另一个重要原因是去杠杆带来的财富效应衰退及对收入预期的降低，主要体现在两个方面：一方面，随着房地产调控措施的落地和升级，房价上涨的空间被挤压，由房价上涨支撑的财富增值预期减弱；另一方面，股市萎靡，居民投资收益不佳。多重因素叠加，居民财富缩水，收入预期降低，消费意愿也随之降低。

此外，居民加杠杆购房的挤出效应显现，消费升级内生动力不足。2017 年以来，尽管人均可支配收入增速稳中有升，但城镇消费支出却呈现走弱迹象。这可能与前期居民加杠杆购房有关，随着居民杠杆率不断提高，挤出效应也日益凸显。

"口红效应"显现，也意味着某些细分商品市场"消费升级"机遇的来临。消费者更加注重商品质量，服务类消费需求增多等。消费向来是经济的稳定器，在投资和出口对经济拉动承压的背景下，消费领域出现的蛛丝马迹的变化都值得深究和追踪，以更好地找准宏观政策的发力点。

（材料来源：https://epaper.stcn.com/201808/21/node.A001.html）

发消费券还是发现金——我们该如何刺激消费？

导读：前几年，餐饮、旅游、酒店等行业的众多企业面临消费需求的急剧下滑。我国政府通过各种政策和措施来振兴经济。其中，为了刺激消费，杭州、南京、深圳等30多个城市通过与各类大型互联网平台企业合作，出台了多种举措来鼓励民众消费，主要包括发放消费券和直接的现金补贴等。从目前来看，发放消费券是最主要的方式，发放现金并没有被大规模实行。其中的原因何在？这种刺激消费的方式到底能否取得预期效果？对此，本文尝试从经济学原理中需求与供给的角度对此进行讨论。

一、消费下降：总需求变动

政府发放消费券或直接发现金是属于从需求侧入手的激励措施，最重要的原因就在于我国的消费水平呈现出整体下降的态势，并进一步影响了就业稳定与经济发展。那么，近年来我国的消费水平为何会下降？其中一个最重要的原因是大家对于经济形势的乐观程度不再如从前。在经济增速放缓的大形势下，过往的"消费主力军"——例如众多年轻人——他们的消费观念逐渐发生变化，过往在拉动消费中起到"领头羊"作用的80后、90后们，愈发意识到储蓄存款对于保障家庭生活稳定性和抗压性的重要意义，那些类似于"超前消费"和"月光族"的消费习惯将逐渐得到控制，也就意味着他们的当期消费能力会出现大幅下滑。

因此，国家需要出台一些刺激消费的政策以提振经济，其中最直接的两种方案就是发现金和发消费券。

二、世界各地的政策：发放优惠券或现金

为了刺激消费、拉动需求和促进经济发展，世界各国各地区有着多种不同的刺激消费的政策。不少发达国家和地区采取了较为直接的发放现金的方式，例如美国自2020年开始进行了大约总计8 700万美元的转移支付，约占GDP的4%；英国曾提供餐饮的折扣优惠。

从预期结果来看，无论是发消费券还是直接发钱，都能对消费的提振起到较好的积极作用。其影响机理主要有以下方面：

第一，发放消费券或现金可以放大乘数效应。乘数效应与边际消费倾向呈正相关。

政府向民众发放现金或消费券,可以有效提升民众的边际消费倾向,进而放大乘数效应,最终达到刺激经济的作用。

第二,有效地帮助低收入者和失业人口。在低收入家庭生活可能难以为继的情况下,发放现金或消费券可以较快地帮助他们解决生活上的燃眉之急。

第三,从长期来看,适当地发放消费券或者现金的措施并不会使当地财政出现太多的赤字。因为如果将消费权交给当地居民,则能够推动当地的经济复苏,那么政府的收入也会相应地有所提升,从长期来看其财政不会受到太大的影响。

三、为什么中国主要采取发放消费券的激励措施?

尽管发放现金看起来是一种更为直接的刺激方式,但就目前我国各地所实行的政策来看,消费券似乎更为普遍。究其原因,在于每个国家都有自己独特的国情,对于我国而言,选择发放消费券主要基于以下几点原因:

第一,中国居民的储蓄率较高。无论是与发达国家相比还是与世界平均水平相比,较高的储蓄率是我国储蓄的一个鲜明特征。中国人一直有存钱防灾的传统,而今后,人们的储蓄意愿甚至会更高。如果直接发现金,恐怕最终只有少数的钱会被用于消费,人们更多地还是会选择把钱存起来以备不时之需,由此将难以起到预期的刺激消费、提振经济的效果。

第二,消费券一般都有使用时间的限制,时效性较强。消费券的使用期限大概是一个星期到一个月不等。相比于直接发现金,这样的设计可以使居民的消费意愿在短时间内较快上升。尤其是那些边际购买者,他们处于购买或者不购买的边缘,消费券将对他们的消费产生较明显的促进作用。

第三,伴随着我国近年来互联网产业的高速发展,消费券的发放渠道非常便利,例如可以通过手机银行或微信、支付宝等途径,通过与每个人一一对应的 ID 来将消费补贴直接打到各自的账户上,十分方便。

第四,通过向不同的行业发放特定消费券,有助于促进特定产业的企业生产恢复与发展,带动那些较为困难行业的较快复苏,而发放现金则不太能起到该效果。

四、发放消费券的弊端

基于以上理由,发放消费券更符合中国的国情,可以更有效地刺激经济。但是如果从国民的总剩余角度考虑,发放消费券也有其不利的一面:

第一,由于消费券的使用对象或场景通常有较多限制,因此,那些可以使用消费券获得优惠的产品可能并不是居民真正想要的。如果给居民相同金额的现金,居民则可以自己决定购买什么。因此,从总剩余的角度来看,发放消费券将是低效率的。

第二,对于低收入的贫困人群,发放消费券可能无法有效地帮助他们。以一张 200 元优惠 20 元的消费券为例,贫困人群的收入情况使得他们日常中可能根本达不到也不愿意仅仅为了使用该优惠券而努力消费到该阈值。由此,对于这类人群,直接发现金的效果可能会比发消费券更好。

基于以上理由,相比于直接发现金,发放消费券对总剩余的促进作用可能会更小。不过总体而言,截至目前来看,据统计,消费券的使用率为 60%～80%,且平均而言,每 1 元的消费券补贴将可以带动 3～5 元的新增消费。因此,就实际数据来看,消费券的使用率还算较高,释放的乘数效应也比较明显,发放消费券的弊端尚不显著。

五、总结

在中国消费下行的大背景下,发放消费券可以起到提振消费、刺激经济的积极作用。但是,这种由于对经济发展形势的信心下降所导致的总需求减少,是无法通过发放消费券或者现金这种表面的刺激方式解决的。由此,发放消费券或现金也只是现阶段用于缓冲经济下行的临时之举。从长远来看,要想真正地促进消费、拉动内需、推动经济增长,还需要在其他各方面推出更多新的且真正有效的政策。

(案例作者:潘小军　赵佳杰)

相关材料

消费券还是现金? 乘数效应来解密(有删节)

3 月 2 日,济南市宣布发放 2 000 万元文旅消费券以刺激文旅消费复苏,支持旅行社、书店等文旅企业发展。之后,全国其他省市亦陆续跟进。

此次全国范围内的消费券形式不尽相同,但其设计思路大体相同,主要有以下几个方面的特点:

第一,大多数消费券均需消费满一定数量方可使用,且多为部分抵扣,仅少数消费券可全额抵扣。这样的设计意在使地方政府仅动用少量资金即可撬动更多的销售额,发挥消费券的杠杆作用。

第二,许多消费券限定消费项目。比如济南市发行的消费券仅限于文旅消费;河北省发放的消费券仅能用于体育消费项目。通过限定消费项目,地方政府可以对受影响较大的行业实现定向补贴。

第三,消费券需在领用后一段时间内使用。各类消费券使用时间从 1 个星期到 1 个月不等。这种设置可以刺激消费者领券后尽快消费,力促政策效果尽快显现。

相比国内发放消费券,其他国家很多都采取了直接发放现金的模式。那么,面对消费快速下行,发放消费券和直接发放现金有何区别呢?兴业研究分析师张文达日前撰文表示,选择消费券政策的原因,主要包括以下几个方面:

首先,消费券政策可以定向支持受影响企业,稳定经济和就业。从各地公布的消费券政策来看,餐饮、旅游、文化、体育几个之前受损最为严重的行业,成为各地补贴的重点对象。商务部发布的数据显示,服务业的复工进度显著落后于制造业企业。消费券可以显著带动行业造血能力提升,比单纯向企业输血可持续性更强,效率更高。

其次,消费券政策相较现金,更能提升乘数效应。消费快速下降主要是因为特定时期消费频次大幅下降。如果发放现金,居民更可能将钱存起来,等之后再进行消费,影响政策效果。此外,大多数消费券均设置使用门槛和抵用率,可以提高消费券的乘数效应,而现金则无法实现上述功能。消费券用多少兑多少较之现金可明显降低政府的财政压力。

最后,消费券与互联网平台结合可以实现精准投放,降低政策成本。当前,各城市的消费券普遍通过支付宝、微信等电子平台发放。这种方式是基于个人账户信息进行精准发放,避免消费券冒领、代领,同时大幅降低发放成本。

(材料来源:http://www.chinadevelopment.com.cn/news/cj/2020/06/1653028.shtml)

财税政策如何影响经济与福利——以 2023 年税费优惠政策为例

导读： 2023 年 3 月，中央经济工作会议明确，积极的财政政策要加力提效。国务院也召开常务会议，研究优化完善部分阶段性税费优惠政策，包括对小微企业的减税降费、企业研发费用税前加计扣除政策、煤炭进口零关税延期政策等。本文从经济学原理中税收的角度出发，以本次财政优惠政策为例，探究税收如何影响经济发展和公共福利。

税赋是国家获取财政收入和调节经济的重要手段，但同时也伴随着税赋的代价问题，因此，在不同的经济发展阶段和不同的经济状况下，需要不断优化税赋制度和调整税收措施。

近年来，国家出台了多项财税改革方案，力求使财政政策为提振经济发挥积极有效的作用。2023 年 3 月的国务院常务会议出台了优化完善部分阶段性税费优惠政策，预计每年能为企业和经营主体减负 4 800 多亿元。这些政策主要体现在降低企业增值税和个人所得税、进口煤炭零关税，以及研发费用加计扣除等方面。

从微观层面来说，税收对买者和卖者都会造成不利的影响：卖方实际获取的单位收益低于完全竞争市场的均衡价格，而买方支付的价格却高于完全竞争市场的均衡价格。另外，征税还会造成市场上交易量的下降。这样，就会产生由税收规模和减少的交易量围成的一个近似三角面积的无谓损失（DWL）。无谓损失的存在意味着政府获得的税收收入不足以弥补买卖双方的福利损失，因此，税收总体会降低社会总福利。反之，降税则会使市场上厂商和消费者的情况都得以改善，从而使得整体社会福利水平提高。

从宏观层面来看，减少税收将会借由乘数效应带来 GDP 的倍数增长，从长期来看，这将促进经济的增长。

此次税费优惠政策主要涉及三个方面。一是继续扶持小微企业，降低其增值税和所得税。增值税和企业所得税是财政收入最重要的来源，分别占整体税收的 1/4 和 1/5。国家自从 2008 年所得税法颁布之日起实行小微企业税收优惠，到普惠税减免，再到 2022 年以来进一步实施小微企业所得税优惠政策已有 15 年。一方面，我国鼓励小微企业创新创业，增强市场主体活力，充分发挥内需优势；另一方面，这些举措符合创新驱动发展战略的基本要求，可以减轻小微企业税收负担，激发其创新活力。从小微企业的市场地位来看,它们在市场上所占份额较低,定价能力较弱,当价格发生较大变化或遭遇外来风险时,小微企业的抵御能力相对更弱。比如,价格太低会导致它们破产,而面对某种产品的市场需求突变时,小微企业也很少能通过生产其他替代产品来规避风险,因此,减免税收对小微企业的帮助意义更大。从经济的长期发展来看,支持小微企业还有助于创造大量的就业机会,并为整个经济的发展不断注入活力。

二是企业研发费用税前加计扣除政策。国务院常务会议决定将符合条件企业研发费用税前加计扣除比例由75％提高到100％,作为制度性的安排长期实施。这一方面使其他符合条件的企业,与制造业和科技型中小企业研发费用加计扣除政策保持一致,进一步加大了科技创新支持力度,有利于持续激发经营主体的创新活力;另一方面,这个政策作为制度性的安排长期实施,有利于稳定经营主体的预期,提振企业坚持创新的信心。

三是煤炭进口零关税政策延期。2022年年初,受国际能源供需形势影响,煤炭进口价格远高于国内价格,进口受到较大影响。为降低进口成本,保障国内煤炭供应,国务院关税税则委员会决定,对煤炭进口实施零关税,实施期限为2022年5月1日至2023年3月31日。考虑到国内发展需要、当前能源市场不确定因素较多和煤炭市场供需变化等因素,延续实施此政策至年底,以支持国内煤炭安全稳定供应。

综上所述,我国在现阶段实行积极的税收政策能够有效提升公共福利,降低无谓损失,优化资源配置,激发市场活力。对小微企业的税收优惠政策、企业研发费用税前加计扣除和煤炭进口零关税政策能有效地支持企业的发展和创新能力的提升,并有助于整个经济的稳定和恢复。但同时也要密切关注地方财政压力较大、地区间发展不平衡等问题,需要进一步通过财政改革解决和优化。

(案例作者:周伟民　苏坦)

相关材料

每年减负预计达4 800多亿元！关于税费优惠政策最新回应(有删节)

3月31日,国务院新闻办公室举行国务院政策例行吹风会,财政部、国家税务总局、人力资源和社会保障部有关负责人介绍优化完善部分阶段性税费优惠政策有关情况。

Q:此次公布的税费优惠政策能给企业带来多大的税负减免?

A:减税降费政策是积极财政政策的重要内容,按照党中央、国务院的决策部署,为了保持政策的连续性、稳定性,避免政策的断档和急转弯,财政部已经会同相关部门明确延续和优化实施了部分税费优惠政策。这次延续和优化的6项阶段性税费优惠政策,预计每年能为企业和经营主体减负达4 800多亿元。

Q：2023年在税收政策上如何更好地支持小微企业和个体工商户的发展？

A：2023年1月，按照国务院部署，财政部已经会同有关部门明确了小规模纳税人增值税的相关优惠政策。今年支持小微企业和个体工商户的政策措施，主要包括以下几项：

一是优化完善小微企业和个体工商户的所得税政策。自2023年1月1日至2024年12月31日，对小微企业年应纳税所得额不超过100万元的部分，减按25%计入应纳税所得额，按20%的税率缴纳企业所得税，保持相关优惠政策的衔接协调，同时对个体工商户年应纳税所得额不超过100万元的部分，在现行优惠政策基础上减半征收个人所得税。

二是将小规模纳税人的增值税征收率降至1%。

三是对月销售额10万元及以下小规模纳税人免征增值税。

四是对生产生活性服务业纳税人分别实施5%、10%的增值税加计抵减。

以上各项政策，将与现行其他支持小微企业和个体工商户的政策形成合力。

Q：近年来企业研发费用税前加计扣除政策效果如何？

A：从税收数据来看，享受研发费用加计扣除政策的企业户数和优惠金额是不断增长的。

2018年，国家将全部企业研发费用加计扣除的比例提高到75%，当年共有27万户符合条件的企业享受加计扣除优惠，减免税额约2800亿元。

2021年，国家将制造业企业研发费用加计扣除比例提高到100%，包括制造业在内共有53万户符合条件的企业享受加计扣除优惠，减免税额6600亿元。

2022年，国家将科技型中小企业研发费用加计扣除比例也提高到100%，前三季度科技型中小企业新增减税90亿元，预计所有符合条件的企业全年减税7000亿元。

研发费用加计扣除优惠政策的加力实施，辅之以国家出台的其他系列优惠措施，极大地激发了企业加大创新投入的热情。据统计，5年来企业研发投入年均增长25%左右，形成了"政策引导—研发投入—税收减免—进一步加大研发投入"的良好循环。增值税发票数据显示，2021年享受研发费用加计扣除政策优惠的企业销售额比2017年增长1.4倍，年均增幅达24.5%，这一增速高于全部企业的增速9.5个百分点。

Q：煤炭进口零关税政策延期将发挥哪些作用？

A：当前，能源市场不确定、难预料的因素仍然较多，国务院关税税则委员会认真研究了国内发展需要和煤炭市场供需变化等因素，按程序决定自4月1日至今年年底，继续对煤炭进口实施零关税。延续实施这项政策，总体上有助于支持国内煤炭安全稳定供应。具体来讲，能够发挥三个方面的作用：

一是煤炭价格目前还处于历史相对高位，政策延续有利于降低用煤企业的进口成本。

二是我国能源结构以煤为主，进口煤炭在国内煤炭消费中占有一定比例，政策延续有利于使用进口资源补充国内供应,扩大煤炭进口,支持国内煤炭稳定供应。

三是政策延续有利于促进煤炭的国际市场竞争,实现煤炭进口多元化。

(材料来源:https://www.gov.cn/zhengce/2023-03/31/content_5749495.htm)

AI 会使菲利普斯曲线扁平化吗？

导读： 1958 年,菲利普斯经验性地发现货币工资变动与失业之间存在着一种稳定的负相关关系。1960 年,经济学家萨缪尔森和索洛在菲利普斯研究成果的基础上,使用通货膨胀率代替工资变动率来描述通胀率与失业率之间的相互关系。经济学家发现,菲利普斯曲线同样存在于其他工业经济体,并在很长一段时间指导着各国央行的行为。然而,近年来失业率和通胀率之间的关系日益减弱,这迫使经济学家重新思考两者之间的关系及其底层原因,其中一个重要的因素就是劳动力变革。人工智能的快速发展是否会对原本就已经扁平化的"菲利普斯曲线"产生影响？本文对此进行了分析。

菲利普斯曲线描述的是失业率越低、通胀水平越高的经济现象,但二者并非线性关系而呈曲线特征。这一发现被用于构建宏观经济学的新凯恩斯框架,曾长期被用作西方国家宏观经济政策的理论基石,成为货币政策的支柱。简而言之,通过调整货币政策,在经济产出和通货膨胀之间寻求动态平衡——经济低迷时,实行货币宽松政策,增加产出,降低失业率;经济过热时,实行货币紧缩政策,抑制通胀,减少产出。

然而,随着经济学的发展,简单的负相关已经不足以解释两者之间的关系,新的经验证据也使得人们对菲利普斯曲线的看法出现了分歧。菲利普斯曲线通常被描述为向右下方倾斜的曲线,但在近 20 年,宏观数据表明这条曲线在逐渐扁平化,许多经济学家认为菲利普斯曲线已经消失或正在"冬眠"。如今,人工智能的发展和应用,或许又将成为菲利普斯曲线效力减弱的新变量。

菲利普斯曲线"扁平化"的原因有很多。一种观点认为,与菲利普斯曲线提出时相比,劳动力市场已经发生了巨大变化,工会势力逐渐弱化,工人议价能力大幅下降,失业率变动不再会导致工资的显著变化,进而不会引起通胀的明显波动,因此菲利普斯曲线的传导作用有所减弱。

更多观点则认为全球化和劳动力结构变化是更为关键的原因。全球化使得生产要素跨国流动,降低了各国失业率与通胀率之间的相关性。例如,当一国的通胀率上升时,企业可以选择将生产线转移到海外劳动力成本更低的国家,从而减轻通胀压力;失业率上升时,企业也可以选择在其他国家招聘劳动力,以避免提高工资水平。这使得各国的通胀率和失业率受到全球范围内供应链要素的影响,进而削弱了菲利普斯曲线的作用。

全球化还使得各国之间的货币政策发生传导变化。在全球一体化程度加深的今天,一国的货币政策不仅影响本国的通胀与失业，也会对其他国家产生外溢效应。各国央行在制定货币政策时，需要综合考虑本国经济发展状况以及全球宏观经济形势，这也增加了货币政策的难度和复杂性，使得调控通胀与失业率的效果变得不确定。

另一个影响菲利普斯曲线的重要因素是劳动力结构，而劳动力结构又受到科技进步和产业变革的深刻影响。以 ChatGPT 为代表的大语言模型再次将人们的目光聚焦在了人工智能领域，这会对菲利普斯曲线产生什么新的影响？

尽管目前尚难以得出定论，但我们可以讨论人工智能对劳动力市场的影响，进而推测菲利普斯曲线的形态。在人工智能发展的初始阶段，人工智能技术可能导致一些低技能群体的失业人数上升，尤其是重复性、日常性的机械化工作。这些工作通常容易被自动化替代，因为它们仅涉及简单且可预测的任务。这使得企业在面临通胀压力时，可以通过技术创新和人工智能应用来提高生产效率，降低生产成本，从而减轻通胀对劳动力市场的影响，并且这种技术变革往往是不可逆的。

长期来看，新技术也在孕育新的就业机会，特别是对高技能劳动力的需求。为应对劳动力市场的变化，新兴产业和职业领域可能会增加对高技能劳动力的需求，如 AI 和机器学习的专家、数据科学家、软件工程师等，从长远来看，AI 提高了生产率，可能导致经济增长并创造更多的就业机会，加剧劳动力市场的两极分化，高技能劳动力的工资上涨并不必然转化为普遍通胀。这使得失业率与工资变化以及通胀率之间的传导机制变得更加复杂，可能会进一步削弱菲利普斯曲线的相关性。

除此之外，部分经济学家提出了其他影响菲利普斯曲线的因素，如财政政策、人口结构、产业结构调整等。这或许说明，在讨论通胀与失业率之间的负相关关系时，人们实际上关注的是在各种宏观因素条件不变的情况下，这种关系是否仍然显著存在。人工智能对失业率的影响同样取决于多种因素，包括政策、教育和培训措施以及技术创新带来的新就业机会。当通胀率较低或失业率较高时，菲利普斯曲线可能非常平坦；而当通胀率上升到一定程度或失业率降低到一定程度时，菲利普斯曲线可能变得陡峭，使得失业率的进一步下降导致通胀的大幅上升。传统的菲利普斯曲线难以准确描述这种关系，因此，一些学者主张采用更丰富的变量和更灵活的模型来分析通胀率与失业率，而非简单依赖菲利普斯曲线。在判断劳动力市场紧缺程度时，需要关注更多指标，如职位空缺、离职情况等，以更准确地预测物价和工资增长。

总之，在全球化的影响下，通胀率与失业率之间的关系日趋复杂，简单负相关关系似乎已不再适用，这或许标志着菲利普斯曲线在宏观经济学中的作用正在发生变化。针对人工智能时代，宏观经济学可能需要新的政策工具和分析框架，不再过度依赖菲利普斯曲线这一单一工具，以应对人工智能带来的变化和更加复杂的宏观经济环境。与此同时，这些技术也可能加剧劳动力市场的分化和收入不平等，为减轻自动化和人工智能对劳动力市场的负面影响，需要制定相应的社会和经济政策，确保公平和包容的经济增长。只有紧密结合新技术变革,宏观经济学与政策制定才能适应经济发展的新趋势与新特征。

（案例作者：王洋）

相关材料

"不要工资、不会失业",AI 对人类社会意味着什么？（有删节）

在宏观经济领域,人们往往采用菲利普斯曲线反映失业率与通货膨胀率之间的关系。即当失业率较低时,货币工资增长率较高,表明经济处于繁荣阶段,通货膨胀率也较高;但当失业率较高时,货币工资增长率低,经济萧条到来,通货膨胀率也随之降低。

自新西兰统计学家威廉·菲利普斯于 1958 年首次提出该经济模型以来,历代经济学家对该曲线进行了持续不断的理论注解和分类完善。现如今,菲利普斯曲线已成为分析宏观经济走势、制定经济政策的重要依据与指导性原则。

但在人工智能崛起的时代,这一在经济计量分析领域堪称理论基石的重要定理,正面临前所未有的挑战。作为一种具备生产创造能力的智能形态,以 ChatGPT 为代表的 AI 近年来展现出令人瞩目的文字、图像、声音的生成或辅助生成能力,也不断刷新着人们对于 AI 最终取代绝大部分人类工作的担忧。更为关键的是,当前的 AIGC（人工智能生成内容）无须工资,亦不存在失业的概念,作为提供生产力的经济单位,其与宏观经济间的逻辑关系较人类发生了根本性改变,而这或许将给经济环境带来难以估量的影响。

（材料来源：吴立洋,https://www.21jingji.com/article/20230226/herald/8134f52501f58718cefb09046b1210b5.html）